- ◆ 湖南省廉政建设协同创新中心廉政建设基础理论研究重大招标课题研究成果（编号：LZ15ZZ03）
- ◆ 审计学国家一流本科专业建设点规划教材
- ◆ 审计硕士推荐教材
- ◆ Research findings of the major bidding project on the basic theory of integrity construction by the Hunan Province Collaborative Innovation Center for Integrity Construction (Number: LZ15ZZ03)
- ◆ Planned Textbook for the National First-Class Undergraduate Major Construction Site in Auditing
- ◆ Recommended Textbook for Master's in Auditing

U0957847

廉政审计学

敖天平　饶琼利 | 著 |

INTEGRITY AUDITING

谨以此书献给
国内外所有关心、支持、致力于廉政审计学研究和廉政审计工作的人们！

I would like to dedicate this book to all people at home and abroad who care about, support, and are committed to the study of Integrity auditing and Integrity auditing work!

中南大學出版社
www.csupress.com.cn
·长沙·

图书在版编目(CIP)数据

廉政审计学 / 敖天平，饶琼利著. —长沙：中南大学出版社，2024.9

ISBN 978-7-5487-5644-6

Ⅰ. ①廉… Ⅱ. ①敖… ②饶… Ⅲ. ①廉政建设—审计—工作—研究—中国 Ⅳ. ①F239.22

中国国家版本馆 CIP 数据核字(2023)第 235136 号

廉政审计学

LIANZHENG SHENJIXUE

敖天平　饶琼利　著

□**出 版 人**　林绵优

□**责任编辑**　刘　莉

□**责任印制**　李月腾

□**出版发行**　中南大学出版社

社址：长沙市麓山南路　　邮编：410083

发行科电话：0731-88876770　　传真：0731-88710482

□**印　　装**　长沙创峰印务有限公司

□**开　　本**　710 mm×1000 mm　1/16　□**印张** 16.25　□**字数** 283 千字

□**版　　次**　2024 年 9 月第 1 版　□**印次** 2024 年 9 月第 1 次印刷

□**书　　号**　ISBN 978-7-5487-5644-6

□**定　　价**　49.80 元

图书出现印装问题，请与经销商调换

序

腐败是历史的悲歌，是权力的咒语。在人类的政治生活中，总有一些权力组织和个人很难摆脱腐败的侵蚀。就我们这个有着五千年文明史的国家而言，曾经创造过许许多多的辉煌，然而各种贪污腐败现象也是史不绝书，以至于从一定意义上说，中国的二十四史就是一部腐败与反腐败的斗争史。

就世界范围而言，腐败犯罪早已超越国界、种族、文化传统，成为各国现代化建设和人类文明发展的一大障碍。近现代以来所发生的美国水门事件，意大利米兰贿赂案，韩国前总统全斗焕、卢泰愚丑闻案，等等，就是其中引人注目的事件。因此有学者断言，如果说癌症是目前危害人类生理躯体的难治之症的话，那么腐败则是侵蚀人类社会肌体的"政治之癌"。

面对腐败犯罪的严重威胁，世界各国加大了惩治腐败犯罪的力度，一些国家在不同时期开展了声势浩大的反腐倡廉运动。纵观世界各国的反腐情形，效果时好时坏，即便是国际社会公认的清廉国家，也不敢说杜绝了腐败现象的产生和消除了腐败滋生的土壤。我国正处在由人治社会向法治社会、由传统计划经济转向社会主义市场经济的社会转型期，腐败现象的滋生和蔓延有其历史原因和现实条件。面对腐败，我们不能被吓倒，而是要对其进行理性的思考、深刻的剖析、全面的比较，以寻求科学的反腐策略和反腐制度，让科学制度的阳光照亮转型期的中国。这是历史赋予我们的使命，也是敖天平所著的《廉政审计学》探讨的要旨。

腐败是危害党的生命力和战斗力的最大毒瘤。反对腐败、建设廉洁政治，是我党自我革命必须长期坚持的政治任务。习近平总书记强调，腐败是最容易颠覆政权的问题，是党长期执政面临的最大威胁，必须亮明党坚决反对腐败的旗帜，让腐败分子在党内没有藏身之地；人民群众最痛恨腐败，反腐败斗争关系民心向背，是一场输不起也决不能输的重大政治斗争。在各个历史时期，我们党始终坚持从严管党治党，坚持不懈地同消极腐败现象作斗争，不断提高自我净化、自我完善、自我革新、自我提高的能力，确保党永葆旺盛生命力和强大战斗力。通过不懈努力，中国共产党已走出一条依靠政治优势、制度优势、法治优势的反腐败之路，开辟了百年大党自我革命的新境界，书写了人类反腐败斗争的新篇章。

建立健全各项反腐败制度及其运行机制，是依靠科学制度反腐败的必然要求。廉政审计就是以发现腐败问题为导向的特种审计，是基于国家治理视角的制度反腐体系中的一项审计制度安排，在反腐败实践中发挥着积极而重要的作用。湖南省廉政建设协同创新中心将“廉政审计学”项目作为廉政建设基础理论研究重大招标课题(编号：LZ15ZZ03)进行开创性研究，《廉政审计学》一书是该项目的最终研究成果——具有很强的创新性、开拓性。该书不仅是中国第一部以“廉政审计学”冠名的专著，也是世界上第一部以“廉政审计学”冠名的专著，应当高度肯定和赞美。

从学科体系的角度看，会计学、财务学、审计学三者有着紧密相连的关系。会计学主要研究如何提供信息的问题，财务学主要研究如何利用信息的问题，审计学主要研究信息的妥当性问题。廉政审计学属于特色学科，专门对公权力者的腐败行为进行预防监督、检查监督和披露监督等。廉政审计学尝试研究构建廉政审计学的理论方法体系，这不仅是一项大胆的尝试性工作，同时还是一项极其艰难的工作。

该书以人性向善假设为构建廉政审计学理论框架的逻辑起点。腐败行为是人性恶行，治理腐败行为是人性善行，廉政审计学监督腐败行为也是人性善行。“人之初，性本善”说的就是一种向善的人性价值取向。廉政审计学以人性向善假设为理论研究的逻辑起点，有利于诠释其预防监督重于检查监督的学科属性，构建其预防腐败的预警性制度运行机制。通俗地说，就是如若存在腐败问题，就要查实问题、披露问题和处理问题，更重要的是预防腐败问题、预警腐败问题，最大限度地降低发生腐败问题的可能性，以合理保护公权力者。从这个意义上，人性向善假设可以被视为廉政审计学的学科理论原概念。

在人性向善假设的基础上，该书构建了廉政审计学目标，即鉴证公权力者及其执行行为的真实性、合法性和效益性，以利于构建“不敢腐、不能腐、不想腐”的反腐倡廉治理制度运行机制，以利于实现人类生活环境的廉洁清明、和谐安逸。就国家审计全覆盖的使命而言，廉政审计学要实现对公权力者履行其岗位职责的真实性、合法性和效益性进行鉴证的责任审计目标。该书阐述了包括廉政审计学对象、廉政审计学功能、廉政审计学方法、廉政审计证据、廉政审计报告，以及廉政跟踪审计、廉政审计信息质量、廉政审计人员规范、廉政审计职业规范等在内的廉政审计学基本内容，形成了较为完整的框架体系。

立足时代前沿，心怀“国之大者”。书中蕴含、贯穿着鲜明的时代意识，紧扣经济社会发展和科技前沿，围绕大数据背景和信息化平台，建立廉政审计学方法体系，构建有效的廉政审计学监督腐败行为的运行机制，以加强廉政审计监督，提高廉政审计信息质量，努力让腐败行为无处藏匿、无可遁形。尤其难能可贵的是，著者敖天平能够站在“推进国家治理体系和治理能力现代化”视角研究问题。腐败是人性贪欲的寄生虫、公权力者的梦魇，反腐败是一项艰巨而持久的工作，既要“惩前毖后，治病救人”，又要预知先觉、防微杜渐，更要未雨绸缪、防患于未然。反腐是为了倡廉，对于腐败问题不仅要治标而且更需治本，对于权力不仅要从源头上加以监督，而且对于监督者的行为也要进行依法监督。这是廉政审计学的使命。

“看似寻常最奇崛，成如容易却艰辛。”可以想见，研究该课题所面临的任务十分艰巨。科学界定廉政审计学，探寻构建廉政审计学的理论基石，准确定位廉政审计学目标，构建以发现腐败问题为导向的基于大数据信息技术的以权力源头审计方法为核心的廉政审计学方法体系，进而建立廉政能性，以合理保护公权力者。这就是人性善行，惩治腐败行为是人性善行，预防和避免发生腐败行为更是人性善行。从这个意义上，人性向善假设可以被视为廉政审计学的学科理论原概念。

在人性向善假设的基础上构建了廉政审计学目标，即鉴证公权力者及其执行行为的真实性、合法性和效益性，以利于构建“不敢腐、不能腐、不想腐”的反腐倡廉治理制度运行机制，以利于实现人类生活环境的廉洁清明、和谐安逸。就国家审计全覆盖的使命而言，廉政审计学要实现对公权力者履行其岗位职责的真实性、合法性和效益性进行鉴证的责任审计目标。对于责任审计鉴证中发现的腐败问题，应该及时向纪检监察等相关职能部门反映，必要时，可以参与纪检监察部门工作司职审计职责，以实现其追究责任的审计目标。

研究阐述了包括廉政审计人员、廉政审计学对象、廉政审计学功能、廉政审计学方法、廉政审计证据、廉政审计报告，以及廉政跟踪审计、廉政审计信息质量、廉政审计人员规范、廉政审计职业规范等在内的廉政审计学基本内容。在当今信息时代大数据背景下，腐败行为已经是真正无处藏匿、无可遁形。围绕大数据背景和信息化平台建立廉政审计学方法体系，构建有效的廉政审计学监督腐败行为的运行机制，以加强廉政审计监督，提高廉政审计信息质量，建立和完善科学的有效治理腐败的廉政审计学制度。

研究能够站在“推进国家治理体系和治理能力现代化”视野角度研究问题。腐败是人性贪欲的寄生虫、公权力者的梦魇，反腐败是一项艰巨而持久性的工作，既要“惩前毖后，治病救人”，又要预知先觉、防微杜渐，更要未雨绸缪、防患于未然。反腐是为了倡廉，对于腐败问题不仅要治标而且更需要治本，不仅对于权力要从源头上加以监督，而且对于监督者的行为也要进行依法监督，这也是廉政审计学的使命。

《廉政审计学》研究构建了廉政审计学的理论方法体系，内容完整，结构严谨，语言通俗，不仅可以用作研究生、本科生教材，而且还可以为广大理论研究者和实务工作者提供参考。

目录

导　论

在信息时代，科学技术、世界经济、社会物质文明都得以飞速发展，文化多元化、经济一体化给了人们以充裕、便捷的生活，人类文明史迎来了新一轮空前的人性释放。在人们向往自由、崇尚唯美的同时，难以掩盖的是人性的贪婪。

一

毋庸置疑，这是一个美好、幸福的时代。科技信息不断进步，高速公路飞速发展，物质财富极大丰富，人类物质生活水平不断提升，一个个古往今来的神话故事都已经逐渐变成了现实。

在商品经济条件下的市场经营活动，本来就遵从自主经营、优胜劣汰的市场竞争法则，各行各业的经营者，无论是制造业、流通业、服务业的经营者，还是金融业、能源交通业、信息产业的经营者等，只要是在这个大家都要遵从的市场竞争法则下，哪怕是形成了“寡头”经营者，那也是市场竞争下的产物。只要这些“寡头”经营者的行为是遵纪守法的，那么这种经营积累和持续发展，也不能不说是一种人生价值的实现——能够积累财富也是人类智慧的一种体现。但是，任何人创造和积累财富、实现人生价值都应该遵纪守法、公正讲理，即所谓“君子爱财，取之有道”。任何悖理违法的言行及其所导致的贪婪结果都将遭到人们的反对和法律的制裁。

人性的贪婪若被无节制地放大就会滋生腐败。在现实生活中，人性的贪婪往往是被无节制、无限制地放大了，言行悖理违法，因贪婪而非法积累财富、因贪欲而非正当牟取私利，势必出现腐败。对于腐败，法理不容，人人痛恨，“老虎”“苍蝇”人人喊打。

二

反腐败是为了什么呢？反腐败不应该是为了私利，应该是为了维护人们的正当利益，是为了倡廉。反腐倡廉已经成为当今世界各国国家治理的重要工作内容，已经成为全球相关领域专家学者研究的重点内容。反腐虽然尖锐，倡廉却是十分阳光、无限美丽的。反腐倡廉体现了终极人本关怀而不是简单地打击惩治，反腐倡廉应该重教化而不是肤浅地一味惩罚，反腐倡廉应该成为人类进步和社会发展进程中的工作常态而不应该仅仅只是阶段性的特殊工作，反腐倡廉应该成就向上、和谐、安宁的美好人生。在这种情况下，廉政审计学应运而生。

廉政审计学，就是指对公权力及其执行(或称为权力行为)进行再鉴定的学科。审计的本质是监督，因而廉政审计的本质是一种监督管理活动。那么，廉政审计监督什么？廉政审计监督包括监督公权力本身，以及监督公权力执行中的行为动机、行为过程、行为结果及其影响。这是审计监督课题的全新领域，需要审计创新，包括审计理论创新、审计体制创新、审计内容创新、审计技术方法创新、审计管理创新，以及审计机制创新等。

廉政审计学研究，适逢当今中国经济蓬勃发展、国家治理体系和治理能力迈向现代化的时代——社会环境安定，推进改革态度坚决，经济持续高速发展，反腐败旗帜鲜明。

党的十八届三中全会公报指出：“全面深化改革的总目标是完善和发展中国特色社会主义制度，推进国家治理体系和治理能力现代化。”

这里说的国家治理体系，是在党领导下管理国家的制度体系，包括经济、政治、文化、社会、生态文明和党的建设等各领域的体制、机制和法律法规安排，也就是一整套紧密相连、相互协调的国家制度。国家治理能力，是运用国家制度管理社会各方面事务的能力，包括改革发展稳定、内政外交国防、治党治国治军等各个方面的能力。国家治理体系和治理能力是一个有机整体，相辅相成，有了科学的国家治理体系才能孕育出高水平的治理能力，不断提高国家治理能力才能充分发挥国家治理体系的效能。解决中国各种问题，实现各项既定目标，关键要靠国家治理体系和治理能力的现代化。所谓国家治理体系和治理能力的现代化，就是使国家治理体系制度化、科学化、规范化、程序化，使国家治理者善于运用法治思维和法律制度治理国家，从而把中国特色社会主义制度优势转化为治理国家的效能。

那么如何实现国家治理体系和治理能力现代化呢？党的十九大报告明确提出"用新时代中国特色社会主义思想武装全党""持之以恒正风肃纪""夺取反腐败斗争压倒性胜利""健全党和国家监督体系"。

廉政审计，是基于提高国家治理能力这一时代要求，为了推进国家治理体系和治理能力的现代化而建立的一种防腐、治腐、反腐的监督制度安排。廉政审计学应在反腐倡廉的历史使命中研究解决和治理贪腐实际问题的程序、方法和规范，在"依法防腐、依法治腐、依法反腐"的原则下研究如何实现审计制度创新。

三

为什么要研究廉政审计学问题？一直以来，有一个问题萦绕脑际挥之不去：当今社会，对于贪腐问题不论是举报还是通过其他线索，一经相关职能部门查证，就是一个贪腐案件。换句话说，就是对于贪腐问题的查证，就技术而言，现有的审计技术就能够查证了。那么，还要廉政审计学干什么？廉政审计学能够做什么？

治理腐败是一个复杂的系统工程。治理腐败任重道远。正是因为如此，更加需要廉政审计。也就是说，研究创立廉政审计学不仅具有独到的现实意义，而且具有普适性，主要表现在以下几个方面：

一是取证的需要。审计本就是由专职机构和人员接受委托或授权，对被审计单位在一定时期的全部或部分经济活动的有关资料，按照一定的标准进行审核检查，收集和整理证据，以判明有关资料的合理性、公允性、一贯性和经济活动的合规性、效益性，并出具审计报告的监督、评价和鉴证活动。审计监督、评价和鉴证活动需要有充分的证据，可见研究廉政审计学是治理腐败问题时获取充分、适当证据的需要。

二是程序的需要。就如刑事诉讼中的公诉案件，虽然公安机关办案人员认为嫌疑人犯罪事实清楚，证据确实、充分，已涉嫌构成犯罪，但仍然要由人民检察机关依法提起诉讼。这既有法理学上的公正性要求，也有法律程序上的完整性要求，还有社会视角上的彰显人权平等、人性关怀的现实意义。这种法学上的意义也可供开展廉政审计学研究工作时借鉴，可见研究廉政审计学是治理腐败问题时程序完整性的需要。

三是证实的需要。在现实中，许多腐败案件的定量分析十分艰难，换句话说，就是许多腐败案件在查证过程中存在不明事项和金额，这些不明事项和金额往往难以查实。解决腐败案件中这种难以查实的问题需要廉政审计，也需要廉政审计学对此作深入研究。这是廉政审计学的一项使命。可见研究廉政审计学是治理腐败问题时证实腐败案件中不明事项和金额的需要。

四是治理的需要。所谓“无利不起早”，理性人总是逐利的，而在逐利的过程中，当人非理性时就可能出现腐败。反腐倡廉既然是人类进步和社会发展进程中的常态工作，就必须建立有效的反腐制度，并形成长效的制度反腐治理机制，审计制度是反腐治理机制中不可缺少的有机组成部分。

四

廉政审计学能够做什么？当今世界，人类科技、世界经济、社会物质文明建设都在飞速发展的同时，资源、环境、人类精神文明建设的压力也越来越大。经济越来越无法承受低效率的粗放型增长模式，人类科技越来越无法承受高伤害的一维性增长模式，不仅形成了经济发展节奏和资源利用效率之间的冲突和较量，而且形成了社会物质文明与人类精神文明之间的冲突和较量。在冲突和较量的过程中，最为引人注目的是人们对于反腐败的坚定和期待。研究廉政审计学问题不仅具有强烈的现实意义，而且具有深远的社会价值。

这是一个复杂多元心浮气躁的时代。说它多元化，是因为当今时代，世界各民族文化交融、各民族文化传统在不断流失中挣扎抑或进化、各种新知快速改变人们的生活生存方式。说它浮躁，是因为在当今时代，权力被无限放大、金钱被迅速积累、享乐被任性放纵，失去了调节和控制。说它复杂，是因为在当今时代，人们逐渐失去了信仰，人生处处充满了矛盾。现实生活中，人们总是在一边欣赏和赞许农村城市公民们的良好生活环境并对城乡建设向更高的发展目标迈进充满期待的同时，一边可能又在无情地诟骂开发商和房地产商为奸商，当然也不乏一边诟骂一边积极掏出自己的积蓄大买特买的人；还有许多人一边在雅室里与人笑容满面地品茶交谈，一边可能又在绞尽脑汁地给那些在白天忙进忙出、晚上暗中交易的行为寻找合理的依据；而有的人一边在岗位职责的约束下呕心沥血地为这个岗位这方山水出大力办大事，一边可能又在十分贪婪地吸纳并最终转嫁到普通百姓头上增加普通百姓生存成本的非正当利益；还有的人一边在岗位职责和人本关怀的双重约束下第一时间站到抗洪抢险的大堤上并不辞辛劳始终坚持战斗在抢险第一线，一边可能又因为在无意间批错了条子、错用了假冒物资、抑或用人不当等，最终导致险情增加或者其他损害普通百姓的根本利益的结果，甚至于可能还有因为失察、不知情、亲情失去约束等导致自身险情增加。

是对的还是错的，应该如何评价？是好的还是坏的，应该如何评估？是廉洁还是腐败，又应该由谁来评判？规范做人做事的程序，就是廉政审计学的目标和使命。

五

研究创立廉政审计学，致力于从制度创新的视角研究如何加固我国的审计反腐防腐制度，致力于从审计制度上加固扎牢约束权力的“笼子”，以推进我国的国家审计监督全覆盖工作，实现廉政审计学在审计制度创新中的学术价值和在制度反腐工作中的专业性价值，以及在审计制度建设乃至于国家治理中的普适性价值。其研究目标就是构建审计学科中以治理腐败为核心的廉政审计学理论结构和学科知识体系，具体包括：①探寻廉政审计学理论的逻辑起点，构建廉政审计学理论体系；②从人性、专业性、现实性等多视角设定廉政审计学目标，并建立有效实现这一目标的廉政审计学方法体系；③秉承预防胜于追查的理念，探寻廉政审计监督运行机制，以期为廉政审计工作提供依据和规范。具体研究内容如下：

第一章为廉政审计学概述。其研究目标是界定廉政审计学概念，基本内容包括诠释廉政审计学内涵、廉政审计学研究、廉政审计制度性质、廉政审计学与国家审计学的关系等。

第二章为廉政审计学理论。其研究目标是构建廉政审计学理论结构，基本内容包括阐述中国监督史、审计学理论的发展、廉政审计学理论框架、廉政审计的独立性、廉政审计学的法律依据等。

第三章为廉政审计学假设。其研究目的是界定人性向善假设概念，基本内容包括诠释假设的性质及哲学意义、人性向善假设原概念，以及人性向善假设的现实价值。

第四章为廉政审计学目标。其研究目的是建立廉政审计学目标，基本内容包括诠释目标的性质、廉政审计学基本目标、我国的反腐败目标、世界各国的反腐败经验。

第五章为廉政审计学对象。其研究目的是规范廉政审计学监督范围，基本内容包括诠释廉政审计学对象的特殊性、廉政审计学一般对象、廉政审计具体对象。

第六章为廉政审计学功能。其研究目的是厘清廉政审计学监督职责，基本内容包括诠释廉政审计业务的特殊性、廉政审计预防监督功能、廉政审计检查监督功能、廉政审计治理监督功能、廉政审计学的倡廉使命。

第七章为廉政审计学方法。其研究目的是建立廉政审计学方法体系，基本内容包括诠释廉政审计方法的特殊性，传统审计方法及其创新、权力源头审计方法、云平台审计方法、纪检监察联合办案审计方法、跨国联合办案审计方法。

第八章为廉政审计证据。其研究目的是诠释廉政审计信息质量，基本内容包括诠释廉政审计证据的特殊性、廉政审计证据的质量要求、廉政审计基本程序、廉政审计电子证据、廉政审计证据档案。

第九章为廉政审计报告。其研究目的是诠释廉政审计信息价值，基本内容包括阐述廉政审计学专业判断、廉政审计报告书、廉政审计报告书案例、廉政后续跟踪审计。

本研究拟重点解决以下问题：

(1)研究创立廉政审计学的必要性问题。如前所述，当今社会虽然对于贪腐问题一查一个准，但是从法律程序、审计功能、制度反腐等视角分析，却需要研究创立廉政审计学。创立廉政审计学，首先，是法律程序意义的需要；其次，腐败案件中存在许多难以查实的问题，查实腐败案件中存在的问题需要开展廉政审计，这是廉政审计的一项使命，也是廉政审计学的一项重要研究课题；再次，建立廉政审计反腐防腐治腐的运行机制既是审计制度的创新，更是制度反腐治理机制的有机组成部分，即制度反腐治理机制中不能缺少审计制度，这些都是廉政审计学要加以研究的重要内容。

(2)研究探讨廉政审计学中道与术的关系问题。道修身养性，术规范人生言行。廉政审计学研究儒道修身养性的内涵，以人性分析为基础，探寻廉政审计学理论创新和廉政审计制度创新，深入探讨和思考廉政审计学中权力反腐与制度反腐的关系，建立廉政审计学制度反腐长效机制。制度反腐永远也无法离开权力反腐，所以，进而深入研究探讨应该赋予廉政审计工作者应有的监督权力，据以回答廉政审计学如何监督监督者的问题。

(3)研究探讨构建廉政审计学理论结构体系问题。基于人性分析，探寻廉政审计学的理论基石，构建廉政审计学理论结构和学科知识体系。廉政审计学理论结构体系包括廉政审计导向、廉政审计基本理论、廉政审计应用理论和廉政审计相关规范理论等，廉政审计学学科知识体系包括廉政审计学假设、廉政审计学目标、廉政审计学概念体系、廉政审计学方法体系、廉政审计学信息质量体系和廉政审计学风险控制体系，并据以构建有效、实用的廉政审计制度运行机制，以便于研究成果的推广应用。研究构建廉政审计学理论结构及学科知识体系，据以回答廉政审计学反腐倡廉的实用性问题。

（4）研究探讨权力者的自我监督问题。它包括对权力者的法律、习俗、伦理、道德方面的自我约束，权力者的岗位职责、业务流程等各种运行机制的自我约束，权力者的品行、人格等方面的自我约束，以及廉政审计监督者的自我约束，等等。特别是对廉政审计监督者的自我约束问题，需要构建廉政审计人员职业道德规范。研究建立权力者自我监督的长效运行机制，据以回答廉政审计学制度反腐的科学性问题。

第一章

廉政审计学概述

第一节　廉政审计学内涵

在导论中，针对当今社会现状说明了研究设想，并基于国家治理体系现代化视角提出廉政审计学这个命题；针对治理腐败这一根源性问题说明了研究主题的必要性和普适性价值；针对研究主题说明了研究的主要内容及研究思路。从现在开始，将进一步系统地研究构建廉政审计学理论结构及其课程知识体系。首先应该清晰论述廉政审计学的内涵，回答什么是廉政审计学以及廉政审计学是干什么的等问题。

一、廉政审计学的含义

廉政审计学，就是指对公权力及其执行（或称为权力行为）进行再鉴定的科学。审计的本质是监督，廉政审计的本质也是监督，而且是一种以发现腐败问题为导向、以公权力及其执行（或称为权力行为）为对象的监督管理活动。这种廉政审计监督管理活动，笔者之所以把它称为“再鉴定”的科学，是因为廉政审计学是一种监督监督者的科学。就公权力者的集体行为结果而言，其成果是要定期报告的，如国有企业的年度财务报告。就公权力者的个体行为结果而言，其工作是要定期总结的，如干部的年度述职报告。不论是公权力者的集体行为结果，还是公权力者的个体行为结果，都是一种监督者行为结果。而廉政审计监督就是对公权力这种监督者行为进行再监督，所以说廉政审计学是一种监督监督者的科学。可见，廉政审计学含义丰富，详细论述如下：

首先，廉政审计学是以发现腐败问题为导向的审计。

腐败是指掌握公权力的人在行使公权力的过程中，背离公权力的授权目标，违反公权力的使用规范，牺牲公共利益谋取少数人利益的行为。简单地说，腐败就是滥用公权力。腐败源自失衡的公权力，腐败的后果是危害国家政治安全、社会稳定和百姓生活。廉政审计就是要监督公权力，包括监督公权力本身和公权力者行为，监督公权力者行使公权力时的行为动机、行为过程、行为结果及其影响。所以，通俗地说，廉政审计就是以发现腐败问题为导向，必要时配合公、检、监、法、司等职能部门，对公权力者行使公权力中的行为动机、行为过程、行为结果及其影响按照一定的标准进行审核检查，收集和整理证据，以判明其真实性、合法性、效益性，并出具廉政审计报告以评价公权力者履行岗位职责情况的监督和鉴证活动的科学。廉政审计学的三要素包括廉政审计人、被审计人即公权力者、廉政审计报告信息使用人。

其次，廉政审计学是基于国家治理视角的制度反腐体系中的一种审计制度安排。

腐败源自失衡的公权力，而廉洁源于制度的约束监督。廉政审计制度负有三项责任。一是治理腐败的责任。治理腐败需要审计，廉政审计工作是依法防腐、依法治腐、依法反腐的工作。二是廉政工作的责任。廉政建设需要审计，廉政审计配合公、检、监、法、司等职能部门严厉打击腐败行为，其根本目的就是要加强廉政建设。三是廉洁生活的责任。廉洁生活需要审计，廉政审计制度安排就是要通过防腐、治腐、反腐，实现从“不敢腐、不能腐”到“不想腐”的目标。

为了确保公权力者始终坚持认真履行岗位职责、追求和谐安逸的廉洁生活，应该建立廉政审计制度。只有建立科学的廉政审计制度和有效的廉政审计监督机制，才有利于对公权力者进行合法的约束和合理的保护。

20 世纪八九十年代，在我国的广东地区，有一批农民将土地卖给房地产开发商后赚了一笔钱。他们用这笔钱办了一些企业。随着企业不断发展扩大，他们发现自己没有经营管理这些企业的能力，就尝试着从外面聘请能够胜任企业管理工作的人来管理这些企业。可是几年以后，让他们失望的是，聘请的经营管理者，有些在工作了一段时间掌握了局面之后，会卷款逃跑。这种现象的发生，一是由于当时国家缺乏有关企业方面的法律法规，二是由于企业内部没有建立严格的企业管理制度。这充分说明了，一种科学的制度安排和有效的监督机制，对于诸如经济管理权力的运行来说是十分重要的。可见，廉政审计学制度安排对于治理腐败、约束公权力运行是十分重要的。

最后，廉政审计学是倡导人性善行的一种审计制度创新。

腐败是人性恶行的结果，廉政审计学防腐、治腐、反腐的行为具有抑制人性恶行、倡导人性善行的功能，抑制恶行是为了保障人民大众的合法权益和正当利益，因而抑制恶行就是倡导和宣扬善行，所以说廉政审计学是一种倡导人性善行的审计制度创新。廉政审计学是审计监督课题的全新领域，这种审计制度的创新，主要包括审计理论创新、审计体制创新、审计内容创新、审计技术方法创新、审计管理创新，以及审计运行机制创新等。

二、廉政审计的反腐倡廉本质

审计的本质是监督，廉政审计的本质也是监督，而且是一种以治理腐败为目的的监督管理活动。这主要是说，审计监督是一种对受托责任履行情况的鉴证，廉政审计学是一种关于受托责任履行情况的鉴证的科学。也就是说，各类审计监督的本质属性是相同的，不同的是各种审计学所监督的对象和所鉴证的受托责任存在差异性，因而不同审计学的鉴证职责也有其差异性。

(一) 审计的监督本质

首先，审计学主要研究信息的妥当性问题。

在专业体系中，会计学、财务学、审计学三者之间的关系十分密切，所以人们通常把会计和财务混为一谈不加区分，把审计和内部审计混为一谈不加区分，甚至认为财会做账、审计查账二者也没有什么区别。其实，会计学、财务学、审计学还是有很大区别的。那么，会计学、财务学、审计学三者之间是什么关系呢？我们首先看一个小故事。

一个人花 8 元钱买了一件商品，因为该商品市场价在上涨，待涨到 9 元时卖了出去。可是该商品市场价还在上涨，涨到 10 元时又买了回来，待涨到 11 元时再卖出去。请问这个人盈利如何？

这里面既有会计学、财务学的问题，也有审计学的问题，甚至有统计学的问题。简单分析如下：

第一，需要记账、算账。这就是会计学问题。这里所说的算账，就是会计核算（本研究更强调其中确认和计量经济业务的含义）。众所周知，按照我国相关法规规定，利润=收入-支出。根据这个原理，计算结果不止一个。

第一种结果：利润=(9+11)-(8+10)=2(元)。所以，这个人盈利 2 元。

第二种结果：利润=(9-8)-(10-9)+(11-10)=1(元)。所以，这个人盈利 1 元。

第三种结果：利润=(11-9)-(10-8)=0(元)(边际利润为 0)。所以，这个人盈利 0 元。

第四种结果：利润=[(9-8)-(10-9)+(11-10)]-(11-8)(机会成本)=-2(元)。所以，这个人盈利-2 元。

上述计算结果，所用的原理没有错误，计算没有错误，而且是合法的，所以这些结果无疑都是正确的。那么，到底哪一种结果最真实呢？这就需要专业判断和作出决策。这是一个如何提供信息的问题。可见，会计学主要研究如何提供信息的问题。

第二，需要信息决策。这就是财务学问题。信息要透明，所以必须及时清晰披露。研究认为财务决策的依据和标准应该是在遵循合法性要求的基础上满足财务主体管理上的要求，或者说在满足合法性要求的前提下符合管理当局的决策要求。因此，在多种正确的信息结果中选择对本财务主体最为有利的那种信息结果就是一种财务决策。这种决策不仅要考虑本财务主体的短期利益，而且要考虑本财务主体的长期利益。可见，财务学主要研究如何利用信息的问题。

第三，需要甄别信息质量。这就是审计学问题。会计、财务人员通过确认、计量和专业判断等把经济业务活动信息及时、清晰地披露出来了，那么，这些信息妥当吗？这不能由信息披露者自己来判断。普天之下，很少有人能够客观公正地评价自己的工作。即使可能有，人们也不承认他能够客观公正地评价自己的工作，评价需要由别人来做。于是，审计出现了。审计被称为独立的第三者，由审计来甄别信息的妥当性就具有客观公正的可能了。换句话说，就是由审计这个独立的第三者来评价会计、财务工作就更可能具有客观公正性。可见，审计主要研究信息的妥当性问题。

其次，审计学是用来鉴证评价受托责任的。

上述这个故事中也许还包含着统计学问题，比如说 GDP 是 38 元(8+9+10+11)、4 件商品，也还可以说是 11 元、1 件商品。但是这些都已经不是本研究所要讨论的范畴了，本研究主要讨论审计学问题。在这里，主要谈谈审计的两个基本问题：一是审计的独立性问题，二是鉴证信息的妥当性问题。

审计的独立性，既是身份上的要求，也是业务上的要求。身份上的要求，讲的就是不评价“自己的”工作，包括不评价与自己有利益、亲缘等利害关系的人的工作。前已述及，现实中也肯定存在能够客观公正地评价自己的工作的人，但是人们不承认他能够客观公正地评价自己的工作，所以若是身份不独立就不要去评价，只要认真、合法、合理地做了事，就心安理得、踏实生活即可，评价的事就让别人来做。身份独立是形式上的独立性要求，审计人员如果身份不独立就需要回避——在审计监督工作中是有回避要求的，因此应基于形式上的独立性要求建立审计回避制度。业务上的要求，讲的则是“不徇私情”地评价与自己没有利害关系的人的工作，审计监督应客观公正，审计人员在执行审计业务过程中要求做到依法秉公、不偏不倚、客观公正。如果审计人员在执行审计业务过程中徇私枉法，那就不仅违背了独立性要求，而且触犯了法律，那么其评价就是无效的。身份独立是形式上的独立性要求，业务独立则是实质上的独立性要求，实质上的独立性要求审计人员遵纪守法、遵守职业规范，因此要建立审计职业准则、标准和规范。

审计鉴证信息的妥当性，是一个关于评价工作结论的问题。评价信息是否妥当至少要依据两个标准：一是合法性要求，二是公允性要求。合法性要求讲的是信息要符合相关法律法规的规定。符合哪些法律法规呢？信息本身的合法性要求符合财务会计专业法律法规及税法等相关经济法律法规，还要符合审计法律法规。公允性要求讲的是信息是正确的、合理的，信息没有错、漏，即便是存在错、漏，但是这种错、漏也是无意的、微不足道的，不至于影响信息的真实性，也就是说，这种错、漏不重要，是可以接受的。

日常生活和新闻报道中的“审计”，往往被人们理解为审计就是来核查问题的。一般人们听到“审计”，可能最先联想到的就是一群穿着制服的人，紧张地翻看着一大堆账本和其他资料。人们之所以有这种联想，大概是因为在有关审计的新闻报道中，大多是“某年某月某日，某审计部门查出某单位某违法违规事项”“查出某单位某违法违规事项的金额多少元”之类的内容，曾经有审计人员就是“经济警察”的说法，而人们满眼所见、充耳所闻的尽是“问题”，要人们不这么联想实在是难。其实，审计并不就是核查出现的问题的，没有这么简单。

如前所述，审计本是独立的第三者鉴证信息是否妥当的一项专业性工作，若信息是妥当的，就是成绩；若信息不是妥当的，那才是有问题。可见，审计既要鉴证成绩也要鉴证有问题之处，绝不是只查有问题之处，世界上也没有只查有问题之处的审计。可是，放眼全球市场，各交易主体是不是都只有成绩而不存在有问题之处？其实市场上各交易主体大多或有意或无意、或多或少、或大或小、或轻或重存在问题。要想弄清这些有问题之处将是一件十分有趣的事。凭相关历史信息和经验判断：市场上各交易主体，成绩肯定是主要的，但有问题之处也肯定存在。在现实中，人们对于成绩有时会忽视，因为人本就应该做出成绩来，成绩总是不像问题那样惹人注意。审计既是查验问题的也是查验成绩的，这才是审计的职责。

真实、合法、有效的信息就是成绩，不真实、不合法、无效的信息就是问题。当这些不真实、不合法、无效的信息涉及以权谋私、违法乱纪、贪污受贿等腐败行为时，那就需要廉政审计了。所以，廉政审计学是以发现腐败问题为导向的特种审计。

（二）廉政审计的监督本质

既然廉政审计是以发现腐败问题为导向的特种审计，廉政审计监督就与治理腐败息息相关。腐败问题与公权力行为紧密相连，廉政审计中的受托责任是指人民大众和法律赋予公权力者的权力和责任，廉政审计监督直接指向腐败这种不正常履行岗位职责和违背法规法纪的公权力者。所以，廉政审计的基本职能是防腐、治腐、反腐，廉政审计监督就是一种有关防腐、治腐、反腐的监督。

防腐、治腐、反腐是为了什么？防腐、治腐、反腐就是为了倡廉。廉政审计监督体现了其反腐倡廉本质，倡廉需要治理腐败，治理腐败是为了倡廉，廉政审计本质上是倡廉的。从理论上讲，腐败问题需要审计，廉政建设需要审计，廉洁生活需要审计，所以说廉政审计担负着治理腐败、廉政工作和廉洁生活的责任，廉政审计的监督具有监督公权力者及其行为的反腐倡廉本质。

第二节　廉政审计学研究

一、国内外相关研究文献简述

（一）国外相关理论研究现状

廉政审计，在英文中应该译为 honest audit 还是 integrity audit 尚无定论，搜索英文关键词，也基本没有具体的研究内容。所以，目前国外关于廉政审计的研究还查无内容。但是，国外关于腐败预警理论、腐败定量指标、廉政审计等三方面的研究却比较突出。

1. 关于腐败预警理论的研究

“预警”（early warning）一词，起源于军事领域。预警可以划分为经济预警与非经济预警，后者如社会预警、军事预警等。

社会预警是指依据对社会发展稳定状况的判断，按照社会系统整合关系的模型分析，对社会系统运行的质量和后果进行评价、预测和报警。随着现代社会复杂性程度的进一步提高，各种变量对社会稳定的影响的复杂性也进一步增加。这样就促使社会稳定理论加强对诸多社会变量的分析，对社会运行状态及未来发展进行预测。腐败预警正是从社会预警中分离出来的一种专门针对腐败这类社会问题的预测和报警。

20 世纪 80 年代，由于社会稳定的需要，社会预警理论进一步丰富起来。英国以齐舒姆为代表的区域社会研究学派，在《区域预测》一书中，总结了人口、资源、城市、经济和生态环境相互作用的经验数据，对社会运动进行预测。在美国以内布拉斯加为代表的系统学派，于 1982 年研究出 AGNET 系统模型分析工具，对美国中西部六个州的区域社会管理，在预警的基础上实施全面的优化调控和管理决策。爱茨则对社会不稳定状态进行描述，把社会不稳定指标分为六个：①社会组织中的精英人物专权；②大众需求得不到满足的程度严重；③社会资源日趋贫乏；④政治动荡不安；⑤家庭结构处于崩溃状态；⑥传统文化力量处于崩溃状态。

到了 20 世纪 90 年代，随着众多国家加入经济体制转轨行列和参与经济全球化浪潮，腐败问题也逐渐浮出水面，而且愈演愈烈。国际社会和国际组织通过对腐败指标定量分析，来预测一个国家腐败的严重程度及反腐败的成效。

从上述文献检索看，西方国家还没有开展类似廉政预警研究。但是西方预警理论为我们研究腐败预警机制提供了帮助，尤其是在腐败预警的警度设置、腐败临界值的测定、预警线性回归方程的方差分析和检验等方面提供了理论依据。

2. 关于腐败定量指标的研究

腐败定量指标以四大国际组织发布的五大指标为主要指标。20 世纪 90 年代以来，腐败已经成为全世界关注的焦点问题。由于腐败具有隐秘的特性，一般很难对腐败进行计量。近年来，国际社会和国际组织通过对腐败指标定量分析，来衡量一个国家腐败的严重程度，以及反腐败的成效。比如透明国际(Transparency International，TI)1993年成立以来，为了提醒各国政府领导人与普通公众重视腐败问题，对各国腐败问题进行了准确计量，每年发布一次“腐败排行榜”，在全世界产生了巨大影响。

目前，应用比较广泛的是四个国际组织提供的指标：透明国际的清廉指数(corruption perception indicator)和行贿指数(bribe payer indicator)，世界银行的腐败控制(control of corruption)指标，瑞士国际管理学院的非法支付(irregular payment)、司法腐败(judicial corruption)等指标，世界经济论坛的贿赂和腐败(bribe and corruption)、透明度(transparency)指标。这些指标能使公众清楚地了解政府官员的腐败程度和各国政府反腐败进展和成效。需要说明的是，国际组织的腐败指标评价对象是国家，与本书研究对象——国家公职人员是不同的，在指标内容构成上肯定有差异，而且廉政审计研究重点不在于对国家机关公职人员腐败状况进行排名，而是探讨腐败如何预警，重点研究腐败指标如何与审计相结合进行反腐败。但是，国际组织对腐败的计量方法，比如问卷调查方法、标准偏差、权重计算方法等，给予我们设计腐败预警指标以极大的启示。

3. 关于廉政审计的研究

20世纪70年代以来，针对企业的舞弊的侦查与防范，产生了一门集会计学、审计学、犯罪侦查学、社会学等学科于一体的边缘学科——廉政审计学。1988年，在美国审计行业里，分离出一种新的审计专业行业，其从业人为注册舞弊审核师(certified fraud examiners，CFE)，并在此基础上，成立了一个行会组织——注册舞弊审核师协会(Association of Certified Fraud Examiners，ACFE)。这一行业的产生与协会的成立，标志着审计内的一部分功能被独立起来，形成了一种新的有能力与贪污舞弊作斗争的专业力量，审计反舞弊作用被彰显出来，并形成了以发现舞弊风险为导向的廉政审计理论。

1998年11月，在乌拉圭召开的第十六届最高审计机关国际组织大会上，讨论主题是“防止和侦破舞弊与贪污腐败”，对审计在防止和侦破舞弊与贪污腐败方面的作用进行了深入研讨。

腐败与舞弊共生，各国廉政审计的一些有益经验，对我们创建以发现腐败问题为导向的廉政审计学大有裨益。

（二）国内廉政审计研究现状

1.特种审计制度研究

2000年，中共湖南省委组织部、省纪委成功申报了国家社会科学基金课题“新世纪惩治腐败对策研究”（王明高，2000）。其中一个子课题就是“惩治腐败必须建立特种审计制度”。该子课题的目标是建立经济腐败审计的特种审计制度。这是我国最早的关于廉政审计学的研究。

2002年，深圳市委、市政府颁布了《深圳市反腐保廉预防体系总体思路》，在全国率先建立反腐保廉体系。该反腐保廉体系特别强调建立特种审计制度。

2004年2月，山西省太原市建立了太原市防腐保廉工作体系。太原市防腐保廉工作体系也要求建立特种审计制度，要求政府审计部门除按《中华人民共和国审计法》规定开展常规的审计工作以外，还要开展对防范公职人员违法违纪的特种审计。特种审计的内容主要包括政府采购审计、重大工程审计、政府收费审计、基金管理审计、国有企业改制审计及经济案件审计等。特种审计时，审计人员有权对审计中查证的违纪违法问题的直接责任人提出处罚建议，或者移交纪检、检察、监察等相关机关处理。

在现实中，也还有其他一些省（区、市）相继提出了特种审计制度，但基本上没有实质性的创新内容。

2005年1月，中共中央在总结各省（区、市）经验的基础上，制定并印发《建立健全教育、制度、监督并重的惩治和预防腐败体系实施纲要》，提出要加强审计的反腐败功能和作用。

另外，廉政审计方法的研究成果丰富和完善了特种审计制度，打击腐败的力度更大，效果也更好。预警审计的研究成果，能够预警腐败行为，特别是腐败多发、高发领域里的国家公职人员的腐败行为，能够及时为特种审计提供比较准确的打击导向，从而查实相关腐败问题，查实腐败人员的相关经济犯罪类型及犯罪严重程度。

2. 廉政审计研究

（1）廉政审计的系统性研究。2007 年 3 月，郭强华所著《廉政审计》问世，内容有“质疑”审计长、腐败预警、预警审计、查实审计、廉政审计制度组织建设，以及廉政审计职权拓展等。他认为廉政审计研究离不开审计创新，审计创新包括审计理论创新、审计体制创新、审计内容创新、审计技术方法创新及审计管理创新等。提出廉政审计是我国反腐败斗争进程中的一个重大信号。这是审计风暴后，审计反腐功能凸显的一个信号传递，从制度上加固我国的审计制度仍然是十分紧迫的任务。同时，中国审计是惩治腐败的重要力量。审计不仅具有反腐败职责，而且承担着惩治腐败的重任。审计既是国民经济运行的“卫士”、被审计单位经济管理的“医士”、宏观决策的“谋士”，还是反腐倡廉的“斗士”。这是我国关于廉政审计的最系统的研究（郭强华，2007）。

（2）廉政审计的制度机制研究。相关学者的研究认为，廉政审计更需要制度建设，廉政审计是国家廉政体系的一项重要制度支柱（任建明，2004），廉政审计是建立与完善反腐倡廉惩罚体系的制度支柱（李四能，2013）。在这一方面，还有学者进行了廉政审计的完善机制研究（张泽华，2009）、风险导向廉政审计运行机制研究（赵彩虹、陶琪，2010）。

（3）其他。还有关于高校开展廉政审计的研究（李萍、林雨、李振标，2008），高校建设项目跟踪审计中关键环节的识别与控制研究（杨柳、陈永康、刘晓芳，2010）。

3. 其他相关理论研究

（1）廉政预警机制的研究。廉政预警机制是对防范、遏制各种腐败产生的制度、措施和方法的总称。廉政预警机制是针对社会转型期可能或已经出现的各种腐败苗头进行预先防范和警示的一种机制，基本目的就是及早发现腐败的苗头和现象，以改变和避免等到问题出来了再去查处的被动局面，做到提前预防，有利于最大限度地降低腐败造成的损失（陈绍杰，

外这些研究文献的卓越成就将为本书的理论研究和案例分析提供重要参考与启示。

二、我国实务界开展廉政审计的基本状况

在我国实践中，开始出现的是“特种审计制度”而不叫“廉政审计”。“特种审计制度”是在深圳有关反腐倡廉的预防体系中首先提出并开展相关工作的，见于《深圳市反腐保廉预防体系总体思路》，以后逐渐被写进各省（区、市）关于反腐倡廉的预防体系，例如《浙江省反腐倡廉防范体系实施意见（试行）》。2005 年，中共中央在深圳以及各省（区、市）关于反腐倡廉预防体系的经验基础上，集思广益，颁布了《建立健全教育、制度、监督并重的惩治和预防腐败体系实施纲要》。这是一份指导全国反腐败的纲领性文件。

在我国实务界，开展廉政审计又多是首先从加强经济责任审计开始的。2003 年，湖北省十堰市出台了《廉政审计实施意见》。十堰市经济责任审计局为了深化经济责任审计工作，制定了经济责任审计工作有关廉政情况审计的实施意见。虽然十堰市的廉政审计还只是限于经济责任审计的范畴，但是却已经初步明确了廉政审计的执业程序。2003 年下半年以来，无锡市对 36 个县处级单位和部门的主要领导干部进行了任期内的经济责任审计，有纪检监察机构的参与，可见其审计主体已经不再是单一的审计部门了，而是有多个监督职能部门协同开展工作。这已经不是传统意义上的经济责任审计了，而是廉政审计。

自 2004 年 9 月 1 日起，张家港市审计局在领导干部任期内同时开展经济责任审计的工作和实行廉政专项审计工作。如有重要信访举报反映有关领导干部廉政建设方面的问题时，该市审计局依据授权，可以依据举报线索随时进行廉政专项审计。

2007 年，大连市审计局为了提高廉政审计水平，提出深化创新经济责任审计工作的四项措施，包括要求违纪、违规审计与管理、绩效审计并重，强调进行全面审计的同时突出重点，在审计工作中不断创新审计方式方法，以及不断提高经济责任审计结果的利用价值。这些措施在一定程度上保证

了大连市审计局审计工作的廉洁高效。

2008年，天津市河西区审计局积极推行“四建立、一公开”的廉政建设长效制度，主要从宣传教育廉政建设和建立全方位、多层次的监督体系等方面有效开展审计工作，促使审计人员进一步增强审计工作中的廉洁意识。

2009年以来，湖北省黄冈市审计局为了实现黄冈市经济社会的快速稳健发展目标，针对投资审计中的廉政风险采取了“四抓”工作措施，即在狠抓廉政教育工作的基础上，还狠抓制度建设、人员管理和监督体系，多策并用地完善廉政审计体系，提高了审计人员的廉政意识，取得了较好的廉政审计效果。

2010年，山西省沁源县审计局强调廉政建设在审计工作中的重要性，为了提高廉政审计水平，把《中国共产党党员领导干部廉洁从政若干准则》真正落到实处，为党员干部巧配“廉政套餐”。“廉政套餐”主要指对相关人员进行专项培训，提高其业务素质，强化其廉政知识的“专餐”；通过多种渠道提醒审计人员“过节不忘廉政”，加强节日廉政教育的“快餐”；还有组织广大党员干部在廉政教育基地进行廉政警示教育培训，营造“以廉为美、以廉为荣”的浓厚廉政文化氛围的“便餐”；以及通过召开党员干部廉政建设大会，加强廉洁自律的自觉性，开展廉政主题教育、廉政征文、《中国共产党党员领导干部廉洁从政若干准则》大家谈等活动，树立廉政典范，倡导廉政精神的“会餐”。

2011年7月13日发布的《甘肃兰州市审计局狠抓“五个环节”提升党风廉政建设水平》记载，2011年以来，甘肃省兰州市审计局党组提出以“加强党性修养，坚持廉洁从审”为切入点，通过狠抓教育、责任、履行、评价和追究等各环节的工作，强化领导干部监督管理，加强全局所有员工党风廉政建设，有力带动和促进了全局党风廉政建设，廉洁风尚不断提升。

2012年9月26日发布的《河南信阳市审计局“全准实效”加强廉政风险防控》记载，2012年以来，河南省信阳市审计局坚持以“把权力关进制度的笼子里”为根本出发点，以有效管用为基本着力点，以加强廉政风险防控为强有力抓手，努力规范审计权力的运行，统筹规划以推进审计工作和其他各项工作协同开展。特别是在廉政风险防控工作中，强调梳理岗位权力力求做到一个“全”字，查找廉政风险点力求做到一个“准”字，制定防控措施力求做到一个“实”字，及时建章立制力求做到一个“效”字，切实提高了全局审计工作水平，有效促进了全局党风廉政建设。

2013年3月27日，审计署召开2013年全国审计机关党风廉政建设工作视频会议，强调要在审计机关构建“不敢腐、不能腐、不想腐”的廉政风险防控体系，用铁的纪律来打造审计铁军，行使好审计监督权力，做到用权搞审计、以权建队伍、有权强监管、无权办私事。

2014年9月，福建省审计厅为深入贯彻十八届中央纪委三次全会和福建省纪委九届五次全会精神，确保党组主体责任与纪委监督责任落实到位，制定出台了《福建省审计厅党组关于落实党风廉政建设主体责任的意见》。为切实解决党风廉政建设“谁来抓”“抓什么”“怎么抓”的问题提供意见，福建省审计厅结合全省审计机关的实际工作和廉政建设长效机制的实际需要，积极部署全省审计机关落实党风廉政建设“两个责任”工作，进一步抓好党风廉政建设，努力推进审计机关党风廉政建设开创新局面。

2015年4月，为了进一步贯彻落实党中央、国务院对审计工作的要求和审计署的各项部署，审计署驻沈阳特派员办事处精心编写并印发了《审计手册》和《廉政手册》。这两本手册是学习贯彻党中央、国务院对审计工作重要指示的重要指南和普法资料，有利于审计人员树立牢固的科学审计理念。审计人员利用工作之便利将手册带到被审计单位，通过宣讲审计法律法规，使学法、普法、用法、执法等各项工作更加有效地深入群众和人心，加强了审计署驻沈阳特派员办事处的审计业务开展、干部队伍建设、党风廉政建设等各项工作。

2016年10月9日，山东省德州市审计局发布的《德州：将审计整改情况纳入党风廉政建设巡察工作成效显著》披露，截至2016年10月9日，山东省德州市党风廉政建设巡察工作领导小组在全市开展党风廉政建设巡察，共对12个部门(单位)制发了巡察发现问题整改催办函，涉及审计发现但未整改到位的问题38个，现已全部整改22个。山东省德州市党风廉政建设巡察工作领导小组在开展的党风廉政建设巡察工作中，将审计整改工作作为一项重要内容——有关审计整改工作巡察的内容主要包括近几年德州市本级部门(单位)预算执行审计、领导干部经济责任审计及民生资金审计等重点审计项目，将审计中发现的问题整改落实，做到限期督办、结果公开，整改工作效果十分明显。

2017 年 7 月 4 日，湖南省湘潭市审计局发布的《湘潭：推进廉洁高效作为加强交叉审计廉政监督》显示，2017 年以来，湘潭市审计局为了切实强化审计工作日常管理监督，推进审计工作廉洁高效作为，针对湖南省审计厅统一组织实施的异地交叉审计项目，依次采取进点前廉政谈话“明规矩”、审计组签订廉政责任书种好“责任田”、建立临时党支部“抓落实”、发送廉政短信“促廉洁”、在审计现场放置“监督箱”、加强明察暗访“常跟踪”等六项措施，加强异地交叉审计的廉政监督，收到了良好的工作实效。

2018 年，重庆两江新区审计局坚持审计工作“以廉立身，以廉立信”，认真实施勤学善思“树廉心”、恪尽职守“养廉德”、防腐拒变“守廉纪”和警钟长鸣“教廉行”等四项举措，落实到审计实际工作中，全力构筑起严密的廉政廉洁防线。

2019 年，湖北省宜昌市夷陵区审计局为了进一步深入推进党风廉政建设工作，采取了四项重点工作措施：一是以政治建设为统领来落实党风廉政建设的主体责任；二是以廉政教育为抓手来不断筑牢拒腐防变的思想防线；三是以整治“四风”为重点来持续深化纪律作风建设；四是以制度建设为保障来健全党风廉政建设的长效机制。通过上述措施，夯实了党风廉政建设工作，反腐败工作得到全面落实。

2020 年，重庆市万州区审计局为了认真学习贯彻习近平总书记关于党风廉政建设和反腐败斗争的重要论述，提高全局干部职工的廉洁自律和拒腐防变的能力，强化全局干部职工的廉政意识，筑牢全局干部职工的廉政思想防线，多措并举持续深化机关党风廉政建设，努力营造风清气正的政治生态。

2021 年，安徽省审计厅为了深入贯彻落实省纪委十届六次会议精神，根据驻厅纪检监察组的工作要求，在干部教育培训工作中探索开展“嵌入式”廉政教育，并结合全年的教育培训计划，根据培训对象不同，采取传达学习中央及省委关于全面从严治党的有关文件、中央纪委及省纪委典型案例通报、播放警示教育片等方式，一体推进“不敢腐、不能腐、不想腐”体制机制建设，进一步夯实审计人员廉洁从审意识。

党的十八大以来，成果制度化，全面从严治党成常态。党的十八大以后，国家审计的功能和定位已提升到服务国家治理的高度。党的十九大报告对反腐形势作出判断并明确目标：“当前，反腐败斗争形势依然严峻复杂，巩固压倒性态势、夺取压倒性胜利的决心必须坚如磐石。要坚持无禁区、全覆盖、零容忍，坚持重遏制、强高压、长震慑，坚持受贿行贿一起查，坚决防止党内形成利益集团。”并提出要求：“凡是群众反映强烈的问题都要严肃认真对待，凡是损害群众利益的行为都要坚决纠正。”由此可见党和政府反腐败决心之坚定、治理腐败毅力之坚强。

三、研究的创新

如前所述，目前关于廉政审计的研究文献不多，理论研究还处于起步阶段，廉政审计学理论尚不成熟，尚无完整的廉政审计学理论方法体系的相关研究。实践工作又是以加强经济责任审计开始者居多，尚无完整的廉政审计工作实践的程序和规范。本书力图研究构建廉政审计学理论结构和学科知识体系，诠释其理论基础基石，厘清其职能和使命，探索建立基于大数据、信息技术基础的廉政审计方法体系。反腐败斗争是一项长期性的工作，反腐败斗争永远在路上，治理腐败将是一个永恒性课题。可见，探讨廉政审计学的使命是一项具有实际意义的工作。

（一）本书的主要创新点及学术价值

本书提出了廉政审计学的人性向善假设，其学术价值表现为人性向善假设是廉政审计学的原概念，构建廉政审计学理论结构和学科知识体系可以人性向善假设为逻辑起点。本书认为，建立廉政审计制度的目的不是用于规范人的心性，而是用于规范人的行为。人性向善假设的基本价值取向，是人性本善还是本恶并不重要，重要的是人的生存应该向何处去。人性向善假设主张和提倡人的生存应该向善而弃恶。所以，提出人性向善假设是构建廉政审计学的理论基石。

本书提出并构建了廉政审计学的理论结构和学科知识体系，其学术价值表现为这是一项建立一门新的学科理论体系的大胆的尝试性工作，为治理腐败问题形成长效的审计制度机制和实现审计全覆盖目标提供支持。本书认为，应该站在推进国家治理体系和治理能力现代化的视野高度来研究廉政审计学问题。腐败是人性贪欲的寄生虫、公权力者的梦魇，反腐败是一项艰巨而持久的工作，既要"惩前毖后，治病救人"，又要预知先觉、防微杜渐，更要未雨绸缪、防患于未然。反腐是为了倡廉，对于腐败问题不仅要治标而且要治本，不仅对于公权力运行要从源头上加以监督和约束，而且对于公权力监督者的行为也要进行依法监督。有效监督监督者是廉政审计学的使命。

（二）存在问题和需要完善之处

建立一门新的学科理论体系并非一朝一夕之事，需要长期不辞艰辛、更加深入地研究。本书需要进一步深入研究和改进完善之处主要有两个方面：一是专题性案例研究与实证检验，以促进廉政审计学理论的完善、廉政审计学方法程序的实施、廉政审计学信息质量的社会认同。二是深入开展廉政审计学相关职业规范的专题研究，主要包括廉政审计工作质量控制规范、廉政审计人员规范、廉政审计职业道德规范等。

第三节　廉政审计制度性质分析

廉政审计监督具有一种治理腐败的监督性质，倡廉必须治理腐败，治理腐败是为了倡廉。所以，这种治理腐败的监督性质体现了廉政审计监督的反腐倡廉本质。不论是从理论上还是从现实上，都可以十分清楚地知道腐败问题需要审计，廉政建设需要审计，廉洁生活的保障需要审计。所以，廉政审计担负着治理腐败的责任、廉政工作的责任和廉洁生活的责任。

一、腐败的性质

腐败是特指掌握公权力的人在行使公权力的过程中，背离公权力的授权目标，违反公权力的使用规范，牺牲公共利益谋取少数人利益的行为。腐败的后果是危害国家政治安全、社会稳定和百姓利益。

从社会学的角度而言，腐败既危及和破坏法律的权威性与有效实施，又危及和破坏我国政治基础与经济基础，以致社会风气迅速腐化、社会矛盾加剧、社会贫富悬殊畸形分化、人际关系冷漠庸俗化。

从政治和法律的角度而言，腐败会大大削弱政府的威信。政府通过运行权力体系，开展国家各项管理工作，在整个过程中，需要各方面合力监督，从而实现良好治理。在国家的权力体系中，如果存在大量的权力滥用行为，就会使政府树立的形象大打折扣，降低政府的公信力，社会公众对政府也会更加不信任，政府权力在运行过程中的阻力会增大，也容易激化社会矛盾，导致无序、无效状态的产生。腐败不利于政府体制的发展和改革，会破坏稳定的公共管理和权威的资源分配。腐败分子手握重权，会出现任人唯亲的现象，大量不作为行为泛滥，导致政府工作效率低下。腐败会严重损毁国家司法的权威。在实际的国家治理过程中，权力如果凌驾于法律之上，就容易产生渎职行为，进而对整个社会的治理秩序产生危害。

从经济的角度而言，在社会主义市场经济中，权力拥有者为了给自己或者与自己利益相关的人牟取私利，会利用自己手中的权力，为自己或他人不正常的谋利行为提供保护，使社会资源向自身倾斜，甚至剥夺原来属于他人的资源，将其据为己有，造成经济资源的不合理分配，破坏社会经济的正常运作秩序，从而使经济的发展出现混乱的现象，使国家的经济发展水平下降。

从文化的角度而言，腐败严重破坏社会公平。一般来说，一些掌握着公共权力的人先富了起来，他们通过权力资本化而有了先富起来的机会。权力资本化实际上就是一种权力寻租的过程。这部分富人会利用手中的权力，掌握大量的社会资源，造成贫富两极分化，造成社会的不公平。腐败导致社会道德败坏。领导干部因为自身所处的位置，民众会赋予很高的期望，在道德方面对其也有更高的期望，他们期望政府官员会向社会传递正能量。如果权力在这个过程中发生了异化变质，助长了社会的不良风气，容易诱发各种社会极端事件。

就公权力者个体而言，发达稳定的经济社会可能会引起官员在职位上作风不正、行为不正，进而产生结党营私、徇私枉法等违法犯罪行为。腐败还不只是公权力者滥用职权的问题，任何为了捞取不义之财而滥用职权的行为都是腐败，如利用出身背景、政治地位、经济权力、熟人关系进行吃喝享乐、贪污枉法，盗窃国家和人民的财产，危害国家政治安全，破坏党的名誉，影响社会稳定和百姓利益的行为也是腐败。另外，腐败还体现在有的人在自己的工作岗位上不尽职、不作为，有令不行、有禁不止、思想颓废、麻木不仁等。这些腐败现象经常被人们忽略，其实它们对社会、经济及人类发展都危害极大。

当今社会已经处于人类历史上腐败问题的高发时期，腐败已经在全球范围内频发，腐败问题已是各国的通病。在我国，腐败问题也已经十分严重。

我国改革开放以来，腐败现象也屡见不鲜，腐败的模式多种多样。有以集体行贿、集体截留、集体骗税、集体倒卖、集体造假、集体浪费、集体渎职、集体贪赃、集体走私等为表现形式的集体型腐败；有由党政干部直接或通过亲属间接经营私营酒店、歌舞厅等的官家私店型腐败；有以豪华享受的方式来挥霍国家财产的及时行乐型腐败；有被《民主与法制》杂志专门透析后称为黄昏悲剧或“五十九现象”的晚节不保型腐败；等等。

腐败问题的迅猛势头，已经对党、国家和社会构成了潜在的威胁。中央纪委通报，2017 年上半年纪检监察机关处分 21 万人，包括省部级干部 38 人。① 据中央纪委监察部网站 2017 年 7 月 20 日公布的 2017 年上半年全国纪检监察机关纪律审查情况，全国纪检监察机关共接受信访举报 131.9 万件次，处置问题线索 52.1 万件，谈话函询 11 万件次，立案 25.6 万件，处分 21 万人(其中党纪处分 17.6 万人)，其中，处分省部级干部 38 人，

① 《人民日报》(2017 年 7 月 21 日 4 版)。

厅局级干部 1000 余人，县处级干部 8400 余人，乡科级干部 3.1 万人，一般干部 3.9 万人，农村、企业等其他人员 12.9 万人(图 1-1)。

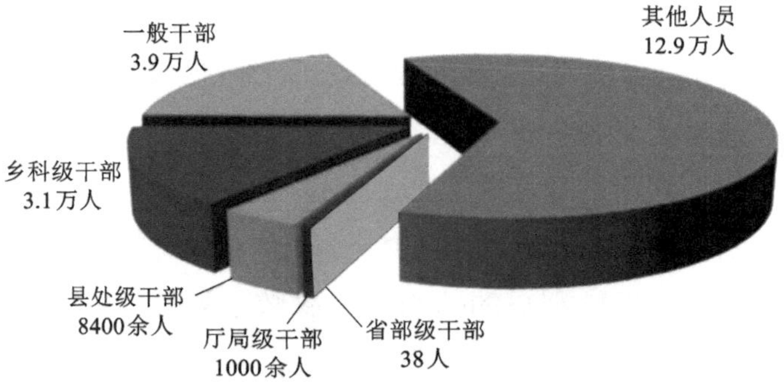

图 1-1　2017 年上半年全国纪检监察机关处分人员按职级划分图

资料来源：人民网　2017 年 7 月 21 日

2017 年上半年，全国纪检监察机关运用监督执纪“四种形态”处理 49.2 万人次。其中，第一种形态 27.8 万人次，占“四种形态”处理总人次的 56.5%；第二种形态 16.3 万人次，占 33.1%；第三种形态 2.8 万人次，占 5.7%；第四种形态 2.3 万人次，占 4.7%(图 1-2)。

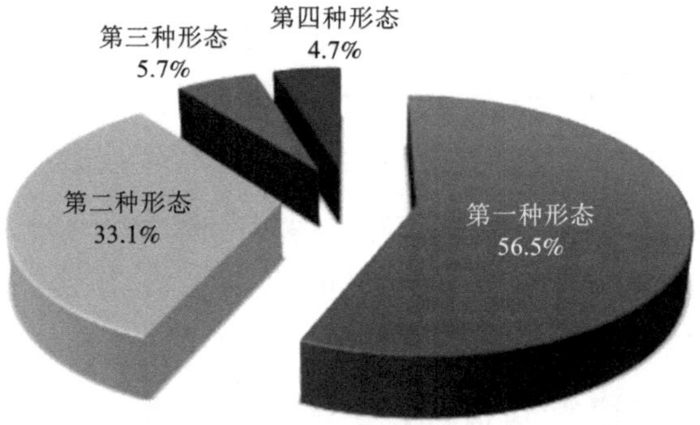

图 1-2　2017 年上半年全国纪检监察机关运用监督执纪“四种形态”占比图

资料来源：人民网　2017 年 7 月 21 日

可见，全国纪检监察机关运用监督执纪“四种形态”①的结果如下：

第一种形态：经常开展批评和自我批评、约谈函询，让“红红脸、出出汗”成为常态。其占56.5%。

第二种形态：党纪轻处分、组织调整成为违纪处理的大多数。其占33.1%。

第三种形态：党纪重处分、重大职务调整的成为少数。其占5.7%。

第四种形态：严重违纪涉嫌违法立案审查的成为极少数。其占4.7%。

腐败行为掩盖了许多晚节不保的好官能吏一生政绩无数的光环，掩埋了一些原本德才兼备却终因禁不住金钱、美色等诱惑而堕落变质的中年干部的才干，断送了不少原本被组织看好却因堕落跌入经济犯罪深渊的年轻干部甚至年轻的高级干部的前程。

二、腐败治理体系

腐败是控权失灵、公权力失去平衡的结果，腐败治理是国家治理的底线，国家治理体系现代化应当以是否能提高反腐败机制效率为标准，腐败治理能力是对国家治理能力最根本的检验。

1993—1994年，在透明国际所倡导的反腐败运动的内部讨论中，新西兰学者杰瑞米·波普（Jeremy Pope）提出了“国家廉政体系”（national integrity system，NIS）的概念，成为该组织向世界提出的治理腐败的第一个有影响力的建议。国家廉政体系由一系列制度框架组成，总体上包括三个部分：一是廉政体系建设的可持续发展、法治和生活质量三大目标；二是组成廉政体系的各种机构行动者和保证这些机构行动者正常运转的核心规则；三是公众意识和社会价值体系。国家廉政体系概念表明，只有公众意识和社会价值体系这个地基牢固，只有各个制度支柱均衡发展，国家廉政体系

① 2016年10月27日，中国共产党第十八届中央委员会第六次全体会议审议通过的《中国共产党党内监督条例》第七条规定：党内监督必须把纪律挺在前面，运用监督执纪“四种形态”，经常开展批评和自我批评、约谈函询，让“红红脸、出出汗”成为常态；党纪轻处分、组织调整成为违纪处理的大多数；党纪重处分、重大职务调整的成为少数；严重违纪涉嫌违法立案审查的成为极少数。

的大厦才会屹立不倒，三大目标才会得以实现。透明国际认为，构建国家廉政体系是医治腐败的根本途径，这是反腐败最有效的改革计划，也是人类反腐败智慧的结晶。

国家廉政体系概念、理论及建设方案，为跨政治制度、跨社会环境、跨地域文化的廉政制度讨论提供了一个基本框架，旨在探讨建立一个透明的和具有问责机制的制度体系。国家廉政体系推动了一些国家的反腐败改革计划，也受到了我国学者的高度关注和重视。他们结合我国“国家治理体系现代化”目标提出了腐败治理体系，这是一个具有中国特色的概念。

腐败治理体系是整个国家治理体系的子系统，是国家治理这个大系统中内生的具有预防、揭示和抵御功能的“免疫系统”，是实现国家治理体系现代化的重要保证。

腐败治理体系是指从国家战略、顶层设计和整体谋划等层面统筹谋划，为了有效惩治、遏制和防范腐败，针对腐败滋生、蔓延的特点和规律，充分动员社会各方面力量，科学整合惩治、教育、预防等各种手段，综合运用行政、经济、法律、文化等各种治理资源，完善治理体系，提升治理能力，增强治理效果，制定实现治理腐败目标和任务的方针、政策、措施等。

腐败治理体系作为国家治理体系的重要组成部分，是在党的领导下进行的包括腐败治理的理念、价值、制度、行动等一系列的腐败治理的体制机制、法律法规安排，是一套紧密相连、相互促进的制度体系。

腐败治理体系是国家执政集体为推进清廉社会构建、优化治理结构，以一国既有政治框架和整体治理体系建设为中心，就腐败治理而制定的战略规划，就腐败治理的模式、主体、体制、对象、机制与标准而建构的立体化的制度体系。

腐败治理体系是就腐败治理的系统推进而作出的制度构建与法律体系安排，是一套紧密相连、相互促进的制度体系。在腐败治理体系中，构建廉政审计学是一个有机的组成部分和审计监督制度创新。

三、廉政审计学监督制度

治理理论主张，治理体系由两个部分组成：一是治理的基本机制；二是治理的主要组织。治理的基本机制和治理的主要组织之间相辅相成，前者确立组织的身份和行动的法律范围，后者则负责落实机制并将机制有效转化为实际的行动。在现代国家，政府就是这样的组织。其核心环节包括制度设计、制度执行、制度生态，也就是设计反腐败法律制度体系、制度执行者及社会基础等。不同层级和领域的反腐败法律制度体系存在交叉或冲突，同一执行主体往往需要执行来自不同维度的法律制度，不同的执行主体之间又很可能因为不同法律制度的交叉重叠而发生冲突。这些动态的多维要素围绕公权力的运行，形成了一个动态的空间性的网络结构，必须通过顶层设计将不同维度的法律制度与不同执行主体之间的协作机制进行优化，形成有机、良性互动的腐败治理体系和运行机制。腐败的治理经历了由回应性治理向系统性治理的嬗变，其核心是腐败治理战略、反腐败机构、制度体系及其运行机制实现了一定程度的协调发展。

从治理的角度出发，廉政审计治理腐败就是廉政审计机关按照审计工作运行机制，对公共资金、国有资产、国有资源、领导干部经济责任履行情况，以及稳增长、促改革、调结构、惠民生、防风险等有关政策措施落实情况进行监督，最终达到维护国家财政经济秩序、促进廉政建设、保障国民经济健康发展的目的。这是一种国家治理所实现的“良治”。而紧密监督权力运行和建立健全审计问责机制以防范权力腐败，则是一种社会公众所认可的实现国家治理“良治”的评定标准。

国家腐败治理体系，应该由国家政治权力结构（基础）、腐败治理的主体及其体制（核心）、腐败治理机制体系（重点）、腐败治理立法体系（关键）等构成。其中，腐败治理立法体系的建设应该是多层次、立体式的，包括：建构腐败治理体系的宪法基础；建构腐败治理体系的基本法基础；建构强化公权力监督体系的基础法律；建构强化腐败预防功能的制度体系。在建构强化腐败预防功能的制度体系中，廉政审计学具有不可替代的作用。

所以，廉政审计学是我国“国家治理体系现代化”目标下腐败治理体系中制度建设的有机组成部分，是以治理腐败为核心内容的审计监督制度创新。

第四节　廉政审计学与国家审计学的关系

一、国家审计全覆盖职责

国家审计就是政府审计，是由国家审计部门代表国家依法进行的审计，主要监督检查各级政府及其部门的财政收支，以及公共资金的收支、运用情况。可见，国家审计监督的主要内容是公共资金、国有资产、国有资源和领导干部履行经济责任情况等。

从内容和目的看，国家审计包含了财政收支审计、财务收支审计、企业审计、行政事业单位审计、政府绩效审计、金融审计、民生审计、资源环境审计、政策落实跟踪审计、经济责任审计、离任审计、涉外审计、财经法纪审计、重大资金项目专项审计，以及其他各种专项审计和调查，等等。可谓是内容丰富，覆盖面广，责任重大。

从本质上讲，国家审计是国家治理的组成部分，是一个国家经济社会运行的"免疫系统"。审计不仅可以使某一具体的委托责任关系得以正常维系，而且可以促使整个社会委托责任关系按照既定规则有序运行，从而维护经济社会发展的秩序。2015 年 12 月 8 日，中国政府网公布了中共中央办公厅、国务院办公厅印发的《关于完善审计制度若干重大问题的框架意见》及相关配套文件(以下简称《框架意见》及配套文件)，对完善审计制度、保障依法独立行使审计监督权作出了部署和安排。

《框架意见》及配套文件强调实行审计全覆盖应该充分发挥审计监督在推进廉政建设中的重要作用。提出完善审计制度的总体目标是通过健全有利于依法独立行使审计监督权的审计管理体制，建立具有审计职业特点的审计人员管理制度，对公共资金、国有资产、国有资源和领导干部履行经济责任情况实行审计全覆盖，形成与国家治理体系和治理能力现代化相适应的审计监督机制，更好地发挥审计在保障国家重大决策部署贯彻落实、维护国家经济安全、推动深化改革、促进依法治国、推进廉政建设中的重要作用。

《框架意见》及配套文件同时强调实行审计全覆盖应该加强对审计机关的监督。该文件提出完善审计制度有关重大问题的主要任务如下：实行审计全覆盖、强化上级审计机关对下级审计机关的领导、探索省以下地方审计机关人财物管理改革、推进审计职业化建设、加强审计队伍思想和作风建设、建立健全履行法定审计职责保障机制、完善审计结果运行机制、加强对审计机关的监督。

为了全面履行审计监督职责，对公共资金、国有资产、国有资源和领导干部履行经济责任情况实行审计全覆盖，根据《关于完善审计制度若干重大问题的框架意见》，制定了《关于实行审计全覆盖的实施意见》（以下简称《实施意见》）。《实施意见》明确了实行审计全覆盖的目标要求，还要求加强审计资源统筹整合，并大力提倡创新审计技术方法，对审计全覆盖作出了详细周密的部署。具体意见如下。

《实施意见》明确了实行审计全覆盖的目标要求："对公共资金、国有资产、国有资源和领导干部履行经济责任情况实行审计全覆盖，是党中央、国务院对审计工作提出的明确要求。审计机关要建立健全与审计全覆盖相适应的工作机制，科学规划，统筹安排，分类实施，注重实效，坚持党政同责、同责同审，通过在一定周期内对依法属于审计监督范围的所有管理、分配、使用公共资金、国有资产、国有资源的部门和单位，以及党政主要领导干部和国有企事业领导人员履行经济责任情况进行全面审计，实现审计全覆盖，做到应审尽审、凡审必严、严肃问责。对重点部门、单位要每年审计，其他审计对象 1 个周期内至少审计 1 次，对重点地区、部门、单位以及关键岗位的领导干部任期内至少审计 1 次，对重大政策措施、重大投资项目、重点专项资金和重大突发事件开展跟踪审计，坚持问题导向，对问题多、反映大的单位及领导干部要加大审计频次，实现有重点、有步骤、有深度、有成效的全覆盖。充分发挥审计监督作用，通过审计全覆盖发现国家重大决策部署执行中存在的突出问题和重大违纪违法问题线索，维护财经法纪，促进廉政建设；反映经济运行中的突出矛盾和风险隐患，维护国家经济安全；总结经济运行中好的做法和经验，注重从体制机制层面分析原因和提出建议，促进深化改革和体制机制创新。"

《实施意见》强调对公共资金实行审计全覆盖："审计机关要依法对政府的全部收入和支出、政府部门管理或其他单位受政府委托管理的资金，以及相关经济活动进行审计。主要检查公共资金筹集、管理、分配、使用过程中遵守国家法律法规情况，贯彻执行国家重大政策措施和宏观调控部署情况，公共资金管理使用的真实性、合法性、效益性以及公共资金沉淀等情况，公共资金投入与项目进展、事业发展等情况，公共资金管理、使用部门和单位的财政财务收支、预算执行和决算情况，以及职责履行情况，以促进公共资金安全高效使用。根据公共资金的重要性、规模和管理分配权限等因素，确定重点审计对象。坚持以公共资金运行和重大政策落实情况为主线，将预算执行审计与决算草案审计、专项资金审计、重大投资项目跟踪审计等相结合，对涉及的重点部门和单位进行重点监督，加大对资金管理分配使用关键环节的审计力度。"

《实施意见》强调对国有资产实行审计全覆盖："审计机关要依法对行政事业单位、国有和国有资本占控股或主导地位的企业（含金融企业，以下简称国有企业）等管理、使用和运营的境内外国有资产进行审计。主要检查国有资产管理、使用和运营过程中遵守国家法律法规情况，贯彻执行国家重大政策措施和宏观调控部署情况，国有资产真实完整和保值增值情况，国有资产重大投资决策及投资绩效情况，资产质量和经营风险管理情况，国有资产管理部门职责履行情况，以维护国有资产安全，促进提高国有资产运营绩效。根据国有资产的规模、管理状况以及管理主体的战略地位等因素，确定重点审计对象。对国有企业资产负债损益情况进行审计，将国有资产管理使用情况作为行政事业单位年度预算执行审计或其他专项审计的内容。"

《实施意见》强调对国有资源实行审计全覆盖："审计机关要依法对土地、矿藏、水域、森林、草原、海域等国有自然资源，特许经营权、排污权等国有无形资产，以及法律法规规定属于国家所有的其他资源进行审计。主要检查国有资源管理和开发利用过程中遵守国家法律法规情况，贯彻执行国家重大政策措施和宏观调控部署情况，国有资源开发利用和生态环境保护情况，相关资金的征收、管理、分配和使用情况，资源环境保护项目的建设情况和运营效果、国有资源管理部门的职责履行情况，以促进资源节约集约利用和生态文明建设。根据国有资源的稀缺性、战略性和分布情况等因素，确定重点审计对象。加大对资源富集和毁损严重地区的审计力度，对重点国有资源进行专项审计，将国有资源开发利用和生态环境保护等情况作为领导干部经济责任审计的重要内容，对领导干部实行自然资源资产离任审计。”

《实施意见》强调对领导干部履行经济责任情况实行审计全覆盖：“审计机关要依法对地方各级党委、政府、审判机关、检察机关，中央和地方各级党政工作部门、事业单位、人民团体等单位的党委（党组、党工委）和行政正职领导干部（包括主持工作 1 年以上的副职领导干部），国有企业法定代表人，以及实际行使相应职权的企业领导人员履行经济责任情况进行审计。主要检查领导干部贯彻执行党和国家经济方针政策、决策部署情况，遵守有关法律法规和财经纪律情况，本地区本部门本单位发展规划和政策措施制定、执行情况及效果，重大决策和内部控制制度的执行情况及效果，本人遵守党风廉政建设有关规定情况等，以促进领导干部守法、守纪、守规、尽责。根据领导干部的岗位性质、履行经济责任的重要程度、管理资金资产资源规模等因素，确定重点审计对象和审计周期。坚持任中审计和离任审计相结合，经济责任审计与财政审计、金融审计、企业审计、资源环境审计、涉外审计等相结合，实现项目统筹安排、协同实施。”

《实施意见》要求加强审计资源统筹整合：“适应审计全覆盖的要求，加大审计资源统筹整合力度，避免重复审计，增强审计监督整体效能。加强审计项目计划统筹，在摸清审计对象底数的基础上，建立分行业、分领域审计对象数据库，分类确定审计重点和审计频次，编制中长期审计项目规划和年度计划时，既要突出年度审计重点，又要保证在一定周期内实现全覆盖。整合各层级审计资源，开展涉及全局或行业性的重点资金和重大项目全面审计，发挥审计监督的整体性和宏观性作用。在充分总结经验的基础上，完善国家审计准则和审计指南体系，明确各项审计应遵循的具体标准和程序，提高审计的规范性。集中力量、重点突破，对热点难点问题进行专项审计，揭示普遍性、典型性问题，深入分析原因，提出对策建议，推动建立健全体制机制、堵塞制度漏洞，达到以点促面的效果。建立审计成果和信息共享机制，加强各级审计机关、不同审计项目之间的沟通交流，实现审计成果和信息及时共享，提高审计监督成效。加强内部审计工作，充分发挥内部审计作用。有效利用社会审计力量，除涉密项目外，根据审计项目实施需要，可以向社会购买审计服务。”

《实施意见》提倡创新审计技术方法：“构建大数据审计工作模式，提高审计能力、质量和效率，扩大审计监督的广度和深度。有关部门、金融机构和国有企事业单位应根据审计工作需要，依法向审计机关提供与本单位本系统履行职责相关的电子数据信息和必要的技术文档，不得制定限制向审计机关提供资料和开放计算机信息系统查询权限的规定，已经制定的应予修订或废止。审计机关要建立健全数据定期报送制度，加大数据集中力度，对获取的数据资料严格保密。适应大数据审计需要，构建国家审计数据系统和数字化审计平台，积极运用大数据技术，加大业务数据与财务数据、单位数据与行业数据以及跨行业、跨领域数据的综合比对和关联分析力度，提高运用信息化技术查核问题、评价判断、宏观分析的能力。探索建立审计实时监督系统，实施联网审计。”

在审计全覆盖的工作部署中，明确了对公共资金、国有资产、国有资源和领导干部履行经济责任情况实行审计全覆盖，强调了实行审计全覆盖应该应该充分发挥审计监督在推进廉政建设中的重要作用。坚持问题导向，对问题多、反映大的单位及领导干部要加大审计频次，实现有重点、有步骤、有深度、有成效的全覆盖，通过审计全覆盖发现国家重大决策部署执行中存在的突出问题和重大违纪违法问题线索，维护财经法纪，促进廉政建设。特别要求对重大政策措施、重大投资项目、重点专项资金和重大突发事件开展跟踪审计。由此可见，建立廉政审计学是科学的，也是符合实际的。

从现实情况看，2003 年“审计风暴”使得审计署站在了反腐败斗争的潮头，把矛头直指各大部委以及一些权势部门，大胆揭露违法违规的经济问题。政府部门的腐败主要形式之一是财政腐败，而审计则是让公共财政变得透明、高效的一个重要保障。正如崔振龙所言：“关于审计署职能的问题，有一个发展的过程，以前审计部门一直定位为维护经济秩序，从最近几年发展来看，我们逐渐认识到，审计在民主政治的建设上可以发挥作用，这也是一个进步。审计首先针对政府行为，特别是公共财政制度建立以后。不可否认，由于审计对政府经济活动加强监督，在反腐败当中的作用正在凸显。”当审计报告公开给“灰账”点名的时候，一种希望通过审计使反腐败踏上坦途的意识得到了增强。审计署也被社会美誉为“铁腕审计”。审计署彰显的反腐功能以及较强的独立性和所处地位适合担当廉政审计大任，由此可见，国家审计学担负着廉政审计学的责任和使命。为了更好地实现审计全覆盖，将国家审计反腐功能独立出来形成廉政审计学是科学的，也是必要的。

二、廉政审计学监督腐败职责

廉政审计是以发现腐败问题为导向的特种审计。研究认为，从本质上讲，廉政审计是一种国家审计。把国家审计全覆盖中有关于治理腐败和廉政建设内容的监督职能独立出来，形成一种全新的审计监督，以独特的职责和方式专门用于监督国家审计全覆盖中的腐败行为，这就是廉政审计学的意义。所以，廉政审计学是一种以治理腐败问题为核心目标和内容的国家审计监督的科学。

廉政审计和国家审计的许多审计方法和手段也应该是相通的，而且在审计时，都要很好地运用思考能力、推理能力和想象力等。比如，在查阅原始单据时，都要考虑金额大的应该重点查，都要采用一些抽样的技巧。再比如，国家审计中经常需要做一些合理性测试，在审计署已经查处的长江堤防隐蔽工程偷工减料的问题上，审计人员就是从港监部门的运输记录里，查出每天运送石料的船只名称和吨位及运送次数，由此推算出施工单位可能购买的石料量。将这个推算的结果与施工单位上报的工程量进行核对，就发现其中的虚报工程量问题了。而廉政审计同样也可以采用这些方法。当然，廉政审计学还应该有其独特的审计方法。

国家审计，是有国家权威支持的。在收集审计证据环节，一般情况下，只要能想到从某个渠道来取得证据，就可以通过合适的方式来获得，尤其是从不同单位和地域取得对同一事项的证据进行印证的时候，由于有国家权威支持而显得便捷。研究认为，如果在这个过程中有人恶意阻挠，那就是廉政审计职责，可以启动廉政审计程序了。

在审计报告环节，现行的国家审计报告程序是国家审计部门审定审计组的审计报告后，应当出具审计部门的审计报告。对审计或者专项审计调查中发现被审计单位违反国家规定的财政收支、财务收支行为，依法应当由审计部门在法定职权范围内作出处理处罚决定的，审计部门应当出具审计决定书。审计或者专项审计调查发现的依法需要移送其他有关主管机关或者单位纠正、处理处罚或者追究有关人员责任的事项，审计部门应当出具审计移送处理书。

研究认为，对被审计单位或者被调查单位违反国家规定的财政收支、财务收支行为，现行“对依法应当由其他有关部门纠正、处理处罚或者追究有关责任人员责任的事项，审计组应当起草审计移送处理书”的程序，那就是廉政审计职责，可以而且应该启动廉政审计程序了。

在国家审计的诸多业务领域，如财政审计、财务审计、企业审计、金融审计、民生审计、资源环境审计、政策落实跟踪审计、经济责任审计、离任审计、涉外审计，以及各种专项审计调查中，特别是在经济责任审计、离任审计、财经法纪审计及重大资金项目专项审计中，涉及腐败问题线索，都是廉政审计职责，此时就应该启动廉政审计程序。

三、廉政审计学不同于法务会计学

法务会计(forensic accounting)是在西方国家市场经济实践中逐渐发展起来的一种专门针对公司欺诈和其他不道德行为的会计，盛行于英国、美国、加拿大等国家。据加拿大特许会计师协会的相关信息证明，时下银行、金融机构和大型企业纷纷开始聘用法务会计来防治公司欺诈和其他不道德行为。美国是法务会计最成熟、最发达的国家，美国五大会计师事务所纷纷在内部设置了法务会计部门，大量增加法务会计人员，“9·11”事件之后，美国在反恐调查中也大量动用了法务会计。

美国著名会计学家C.杰克·贝洛各尼和洛贝特·J.林德奎斯特给法务

会计的定义如下："所谓法务会计，就是运用相关的会计知识，对财务事项中有关法律问题的关系进行解释与处理，并给法庭提供相关的证据，不管是刑事方面的还是民事方面的。"

法务会计是指专门人员综合运用会计学知识、法学知识及审计学方法，通过调查获取有关财务事项的证据资料，并以法庭能接受的形式加以展示和陈述，以解决有关的法律问题的一门融会计学、审计学、法学、证据学、侦查学和犯罪学等学科知识为一体的应用科学。其目的是提升企业账项管理水平、降低财务造假风险、固化违法犯罪事实、制裁违法犯罪行为。

我国的香港地区法务会计比较发达，其法务会计的主要任务如下。

(1)为解决经济纠纷提供科学依据。在建立市场经济秩序中，发生经济纠纷在所难免。而一些经济纠纷需要法务会计对其会计事项进行查证和科学的分析鉴定，为司法机关正确处理经济纠纷提供科学依据。

(2)为认定犯罪事实提供科学依据。在建立市场经济秩序中，各种投机、犯罪活动日益盛行，比如，虚报注册资本，虚假出资、抽逃出资，欺诈发行股票、债券，操纵证券、期货交易价格，提供虚假财务报告，非法经营，因失职或滥用职权而造成企业严重损失、破产，骗取出口退税，偷税漏税，贪污受贿，走私等等。对涉案的会计事项需要进行会计专业性调查分析，并作出科学的鉴定结论，为法律诉讼和审判认定违法犯罪事实，以及定罪和量刑提供充分可靠的证据。

(3)为维护企事业单位自身权益提供有力保护。企事业单位在作出重大决策时，有相关法务会计人员参与，就会了解哪些行为合法、哪些行为违法，以避免风险，最大限度维护企事业单位利益。

可见，法务会计学是综合运用会计学、审计学、法学、犯罪学、证据学、侦查学等学科的知识和技术，以获取能够被法院、监管部门和相关当事方采信的涉及财务舞弊等会计证据资料的特殊学科。

研究认为，虽然如同法务会计学一样，廉政审计学也是综合运用会计学、审计学、法学、犯罪学、证据学、侦查学等学科的知识和技术的特殊学科，但是二者有着本质上的区别。法务会计学是针对公司欺诈和其他不道德行为，或者说针对财务舞弊行为而提供会计证据资料的特殊会计学，不是审计学；廉政审计学则是以发现腐败问题为导向的、以治理腐败为使命的特种审计学而不是会计学，即便是在腐败犯罪涉案中，所提供的也是审计证据资料而不是会计证据资料，其工作是审计监督活动性质，其使命还是治理腐败。因此，法务会计学不是廉政审计学，廉政审计学也不是法务会计学，二者不可以简单地等同或者相互取代。

第二章

廉政审计学理论

第一节　中国监督史简介

中华文明，源远流长，政治、经济、文化不断发展，社会不断进步。在中国数千年文明史里，监察机构史和审计监督史，也同样灿烂辉煌。这是研究廉政审计学理论的历史源头，必须加以阐述。鉴于监察机构史和审计监督史的典籍资料已经臻于完善，现根据有关历史典籍和《中国审计史》(李金华主编，中国时代经济出版社)整理，分别对中国监察机构、中国审计史简介如下。

一、中国监察机构简介

(1)战国时期。职掌文献史籍的御史官就已有明显的监察职能。

(2)秦代。在中央设立御史大夫，位列三公，以贰丞相，御史府为其官署，掌握天下文书和监察。在地方上，皇帝派御史常驻郡县，称“监御史”，负责监察郡内各项工作。

(3)汉代。汉承秦制，但较秦制更严密。在西汉，中央仍设御史大夫作为长官，御史中丞为副，兼掌皇帝机要秘书和中央监察之职。在地方上，西汉初年废监御史，由丞相随时委派丞相史，分刺诸州。后来刺史逐渐变为凌驾于郡之上的地方行政长官，失去了监督地方的作用，改称州牧，州也由监察区变为行政区，地方的监察制度便基本瓦解。

（4）魏晋南北朝时期。这一时期基本处于封建割据的分裂状态，各朝的监察机构名目不一。魏晋时，御史台不再隶属少府，而成为由皇帝直接掌握的全国性的监察机构。魏晋以后，为防止监察机构徇私舞弊，以发挥其监察效能，明确规定大士族不得为御史中丞。御史中丞下设殿中御史、检校御史、督运御史等，分掌内外监察之权。御史"闻风奏事"的制度也在这个时期形成。

（5）隋唐时期。隋代中央的监察机构仍为御史台，其长官为御史大夫，下设治书御史二人为副；改检校御史为监察御史，共十二人，专执掌外出巡察。唐代发展了隋代的监察制度，使监察机构更趋完备。唐初全国分为十个监察区，称十道（后增为十五道），每道设监察御史一人（先后称为按察史、黜陟使、观察处置使等），专门巡回按察所属州县。谏官系统在唐朝也趋于完备。唐代的台、谏并列。

（6）宋代。中央沿袭唐制，御史台仍设三院。地方如设通判，与知州平列，号称监州，有权随时向皇帝报奏，成为皇帝在地方上的耳目。宋代明确规定，未经两任县令者不得任御史之职。按规定，御史有"闻风弹人"之权，每月必须向上奏事一次，称"月课"；上任后百日必须弹人，否则就要罢黜为外官或受罚俸处分，名为"辱台钱"。从此开御史滥用职权之例。

（7）元代。中央设御史台，御史大夫秩高从一品，"非国姓不以授"（《元史·太平传》）。还在江南和陕西特设行御史台，其组织与中央御史台相同，作为中央御史台的派出机关。这是元代监察制度的重大发展。

（8）明代。明代监察制度随着君主专制中央集权的强化而得到充分发展和完备。中央将御史台改为都察院，"主纠察内外百官之司"。下设十三道监察御史，共110人，负责具体监察工作。监察御史虽为都御史下属，但直接受命于皇帝，有独立进行纠举弹劾之权。明代还建立御史出使巡按地方的制度。明代的科、道分设。

（9）清代。监察机构沿袭明代，又有所发展。在中央，仍设都察院。清代都察院以都御史为主事官，其与六部尚书、通政使、大理寺卿等重要官员共同参与朝廷大议。都察院下设十五道监察御史(清末增至二十二道)，专司纠察之事。雍正年间，专察六部的六科给事中并入都察院。六科给事中和各道监察御史共同负责对京内外官吏的监察和弹劾。清代的科、道则在组织上完全统一。监察权的集中，是清代监察制度的一大特点。

中国封建社会历代的监察制度，对加强政府对官吏的监督，清污除害，调整统治阶级内部矛盾，起了一定的作用。它成为加强中央对地方的控制、强化皇权、巩固封建统治的重要手段。但在封建君主专制制度下，监察制度是皇权的附属品，它能否发挥正常作用，与皇帝的明昏有密切关系。同时，由于封建政权和封建官吏的阶级本性，监官本身因贪赃枉法而获罪者也不乏其人。

二、中国审计史简介

我国审计自夏朝就已出现。作为维护王权统治的工具之一，中国古代审计历经数千年的完善与演变，历朝历代的统治者们以前朝的审计机构为范本，不断融入自身的智慧，最终形成了一套结构严谨、分工明确、制度完备的封建审计监督机制。在监督国家财政收入、官吏政绩考核及财政部门内部控制等方面起到了重要作用，保证了中国古代两千多年封建社会的正常运转，促进了每个朝代前期的经济繁荣与社会稳定。

(一)夏商西周审计萌芽

上计制度的出现是研究审计起源不可忽视的因素。自夏朝建立以来，历经商、西周的发展，官僚机构较为健全，统治阶级对经济监督开始关注。春秋战国时期各诸侯国之间战争不断，社会上各种思潮开始涌现，秦国商鞅、楚国吴起、魏国李悝等纷纷开展变法运动，初步形成了中央集权的制度。这为上计制度中中央重要官员和地方长官将所属地区户口、垦田、租税收入等向国君汇报提供了组织基础，中央集权也使国君能够更有效率地获得地方财政收支情况。

夏朝时期“会稽”的出现象征着中国审计的萌芽，《史记·夏本纪》中记载：“自虞夏时，贡赋备矣。或言禹会诸侯江南计功而崩，因葬焉，命曰会稽。会稽者，会计也。”《吴越春秋·越王无余外传》记载：禹“三载考功，五年定政，周行天下，归还大越，登茅山，以朝四方群臣……遂更名茅山曰会稽山”。夏禹治水时期，由于国库无法满足治水经费，禹要求各部落首领上交贡赋以维持治水的持续进行，并于茅山召集各部落首领对贡赋上交情况进行稽核与监督，茅山故更名为会稽山。在古代，“会稽”一词中“会”字有仓储、聚集的意思；“稽”字的意思为稽核、核查，因此“会稽”的意思大致是对储存、收集的东西进行核查与监督。这也是古代人民对审计最初始的理解。

西周时期，设“宰夫”一职，《周礼》“岁终，则令群吏正岁会；月终，则令正月要；旬终，则令正日成，而以考其治，治不以时举者，以告而诛之”；“宰夫考其出入，而定刑赏”。宰夫按规定对百官的政绩进行考核和监督，凡是出现奢侈浪费、支出不当及虚假上报的情况，按照国家法度进行处罚；凡是按时上交税赋、理财有道的官员，宰夫则会为其上报朝廷进行嘉奖。在考核过程中，宰夫会以“旬终”“月终”“岁终”为时间点，对各级官员进行固定、连续性的监督；同时当出现违法乱纪时，宰夫可以越级直接向周天子上报，体现出宰夫的独立性。西周“宰夫”一职的出现标志着中国审计的正式产生。

夏至西周是我国古代奴隶制社会时期。夏朝是我国原始社会与奴隶制社会的转型时期，私有制逐渐取代公有制，社会生产力有了显著提升。再者部落之间的战争导致财富与奴隶不断转移，最终转移到少数贵族手中，贵族为了保证财富不流失，便开始对自有的财富进行核查。到西周时期，我国奴隶制社会发展到了顶峰，国家统一，社会安定，社会财富不断积累，国家政治形成了一种固定的模式：周天子对诸侯进行分封与赏赐，诸侯按时上交税赋，周天子与其他贵族之间各取所需，不断积累财富。这种社会形态最终促成了“会稽”“宰夫”的出现。

（二）秦汉审计制度成型

秦始皇统一六国，建立了统一的封建中央专制主义制度。设立三公九卿制，丞相、御史大夫、太尉三者相互制约，便于皇帝集权。汉代巩固和完善了中央集权制度，实行县、郡、中央上计制度。西汉《上计律》的颁布，将上计确立为专门的制度，也为上计提供了较为明确的法律依据，上计的权威性大大加强。中央集权的基本完善、统治者的重视和《上计律》的颁布，使秦汉时期的审计得到初步发展。

秦国早在战国时期就开始推行上计制度。“上计”一词，可以解释为下级审计官员向上级呈报审计核算成果以进行进一步的核查，也可以理解为地方向中央上交会计稽核的相关材料与实物。秦朝建立以后，继续沿用上计制度，同时中央设置丞相、御史大夫、太尉，并称为“三公”，管理国家的大小政务。其中御史大夫掌管全国政治经济的监察、审计职权。秦朝上计制度的相关活动就由御史大夫主持开展。在审计方面，御史大夫既主持全国每年的上计工作，又负责审理上计报告，考核财政收支状况。秦朝不仅在中央设置御史大夫，而且在地方设置监御史，从中央到地方形成了一张全面的监察、审计监督网络，从县、郡向中央逐级审查上报财政收支、钱谷、户籍等经济情况。

秦朝开创了我国最早的财政审计工作，还在财政审计法律方面有所突破，《云梦睡虎地秦墓竹简——效律》中出现了我国最早的财政审计的相关规定，其中不仅规定了审计方面官吏对官府物资财产保管出纳的责任，而且详细规定了财物损失的责任界限与论罪罚款标准。比如，在《云梦睡虎地秦墓竹简——效律》中有一条法律：“计校相缪也，自二百廿钱以下，谇官啬夫；过二百廿钱以到二千二百钱，赀一盾，过二千二百钱以上，赀一甲。人户，马牛一，赀一盾；自二以上，赀一甲。”这条法律规定了在审计过程中发现上报数额的误差限度及超过限度的惩罚标准，以便准确审核出纳物资的数量。

汉朝的审计大致上承袭了秦朝，同时也做了不少改进。汉代加大了地方审计工作的强度，由侍御史或监御史以及常驻地方的刺史等官吏共同开展地方上的监察审计活动，从而加强了地方上的监察审计工作力度。除了履行审计职能以外，汉朝的审计官员还需要对人力资源进行考核，不仅要监督地方官员是否贪污腐败，还要将地方上的优秀人才比如清廉自守、孝顺父母、饱读诗书的人上报中央以为国家建设提供源源不断的人才资源。

上计制度在汉代也得到了不断完善，尤其是西汉，每年要将各地的财政收支、钱谷出入和户籍、田地等经济情况，以“计簿”“计最”与“上计簿”等形式逐级上报中央，通过上计会议，按照《上计律》的规定进行审查，以确定各级官吏政绩的优劣好坏。

汉朝御史大夫执管审计的监审合一制度转变为了财审合一制度。东汉后期，中央取消了御史大夫的审计职权，改由掌理财政的大司徒主管审计工作，形成了财审合一制度，在最大限度上减少了“监审合一”带来的腐败。

秦汉处于奴隶制社会转向封建社会的初期，铁制农具的产生促使生产力大幅提升，从而促成了一系列社会变革。秦汉时期帝王为防止出现分封制下的诸侯割据，开始实行中央集权制度，秦始皇推行郡县制，汉武帝颁布推恩令，都是中央收回实权的真实写照，这也就促使了我国最早的审计监督制度的产生，不仅是为了保证国家财政收入和国库的安全，也是为了监督中央以及地方官员的行为，防止谋反、腐败等现象的发生，保证国家的长治久安。但是，秦汉大部分时期的审计监督都由御史大夫掌管，因此秦汉时期的审计监督属于“监审合一”，直到东汉末年才转变为“财审合一”。不管是“监审合一”还是“财审合一”，审计都没有独立存在，所以人类经济社会存在着腐败的隐患。

（三）魏晋唐宋时期审计监督不断完善

魏晋时期是我国财政审计制度发展的又一重要时期。魏晋南北朝时期，战乱频繁，社会经济长期处于停滞倒退状况，地方割据势力强大，中央集权较秦汉时期大大削弱，极大地影响了上计制度。但这一时期审计的法律制度有所发展，将秦汉时繁复的法律大量精简，分门别类，法律条文渐趋条理化，使得“法令明审，科条简要”。魏晋南北朝时期出现了比部审计的萌芽，为隋唐建立比部审计打下了基础。

魏晋以前的财政审计，从西周“宰夫”到秦汉的上计制度，都归属于司法系统，是整个司法系统下的一个分支。魏晋是承上启下的时期，尽管社会处于乱世，但涉及制度的渊流演变仍是沿袭有序。曹魏时期，中央设置“比部”，其成为一个新的法制机构，至此，比部这一审计监督机构在中国古代审计中开始萌芽。隋朝时期，创立三省六部制，比部变为独立的审计监督机构，这也开创了我国审计机构成为独立机构之先河，比部沿袭至宋代，成为我国重要的审计监督机构之一。《新唐书·百官志一》载："比部郎中、员外郎，各一人，掌句会内外赋敛、经费、俸禄、公廨、勋赐、赃赎、徒役课程、逋欠之物，及军资、械器、和籴、屯收所入。"这一文献充分地证明了比部在审计监督中的重要地位。

隋统一中国后，稳定的政治环境也使得隋唐成为秦汉以后中国封建社会的第二次繁荣时期。中央集权更进一步加强，中央三省六部制得到完善，皇权加强。隋唐建立勾检制度：一是对官府一般事务和文书的审核稽查；二是有关国家财政财务收支的审核稽查。

唐代在财政财务上的勾检，上至中央六部诸司，下至地方州县，几乎涵盖了封建国家所有的财政财务收支情况。刑部下设比部，比部作为独立的专职审计机构，对各级官府的财政财务从外部勾覆，有较大的独立性、公正性、权威性。唐朝在承袭隋朝时期的审计监督机构的基础上，充分了解隋朝时期审计监督的利弊，不断完善。唐以前的朝代，除了比部之外，还有御史台这一职位也负责审计监督职责。唐代在初期就建立了比较完善的由下而上的预算制度，并且县、乡的预算数字都要张榜公布，以便监督。同时，唐代还设立了监督预算执行的审计制度，比部归于刑部，并且独立行使财政监督的职能，避免了财政部门的干扰。比部郎中、员外郎对中央各部门、地方的财务收支及建设工程进行审计监督。唐朝时期以比部为主，同时加以御史台为辅，加强中央对各级财政的监督。唐御史监临六部、仓库，巡按州县，弹劾官吏犯赃者。御史台是独立于权力机关、行政机关之外，对中央和地方百官进行监察的专责机关。其主要职责有：推按狱讼、弹劾犯罪、巡察内外、监督决囚、监察录囚。唐代御史的任免权由御史台长官或皇帝行使，不归吏部掌管。御史的弹劾行为不必经御史台长官的审准，可以向皇帝直接提出。

宋代继承了历代特别是唐代的审计制度，宋代在元丰改制前实施三司系统审计。在全国最高财政机构三司之下设立三部勾院、都磨勘司专门负责审计工作。在御史台与比部的基础上，以盐铁使、度支使、户部使合称

"三司"，总领全国财政，同时发明"审计"一词。宋代审计的发展大致分为三个阶段：一是北宋前期，在二府三司体制下，为适应政治集权、财力集中的需要，审、财机构合一，集中于中央三司的三司专勾司、都磨勘司、马步军专勾司。二是北宋后期，元丰改制后，重构三省六部之制，中央刑部下的比部、户部属司，太府寺下的审计(专勾)司，分任审计，地方审计时有衰弱。其中值得注意的是，比部复领实职，主持审计，从而部分出现了审、财分离的现象。三是南宋时期，宋室南渡后，偏安江左，朝纲不振，财政困难，中央的比部、审计司逐渐名存实亡，审计主要由户部属司负责，又回到审、财合一的老路。除了有复杂的多重监督制度外，宋代还建立了比较完善的账簿系统，自下而上，每笔收支都要一一详细记录，利用这些详细的账籍和凭证，监督部门可以进行具体的事后审计，同时对税收、仓库和大型工程建设的收支也进行监督。

可见，魏晋唐宋时期是我国古代审计监督发展的重要时期，这一时期，我国古代审计更加专业化，监察的对象和内容较前朝更加广泛，审计监督制度更加完备。特别是在唐朝，设立专门的审计监督机构，在审计的基础上对地方进行巡察，同时使审计机构之间相互监督、相互牵制，最大限度上保证了审计监督工作的顺利进行。魏晋唐宋时期的相关法律也趋于完善，比如《唐律疏议》规定了官吏的职责和违法失职行为的法律责任，它以刑罚作为主要责任方式，以最高的强制督促官吏合理使用权力，认真履行职责。唐玄宗时期颁布《唐六典》，以法典的形式为行政监督提供了最完备的法律根据，其是唐朝最重要的监督法。但是，这个时期的审计监督也暴露出了一些问题，一是审计监督职权过度集中于中央，使得缺少对中央权力的有力监督；二是审计监督机构的工作量巨大，难以承受全国的审计工作，造成许多审计工作的敷衍了事。

(四)明清时期审计监督的发展

元代取消比部，设立检校官、照磨官负责审计。明清时期，中国封建社会中央集权达到了顶峰，皇权得到极大的加强。明朝取消专职的审计机构比部，在中央设立六科审计，六科作为独立的机构直接对皇帝负责，地方设立巡按御史就地审计。

明朝朱元璋在位时期，十分重视审计监督，洪武年间明朝政府曾设立比部管理审计监督，到了洪武二十二年(1389)，取消比部，将比部的职权从刑部转为户部管理。明朝的审计监督机构较前朝有所增加，有都察院、六科给事中、户部、光禄寺、提刑按察司等，但是审计监督的主要职权与任务由都察院、六科给事中和户部掌管。

洪武十五年(1382)，中央设都察院。都察院是明朝全国最高审计监察机构，总揽监察事务，监察整个国家的各项事务，纠劾百司、考核百官、提督各道，并且巡视光禄寺、仓房、内库，验收光禄寺的牲口、果品、厨料等物，并监收白银；审查国有仓库钱粮出纳账籍，检查有无侵吞、挪用、盗窃、亏空和霉变残次等问题。都察院是皇帝的耳目风纪之司，不仅对中央机关的官吏实施纠察，还监督京城以外的各级地方政府，主管十三道监察御史等。

朱元璋在废中书省左右丞相之后分权于六部，使得六部的权力进一步扩大。但是他又怕六部权力的扩大会危及皇权，于是设六科给事中为独立的中央监察机构。和其他监察机关不同的是，六科给事中不但监察六部的权力，而且分化了都察院的权力，这样更加方便皇帝把权力集于自己的手中。

户部相当于现代的财政部门，专门负责国家财政收支的相关事务。在明朝时期，在户部负责审计监督的机构是户部十三清吏司，户部十三清吏司对地方财政的审计监督，是其兼负财政监督职能的主要体现。按照明制，每岁终在逐级上报的基础上，由各布政司及府州县派遣计吏到户部送统计报告，奏销该年的钱粮军需等事项。同时户部十三清吏司还对各地赋税征收、起运、存留等情况进行审查，除对地方财政进行审核外，户部十三清吏司还分工兼管北京、南京及中央机构的财政财务审核事务。

清代沿袭明制，实行六科审计、督抚和道员审计。虽然清朝在审计监督机构的设置上大体延续了明朝制度，但是与前朝不同的是，清朝在雍正时期把六科给事中并入都察院之后，又把户部清吏司的审计职权也并入了都察院，连同归都察院统辖的十五道监察御史，都察院成为一个独立单一的行使监察审计职权的，具有较高地位和权威性的机构。清朝对都察院的强化打破并结束了我国历代王朝户部履行审计职责的财审合一制度，把审计职权集于都察院一家独掌，使审计工作具有独立性、统一性、单一性特点。清末因列强入侵，外忧内困，清廷被迫筹备立宪，提出了设立于内阁，对君主负责的审计院，审计人员能直接向皇帝报告工作。

可见，明清时期是我国古代审计监督机构发展最完善的时期，审计监督机构类型多样，审计监督制度严谨、完备，为明清时期国家财政收支的正常运行以及社会安定作出了重要贡献。但是，随着中国古代封建社会由盛转衰，封建官僚政治的缺陷日益凸显，明清两朝中后期，审计监督机构不但无法对腐败进行有效监督，还成为纵容包庇腐败事件的帮凶，最终推动了我国封建社会的衰败与瓦解。

(五)民国时期的审计制度

民国元年(1912)，因地方自治，一些省先于中央设立了审计机构。如广东设审核院，湖南设会计审查院，云南设会计检察院，四川则称审计院，等等。从1912年9月中央审计处成立到1914年6月改为审计院，先后制定和颁布了一系列审计法规，1912年10月，大总统批准实施《审计处暂行章程》，随后又颁布了《审计条例》，规定审计处及审计分处的职权为“审查国家岁入岁出”。1914年10月，又公布《审计法》，对审计报告制度、审计会议制度和审阅、督检、复查等制度都作出了具体规定，从而迈出了我国审计法规建设的第一步。

1925年7月，战乱后国民政府在广州成立，审计建制得以逐渐步入正轨。1925年8月成立监察院，下设五局一科，其中第二局掌理训练和审计事务。1928年3月国民政府公布《审计院组织法》，4月颁布《审计法》，7月成立审计院，11月公布了《审计法施行细则》。1931年2月，正式撤销审计院，设审计部，隶属于监察院。1939年3月公布修正后的《中华民国国民政府审计法》。该法同时规定：“审计机关对于受公款补助之私人或团体应行审计事务得依本法之规定执行之。”

1947年1月，国民政府公布的《中华民国宪法》，对审计职权的行使、审计长的任命、审计长的职责等，也都有着原则规定。

“中华民国时期，审计建制几经变化，最终归于监察系统，这一过程中，无论是审计的机构建设、法规建设、法律地位、职权范围，还是审计种类、审计方法等都有了长足的发展。可以说，民国时期的审计制度，是我国以往历代都难以比拟的。”（摘自中国审计出版社《社会主义中国审计制度的创建》）

（六）中华人民共和国审计监督的振兴和发展

中华人民共和国审计振兴阶段。中华人民共和国成立后的一段时期，国家没有设置独立的审计机构，对企业的财税监管和货币管理，是通过不定期的会计检查进行的。十一届三中全会后，党和政府把工作重心转移到经济建设上来，为适应这一需要，我国在 1980 年恢复和重建了注册会计师制度，财政部颁发了《关于成立会计顾问处的暂行规定》。1983 年 9 月我国政府审计的最高审计部门——审计署成立，在县级以上各级人民政府设置各级审计部门。1985 年 8 月发布了《国务院关于审计工作的暂行规定》。1988 年 11 月颁发了《中华人民共和国审计条例》。1994 年 10 月发布了《中华人民共和国审计法》，从 1995 年 1 月 1 日实施，从法律上进一步确立了政府审计的地位。

同时，国家审计的职能越来越健全和完善，作用也越来越大。国家审计从担当国家财政的“看门人”到如今公共资金的“守护者”、权力运行的“紧箍咒”、反腐的“利器”、深化改革的“催化剂”、经济发展的“卫士”等，逐步构建审计监督惩治体系、免疫功能体系，实现国家审计监督全覆盖。特别是党的十八大以后，国家审计的功能和定位已提升到服务国家治理的高度，党的十九大报告对反腐形势作出判断并明确目标：“当前，反腐败斗争形势依然严峻复杂，巩固压倒性态势、夺取压倒性胜利的决心必须坚如磐石。”

随着我国改革开放的不断深化，审计的反腐功能和作用将会越来越重要，在国家经济社会发展中，审计将会进一步贡献更大的力量，在实现我国民族的伟大复兴进程中发挥不可替代的作用。

第二节　审计学理论的发展

一、审计理论研究的里程碑简述

在审计理论发展的历程中，许多专家、学者都作出了重要的贡献。回顾这些关于审计理论建设和发展的成就，有益于启迪我们构建廉政审计学理论结构的研究。

(一)审计理论研究的萌芽阶段

早在19世纪末20世纪初，人们关于审计理论的研究就已经取得了卓越的成就，出版发行了一批著名的审计学理论书籍，其中具有代表性的著作主要有以下几种。

一是1881年出版发行了F. W. 皮克斯利(英)编著的《审计人员——他们的义务和职责》，这是世界上第一部关于审计基础和审计实务的名著。该书系统地论述了英国《公司法》的历史、选举审计师的方法、会计和审计法规、簿记理论与审计、审计基础理论、公司发表的计算书的格式、资产负债表和利润表账户中的重要项目、审计师的义务和职责等，涵盖了审计基础理论和审计实务工作的内容。随着实践的发展，该书又增加了对审计师的地位、分配红利时应得利润、审计证明和报告等内容的阐述。该书创造性地提出了一系列审计基础理论，这些基础理论在推动审计理论研究的发展过程中，发挥了不可替代的作用。

二是1892年出版发行了劳伦斯・R. 狄克西(英)编著的《审计学——审计人员的实务手册》，该著作被公认为现代审计理论的奠基作之一。该书主要根据英国的《公司法》和法院判决编著而成，具有夯实的实践信息基础，所著所述集中反映了当时英国的审计思想和审计制度的精华。该著作的问世，对于审计理论的发展和研究，产生了深远而重大的影响。

三是出版发行了R. H. 蒙哥马利(美)所著述的《美国经营手册》

(1911 年)和《审计：理论与实务》(1912 年)。蒙哥马利在《美国经营手册》一书中提出了资产负债表审计的概念，他指出资产负债表审计指的是对资产和负债是否正确地反映了目前真实财务状况的审计，这一观点有力地推动了现代审计的发展。在《审计：理论与实务》一书中，蒙哥马利对英国式详细审计和美国式资产负债表审计均做了详细论述，指出审计的主要目的是为企业业主、企业主管、正考虑购买证券的银行家或投资者、正考虑实行现金折扣和根据期票进行贷款的银行家等人士查清企业实际的财务状况和盈利能力。这种对于资产负债表审计的论述，因迎合了美国民间审计的发展之需而引起强烈反响并得以流传，其研究在以后的实践过程中得以不断发展，著作者及其团队对此书进行了多次修订、补充和再版①，成就了后来享誉全球的蒙氏审计学。

上述几种著作从不同的角度解答了审计实务中出现的各种问题，主要是在阐述审计实务的基础上对审计理论进行了深入思考，并通过对各种理论因素加以整理以后，得出一些有益的理论观点，这些理论观点不仅被用来指导人们更有效地开展审计实务工作，而且对于推动审计理论的建立发挥了不可磨灭的作用。但是，此时的这些著述尚未对审计理论结构加以系统地研究，也并没有真正建立起一套自成体系的审计理论，从而说明这一时期的审计理论研究仍然处于萌芽阶段。

---

① 1916 年、1921 年、1927 年和 1934 年，蒙氏四次对此书进行修订和补充，分别出版了第二版、第三版、第四版和第五版，但其基本审计方法和内容却没有明显的变动，主要都是介绍资产负债表审计。1949 年出版的第七版正式改名为《蒙哥马利审计学》(*Montgomery's Auditing*)。蒙氏和他的合作者诺曼·J. 哈伦特和阿尔文·R. 詹宁斯设专章论述了内部控制系统。1957 年出版了《蒙哥马利审计学》(第八版)，蒙哥马利于 1953 年逝世，该版由他的志同道合者诺曼·J. 哈伦特和菲利普·L. 德弗利斯编著，主要拓展了会计原则和其他专业问题的内容。1975 年在纽约正式刊行《蒙哥马利审计学》(第九版)，将蒙氏审计学推向完善。1985 年出版了《蒙哥马利审计学》(第十版)，以民间审计为主，兼顾内部审计和国家审计，对基本审计理论知识和实践知识进行了系统的论述，且自始至终强调"效率审计"(efficient audit)。直到《蒙哥马利审计学》(第十一版)的问世，再次将这部作为美国审计起点的鸿篇巨作推到了时代的潮头。全书以 1988 年作过重大修订的 SAS 为基础，系统、具体、详细地介绍了美国审计最新实务，反映了现代民间审计理论与实践的最高成就，堪称世界民间审计领域内容最丰富、权威性最强的巨著。

(二)审计理论研究的里程碑式贡献

在审计理论的建设和发展过程中，具有里程碑式贡献意义的重要著述，主要有三个，简述如下。

第一，《审计理论结构》。

1961年，出版了罗伯特·K.莫茨(美)和侯赛因·A.夏拉夫(埃及)共同著述的《审计理论结构》(*The Philosophy of Auditing*)，这是世界上第一部将审计理论作为一门独立的学科加以论述的重要著作。全书共分十章，包括“审计理论的探求”“审计方法论”“审计假设”“审计理论中的概念”“证据”“应有的审计关注”“公允表达”“独立性”“道德行为”和“审计的展望”十部分内容。该书第一次从哲学的高度系统地、科学地研究了审计理论，还专门论述了“应有的审计关注和内部控制的检查”问题。该著作的独到之处主要表现在以下五个方面。

一是指出了审计理论的存在和建立审计理论的必要性。著作者研究认为，在审计行为和思维的背后，存在着理论根据和基本原理，将这些理论根据和基本原理抽象化、系统化，对于解决审计实务问题是至关重要的。而审计理论一旦产生，就会成为一种积极的力量，有益于帮助审计实务人员了解审计实践活动的规律，并按照合理一致的方法去解决在实践活动中可能会不断遇到的棘手问题。

二是从理解(comprehension)、展望(perspective)、洞察(insight)、想象(vision)等多个角度对各种审计现象进行了哲理式的思考、提炼和升华。著作者研究认为，所谓理解，就是用概括性的眼光对审计理论进行全面的思考；展望，就是从综合、相互联系的角度考虑每一个审计问题；洞察，就是超越偶然认可的惯例或信念去深刻认识推论的前提；想象，则是超越时空去预测审计理论的发展。

三是从集合学科的角度来研究审计理论。著作者研究认为，审计具有集合学科的性质，可以将数学、行为科学、逻辑学、沟通学、伦理学等多学科中已有的一些研究方法渗透应用到审计理论研究中来，在一个更加坚实的基础上，研究审计理论这一崭新的学科。

四是系统论述了重要的审计概念。著作者研究认为，审计概念反映了审计学的本质，是人们对审计学科的基本认识，是审计理论赖以建立的基础，并在该书中系统地论述了审计证据（evidence）、应有关注（due audit care）、公允表达（fair presentation）、独立性（independence）、道德行为（ethical conduct）等影响深远的审计概念。

五是逻辑性地阐述了审计的理论结构。著作者首先介绍了以数学、逻辑学和形而上学为核心的理论基础部分；进而依次论述了由基本哲学、审计假设、审计概念、应用标准、实务应用领域五个部分所组成的审计理论结构图，十分清晰地反映了审计理论各部分之间的内在联系。

《审计理论结构》的出版在审计界引起了巨大的反响，受到全世界审计理论研究者和广大审计实务工作者的极大称赞。人们普遍认为，在莫茨和夏拉夫的著作出版之前或之后，恐怕没有一份审计文献具有如此大的影响并被如此广泛地引用。可见，《审计理论结构》是一部世纪巨著，是一部影响深远的审计理论力作，它对于审计理论的论述像一座灯塔，引导着审计理论研究的航向。

第二，《基本审计概念说明》。

1972 年，美国会计学会正式出版了《基本审计概念说明》（*A Statement of Basic Auditing Concepts*），在审计实践基础上分析研究审计理论问题，在莫茨和夏拉夫工作成果的基础上进一步拓展，将审计理论的研究从深度和广度两个方面又向前推进了一大步。该书共分为五部分——“序”“审计的作用”“调查过程”“报告过程”“补论——调查过程（证据的搜集和评价）”，论证严谨、思维缜密、内容丰富、建议稳健，对审计理论和实务发展的贡献是巨大的。这是一本对于审计理论研究者和审计实务工作者而言都十分有益的出色文献。该书对于审计理论建设的卓越贡献主要有以下四个方面。

一是明确指出了审计的定义。该书认为审计是一个系统的过程，它客观地搜集和评价有关经济活动与经济事项认定的证据，以便证实这些认定与既定标准的吻合程度，并将其结果传达给有关用户，因而审计的作用在于帮助用户判断信息，即具有验证职能。这是迄今为止最权威的审计定义。

二是研究了审计假设、审计概念和合理论证三者之间的相互关系，从而为进一步探讨审计理论结构问题奠定了理论基础。

三是运用沟通理论论述了报告过程。该书认为审计师相当于发送者，审计报告相当于所传送信息的内容，审计报告书相当于媒介，会计信息使用者相当于接收者，审计的作用在于提高会计信息的价值，审计过程的主要受益者是会计信息的使用者。

四是论述了审计风险。《基本审计概念说明》一书对审计过程中的种种风险提出了许多十分深刻、有用的见解，为指导审计师正确地评价审计证据提供了合理的理论依据，还明确了审计的社会作用，提出了信息价值增加论。

第三，《审计理论——评价、调查和判断》。

1978 年，出版了 C. W. 尚德尔(美)编著的《审计理论——评价、调查和判断》(*Theory of Auditing: Evaluation Investigation and Judgment*)一书。该书进一步丰富和发展了莫茨及夏拉夫的审计理论思想，被誉为审计理论发展史上的第三座里程碑。著作者以基本假设(postulate)、定理(theorems)、结构(structure)、原则(principles)和标准(standards)为基础，详细论述了审计的基本原理，并大胆地提出了自己对审计理论建设问题的设想。

尚德尔的著作在审计理论研究方面进一步加强了论述的理论性和结构性，更抽象、更注重逻辑思辨。

尚德尔的主要贡献在于：一是从信息论的角度对审计理论进行全面的研究和论述，将审计置于更为广阔的空间里，并由信息传递过程给出一般意义上的审计定义，认为审计是“人们为了证实是否遵循某些标准而形成意见和判断的评价过程”。二是明确了审计理论概念和结构，研究了审计假设、审计概念和审计程序，提出了审计假设的质量要求以及判断审计概念的原则。三是进一步区分了审计调查和查询，将审计调查延伸到未来，提出了计算变动风险的公式。

关于审计理论的研究，在这之后就已经很少再出现纯粹的审计理论著作了，大部分都是结合审计实务来论述审计理论问题的著作，主要包括 R. A. 安德森(加)的《外部审计学》、汤姆 · 李(英)的《企业审计》、大卫 · 费林特(英)的《审计理论导论》、蒙哥马利(美)的《蒙哥马利审计学》、道格拉斯・R.卡迈克尔(美)等的《审计概念与方法：现行理论与实务指南》、大卫・N.里基特(美)的《审计学——概念与准则》、阿伦斯与洛贝克(美)的《审计学——整合方法研究》、三泽一(日)的《审计学》等等。这些著作虽然也论及审计理论，不断丰富和发展了审计理论体系，但是更大更为直接的贡献还是在于审计实务方面。

二、审计目标的演变简述

众所周知，在不同的时期不同的地域有不同的审计目标，即不同的环境条件下有不同的目标追求，所谓“时也，位也”。可见，审计目标的确定受审计环境的制约和影响，具体而言，审计目标的确定受制于三方面因素的影响。一是社会需求的影响。因为审计是服务职业，社会需求是社会生产和社会服务的出发点，所以，社会需求是影响审计目标确定的根本因素。二是审计自身能力的影响。社会环境对审计的需求不断扩大，对审计作用的期望过高，而审计的能力是有限的，人们因此而常常陷于责任诉讼的不愉快当中。所以，当审计工作不能满足社会对它的期望时，审计行业和社会对于审计的内容、要求就产生了差异，审计理论、技术方法需要突破以满足新的社会需求，当审计具备了满足社会需求的能力时，这种社会需求就已经成为审计目标。三是审计规范和准则的影响。法律法规、准则规范、法庭判决案例等，都将影响审计目标使其趋于更加明确和清晰。总之，审计环境在变化，审计目标也在随之发生变化，而且商品经济越发达，会计信息和审计监督也越是快速发展，审计目标的演变在发达的经济社会里也就越是明显。审计目标的演变大致可以划分为以下几个阶段。

第一，以查错纠弊为主要审计目标阶段(自审计产生至20世纪30年代)。

在这一阶段，经济环境的特点是经济不发达，经济业务简单。在当时，社会对于审计有需求，主要是因为公司股东需要通过审计来了解掌握公司管理人员履行其经营职能的情况。由于经济业务较为简单，审计师可以轻松实现对账项的详细审查，而且通过对账项的详细审查，也基本上能够满足审计师自身查错纠弊的需要，对于受托责任的界定是比较简单的。而当时审计师对于审计风险也只有朦胧的模糊意识，社会公众对审计师的职责也没有鲜明的好恶和明确规定，所以审计师之所以愿意承担这类风险，仅是因为这类风险转化为现实的可能性很小。因此，审计的目标比较单一，那就是披露管理人员在业务经营过程中是否有舞弊行为。前述美国享有盛名的蒙哥马利的《审计：理论与实务》一书，在其1912年、1916年和1934年多次出版的版本中，都将查错纠弊作为审计的主要目标，与这一阶段的独立审计目标相适应。所以说这一阶段审计师的职责就是揭露差错和舞弊，或者说是查错纠弊。

随着经济的发展，欺诈、差错和舞弊行为越来越多，审计师已经无法也不可能承担起揭露经济主体业务中所有的欺诈、差错和舞弊的责任，就像当时的法官对于审计作用的认识那样，他们认为审计师仅仅只是“门卫(watchdog)”而并不是“侦探(bloodhound)”，但是审计师有责任对重大的差错和舞弊予以揭露，否则审计师就没有履行其职责，没有达到独立审计的目标，要承担相应的审计风险。能够说明这一审计风险的案例有1887年英国发生的“里兹地产建筑投资公司诉夏巴德案”，1925年美国“Craig诉Anyon”案等。特别是后者，法庭判决审计师应对其没有查出公司雇员盗用100万美元的重大舞弊事件负责，并赔偿相应的损失。人们逐渐认识到，审计是有风险的，而公司管理部门也更加负有采取措施预防欺诈、差错和舞弊行为发生的责任。随着社会环境的变化，审计目标开始扩展，逐渐向验证财务报表的真实公允性方面转换。

第二，以鉴证财务报表的真实公允为主要审计目标阶段(自20世纪30年代至20世纪80年代中期)。

在这一阶段，即20世纪以后，社会经济环境发生了巨大的变化。以美国为代表的资本主义国家的经济开始迅速发展，特别是大量涌现出股份有限公司，使经济生活出现了两个新的变化：一是企业管理人员的责任范围不断扩大。企业管理的责任已经由原来单一地表现在与股东和债权人的关系上，而转化为表现在与其他许多利益相关者的直接关系上来了，这种关系的转变最终都要通过企业的会计信息表现出来，社会对于企业会计信息的需求也随之日益增加，企业会计信息也就显得日益重要。二是企业的筹资渠道逐渐由银行转向证券市场。这种转变使得企业风险的承担者由银行而转变为广大的股东，然而股东对会计信息又十分关注，特别是更加注重企业关于盈利能力方面的信息。这两个新的变化使社会公众逐渐意识到审计的作用，已初步形成了强化审计责任的氛围，审计师对审计风险的认识，也已经由朦胧阶段向被动接受阶段转换。自 20 世纪 20 年代开始，投资者对于其投资安全的考虑以及强烈的盈利欲望，使得整个社会对于企业财务报表的关心，大大超过了人们对于查错纠弊的关心，特别是对于广大投资者而言，只要能够保证其盈利能力，即使有时候存在一些舞弊行为他们也若无其事。

这一时期的法律环境也发生了巨大的变化。1929—1933 年的经济危机爆发，震撼了整个资本主义世界，使得无数的投资者倾家荡产，就连美国政府也充分认识到了会计信息真实性的重要性，并先后以维护正常的经济秩序和保护投资者利益为目的，颁布了 1933 年的《证券法》和 1934 年的《证券交易法》，强制上市公司必须委托审计师对其财务报表进行审计。规定：任何证券的购买者，如发现经审计过的财务报表对重要事项有不实表述，或故意隐瞒使报表不被误解所必须说明的重要事实而遭受损失时，可以对审计师提起诉讼。这些规定使审计师的职责予以明确，表明审计师的职责不再以查错纠弊为主，而是对被审计的财务报表的真实性、公允性负责，从法律上明确规定审计责任，使审计师深深意识到了审计风险的存在。为了适应这种情况，发达的经济体总是首先作出反应，美国注册会计师行业也迅速作出了积极的反应，在 1934 年发表的《股份有限公司报表的审计》、1936 年颁布的上述文件修订版《独立注册会计师对会计报表的审查》中，都明确规定审计师应该审查公司财务报表。

社会经济环境和法律环境的变化要求提升审计能力。对于审计师来说，由于企业规模的扩大和企业经济情况日益复杂，再要像以前那样用全面而又详细的审计进行查错纠弊已经极为困难了，社会也已经难以支付得起详细审计所需的审计费用了。受审计能力的限制，审计行业为了避免审计风险，审计责任已经不是也不可能是去揭露贪污、盗窃和其他舞弊，极力想把查错纠弊的责任推向企业管理部门，强调审计仅仅是对财务报表发表的一个意见。20 世纪 30 年代，随着内部控制理论的发展，审计师们开始认识到欺诈舞弊可以通过建立完善的内部控制制度来予以预防和控制。正如汤姆·李所说:“在20世纪30年代和40年代,公司的管理部门,特别是大公司的管理部门正式接受查错纠弊的责任,他们通过在公司内部建立内部审计和会计控制制度使舞弊行为发生的可能性降到最低程度。”内部控制理论在实务中的应用,使审计师可以在抽查的基础上对公司财务报表的公允性发表一个意见,这样不仅可以提高审计效率,而且还可以保证审计质量,降低审计风险。

综上所述,随着社会经济环境和法律环境的变化,审计责任得到明确,这种明确的审计责任使审计师充分意识到了审计风险的存在。虽然社会公众仍然要求审计师查错纠弊,但是由于企业盈利能力更加受到社会关注,且由于受到审计能力的限制,审计师也无法揭露所有的差错和舞弊。出于对审计风险危害性的认识,审计行业极力地把查错纠弊的责任推向企业管理部门,使审计目标向审查财务报表的公允性发生转换。

第三,以鉴证财务报表的真实公允和查错纠弊为主要审计目标阶段(自20世纪80年代中期至20世纪90年代中期)。

这一阶段,以美国注册会计师协会(American Institute of Certified Public Accountants, AICPA)在1988年颁布第53、54号《审计准则公告》为标志开始,查错纠弊成为与验证财务报表的真实公允性并重的审计目标。

一是诉讼“爆炸”事件的影响。20世纪60年代以后,企业管理人员欺诈舞弊案的增加,以及由此所导致的针对审计师审计责任的诉讼“爆炸”事件,使人们重新审视和思考审计目标。在这以前,社会公众认为防止雇员舞弊主要是企业管理当局的职责,但是现在管理人员也与雇员串通一气参与舞弊,这样对社会造成的危害是巨大的,因此,社会对于独立的审计师应承担查错纠弊的责任的呼声又重新响起并越来越强烈。实际上,从社会公众的角度来看,查错纠弊一直是他们对审计师所提出的基本要求。到了80年代,社会公众甚至将经营失败几乎就等同于审计失败了。反观审计行业,由于受到自身审计能力的约束和限制,一时又还找不出一种有效方法能够把所有重大舞弊和差错都揭露出来,因而出于避免审计风险的考虑,业界一直在尽量弱化其查错纠弊的责任。这样一来,二者之间的期望差就越来越大。可是尽管如此，社会环境的强烈要求和行业“适者生存”的法则，使审计行业不得不对此予以重新考虑和慎重对待，与其被动接受“爆炸”式诉讼，还不如积极寻求降低审计风险的方法。于是，明确查错纠弊审计目标，使审计师努力在审计过程中设法降低审计风险，寻求自身审计能力的提升，就成为一种积极向上的职业操守和价值观。

二是法院判决案件的影响。法院判决几乎一直倾向于社会公众的需求，使人们重新审视和思考审计目标。例如，美国20世纪六七十年代较有影响的“Continental Vending”(1969)和“Hochfelder”(1974)两个案件判例都认为审计师有责任揭露重大的欺诈和舞弊。英国普华事务所1991年涉嫌国际信贷和商业银行舞弊案案件判例中，普华受到了BCCI的股东、存款户及职工的会计索赔。也就是说，不管业界愿不愿意承担，社会都要求其必须承担起查错纠弊的责任。业界为了维持其生存和发展，也必须顺应这个需求揭露重大的舞弊和差错，以便于把审计风险降到社会可接受的水平之下。

三是政府管理机构的要求。政府管理机构给予业界要求，比如美国证券交易委员会从20世纪70年代开始，就一直在重申和强调审计师肩负有揭露欺诈和有问题的付款等职责，并对此不断施加压力。

四是业界自身的压力。业界的认识发生了转变，认为虽然会计监督无法揭露所有的差错和舞弊，但是通过设计适当的程序可以合理地保证财务报表不受重大欺诈的影响。起初出于明哲保身的目的，业界采取过硬的立场来推卸审计师查错纠弊的责任，但是，后来在社会公众的压力下，明确承担了部分查错纠弊的责任。但是这种责任仍然只局限于以下情况：审计师在根据公认审计准则进行检查时怀疑存在重大舞弊行为和工作差错，而且是已经影响到对财务报表发表意见的程度。尽管有这种认识，但由于没有寻找到一种有效的查找舞弊和差错的途径，审计行业仍然存在着一种极力减轻责任的强烈愿望。1974年，AICPA成立了独立的“审计人员职责委员会”，该委员会提出的建议以及AICPA1977年发表的第16号、17号《审计准则公告》均将查错纠弊和揭露非法行为纳入独立审计目标和职责范围，只是对这种责任的认识还未给予完全的肯定，对此责任的接受还比较勉强。

到了20世纪80年代，审计师与社会公众对此项责任的认识分歧逐渐增大，一些社会公众开始将公司的经营失败等同于审计失败，他们认为，如果一个公司趋于经营失败，该公司的财务报表审计就应该尽可能早地对该公司会计状况的恶化发出警报，审计师在技术上应该有可能发现重大错误和舞弊。面对这种复杂的环境变化，1985年，美国成立了由前任证券交易委员会委员James C. Tread任主席的委员会（以下简称“Tread委员会”）。Tread委员会在1987年提交的最终研究报告中对审计师提出了两项建议：一项是关于揭露编制欺诈性财务报表的责任；另一项是有关提高审计师揭露欺诈行为的能力，要求审计师在每项审计中采取积极的方式来评价这种欺诈性报告的潜在可能性，设计测试程序以对这种揭露提供合理的保证。AICPA审计人员职责委员会根据Tread委员会报告的建议以及会计行业界对审计风险的认识，于1988年发布了新的《审计准则公告》，其中第53号和第54号分别取代了以前的第16号和第17号《审计准则公告》，明确阐述了审计师揭露和报告客户差错、舞弊的责任，以及揭露非法行为的责任。

美国第53号至第61号《审计准则公告》的发布，表明审计行业充分认识到了社会公众的需求以及由此产生的审计责任。审计师若不积极履行这种责任，就将面临重大的信任危机，甚至有危及行业存在的风险，审计行业必须寻求有效的措施去查错纠弊以满足社会需求。所以，审计行业必须修改审计准则，审计师必须达到审计准则的要求，在实务中必须采取适当的程序来寻找差错和舞弊以降低审计风险。于是风险导向审计应运而生，风险导向审计方法有助于寻找高风险的审计领域，从而把审计风险降到社会可接受的水平。审计目标实现第二次转变，表明审计师对审计风险的认识已由被动接受转化为对审计风险进行积极控制阶段，风险导向审计不失为一种有效的审计方法。

第四，以降低信息风险为审计目标阶段（自20世纪90年代中期至今）。

这一审计目标以1995年美国注册会计师协会发布《改进企业报告》为标志，以1996年公布的第78号《审计准则公告》为转换完成标志。从此降低信息风险成为审计的主要目标，原因也是多方面的。

一是因为社会公众的信息需求的变化。社会公众的信息需求在不断扩大，传统的会计信息已经远远无法满足需求了。长期以来由于受制于公认审计准则的约束，审计行业致力于产出一种标准的以复核性为导向的审计产品，而对于财务报表以外的信息基本上不发表意见，而社会公众认为在年度报告中所披露的大多数其他信息，比如评价企业地位、发展及未来趋势的信息都是至关重要的，在他们看来这些信息才能够真正满足他们的信息需求。于是社会公众不得不从审计行业之外获取这些信息，这些信息在某种程度上比已经审计了的会计信息还要重要。如果这样，社会公众将不会一如既往地支付审计费用，从而导致事务所之间在审计费用上的竞争，最终给审计行业带来巨大的经济压力，甚至制约行业的全面发展。满足公众这种需求的方法就是推行管理审计，即对揭示企业管理活动的信息提供全面的评价。美国 AICPA 在其 1995 年发布的《改进企业报告》中提出了对审计报告改革的建议，增加了对非会计信息评价的内容，目的就在于增加信息的可信性，也就是降低信息的风险。

二是因为审计技术的变化。经过长期的实践，审计师在技术上已初步具备了降低信息的风险这方面的能力。早在 20 世纪 50 年代，审计行业就已经强调将审计范围从单位的会计记录扩展到整个企业，业界深刻地认识到了传统审计范围已经不能满足社会公众的需要。自 50 年代以后的 40 多年里，审计师在做好财务报表审计的同时，积极地致力于从事管理咨询活动，并且取得了巨大的成功。同时，审计行业也制定了管理鉴证准则，这说明审计行业界已初步具备了审查企业管理活动信息所需要的能力。只是由于没有得到法律上的有力保护，审计师为了保护自己，而并不发表肯定式评价意见。若是能够在立法上得到保护，则审计师提供这方面的服务也是大有可能的。正是基于这一背景，美国注册会计师协会发布了第 78 号《审计准则公告》，明确将内部控制结构改为内部控制要素，并明确将风险评估和信息监控列为内部控制要素，内部控制成为审计师在执行审计过程中必须考虑的重要内容之一。

三是因为法律责任的变化。伴随着经济的高速发展，审计师的法律责任在日益扩大，但审计的建设性职能却在日益缩小。现代审计发展到今天已具有一种社会职能，站在社会的角度将审计范围拓展到判定企业管理的行为或业绩水准，还局限于会计数据是极为不妥的，审计应该适应社会公众对企业管理的期望和要求，对企业管理行为和业绩进行评价。由于这将要面临大量诉讼的威胁，加上对总体管理业绩进行评判实际上是一种主观判断，背离了审计鉴证职能提高信息可靠性的本质，因而审计行业界极不愿意深入非会计数据所能反映到的领域。缩小这种距离，化解矛盾的办法无非就是两种选择：一种是扩大审计鉴证职能的审计行业自我挑战；另一种就是审计行业日益为其他行业所替代。很显然，为了维持审计行业的生存与发展，业界肯定不希望审计行业日益为其他行业所替代，所以明智的选择是扩大审计鉴证职能，提供更多的保证服务，对揭示企业管理的信息提供全面的评价，并降低信息的风险。审计环境的变化和审计目标的演变在发达的经济体表现得更为清晰，为了更加清晰明了地说明审计环境对审计目标的影响，从英国《公司法》以及美国审计准则的视角对审计目标的演变进行总结，见表 2-1、表 2-2。

表 2-1　英国《公司法》对审计目标要求的变化

年份	主要目标	次要目标	目标变化原因
1840—1880	查错纠弊	—	企业员工不忠行为的增加
1881—1900	查错纠弊	验证财务会计记录的准确性	对审计师这一技术型职业的逐步认识——若干会计师职业团体的建立
1901—1920	查错纠弊	验证财务会计记录的准确性，鉴证财务报表的可信性	财务报表编制技术的进步和会计信息使用的增加
1921—1940	查错纠弊，验证财务会计记录的准确性	鉴证财务报表的可信性	财务会计实务和报告技术的持续进步与公司管理层对其揭露和防范舞弊、差错的逐渐认识

续表2-1

年份	主要目标	次要目标	目标变化原因
1941—1960	验证财务会计记录的准确性，鉴证财务报表的可信性	查错纠弊	公司管理层对其揭露和防范舞弊、差错的普遍接受与对会计和审计有重要影响的《公司法》的修订
1961—1985	鉴证财务报表的可信性	查错纠弊	《公司法》、财务报告和会计实务的进一步改进，报告和审计实务规范的不断完善

表 2-2　美国审计准则对审计目标要求的变化

颁布年份	准则或者报告名称	审计目标内容
1934、1936	《股份有限公司报表的审计》《独立注册会计师对会计报表的审查》	明确规定应审查财务报表
1977	《审计准则公告》第 16、17 号	将查错纠弊和揭露非法行为纳入独立审计目标和职责范围
1988	《审计准则公告》第 53、54 号	阐述了审计师揭露和报告客户差错、舞弊的责任，以及揭露非法行为的责任
1995	《改进企业报告》	提出了对审计报告改革的建议，增加了对非会计信息评价的内容，目的在于增加信息的可信性，也就是降低信息的风险
1996	《审计准则公告》第 78 号	明确将内部控制结构改为内部控制要素，并明确将风险评估和信息监控列为内部控制要素，内部控制是审计师在执行审计过程中必须考虑的内容之一，降低信息风险已成为审计的主要目标

三、21世纪的审计变革与发展趋势分析

（一）知识经济时代对审计的影响

在人类即将迈向21世纪之际，随着区域经济一体化、市场化、知识化、信息化、集团化、网络化，知识经济的大潮迅猛而来。联合国于1996年12月估测，改变世界面貌和人类生活的重大高科技产业化将在2030年前后全面实现，人类将在21世纪下半叶全面进入知识经济时代。各国经济实力不同，进入知识经济时代必定有先有后，有的专家学者认为现在美国已开始步入知识经济时代。我国研究人员按照指标体系测算后提出，我国目前尚处在知识经济的萌芽阶段。

“知识经济”（knowledge economy）是个全新概念。按经济合作与发展组织（OECD）的《以知识为基础的经济》一书中提出的比较明确的定义，“所谓知识经济是建立在知识和信息的生产、分配和使用基础上的经济”。在知识经济体系中，知识已融入经济系统内，成为该系统的关键生产要素。知识经济作为一种科学的崭新的经济体系涉及科学技术、社会经济、人文科学诸方面，它以知识密集的智力资源为基础，以信息生产和利用为核心，以高新技术和服务产业为支柱，以不断创新为灵魂，以教育为本源。它是以追求知识价值不断更新为目标的经济。“知识经济”一经提出，就在全世界产生了很大反响，各国对知识经济的认识和重视程度不断加深。1998年10月世界银行发表题为《知识促进发展》的经济展望报告，报告说知识经济可能出现的前提条件是：发达的网络技术以传播编码化的知识；新的知识和科学技术在经济增长中所占的比重不断提高，不断的知识创新推动经济发展；建立有效的国家保障体系和国际共识的标准，以保证知识的生产、传播和应用；全球一体化的经济也为知识和信息传播开拓了广阔天地。OECD在最新一份报告中指出：“知识经济已被视为生产率和经济增长的动力，这促使人们把新的注意力集中在信息、技术和学习上。”知识经济的兴起与挑战，必将对现有的思维方式、生产生活方式、价值观念、教育模式、经营管理及领导决策等产生重大影响。

知识经济时代的到来，必将引起管理科学的革命与创新。知识经济带来的巨大效益也已引起越来越多决策者的高度重视，传统的会计、审计已受到严重的挑战，发达国家企业界埋怨会计审计未能提供与决策相关的信息。现代企业经营需要更多地考虑信息资料，新的会计模式也需要计量资源改变速度、技术改变速度等。在发达国家，审计提供可靠的会计与经济信息，在降低筹集资本成本、减少风险、合理配置资源方面发挥着越来越重要的作用。美国已成立未来审计功能委员会、财务报告委员会，专门研究跨世纪会计审计对策、审计应提供哪些信息、审计师对信息应承担的风险责任。未来审计功能委员会认为审计功能已由财务报表审计发展为验证功能，并由验证功能发展到保证性服务阶段，要求审计信息由可靠性验证发展为提供决策相关性信息，由财务信息向非财务领域信息扩展，由单一信息扩展到系统可靠性信息。知识经济时代的到来，要求审计这种知识产业为用户创造价值，审计师必须具备能创造价值的能力。审计是经济监督控制体系的重要组成部分，知识经济的浪潮必然对审计环境、审计制度、审计对象、审计法规、审计手段、审计授权与委托带来深刻影响与变革。这种影响主要有以下几个方面：

第一，知识成为最重要的资源。

未来社会，知识经济将发展为世界经济的主流，并以其知识、信息流的巨大能量创造前所未有的资源消耗最低、投入最少而生产率最高的经济增长方式。知识资源是无限的，运用越多，成本越低，而且会不断更新，不断地产出新知识，使经济发展可持续化。美国经济学家罗默提出所谓的“新增长理论”——当知识被纳入生产函数以后，不是效益递减，而是效益递增。经济增长方式已从增加投入型转向技术进步型，而且知识经济将使人类的经济发展，从主要依赖自然资源转向主要依赖智力资源，从主要消耗物资转向更多地消耗知识，经济增长以牺牲环境为代价转向实现人与自然环境的协调。世界银行在 1998 年 10 月发表的《知识促进发展》年度报告中强调知识是经济增长和可持续发展的关键。传统经济以人、财、物为主要资源，其成本项目主要是料、工、费。知识经济则是以知识能力为主要经济资源的一种新型经济形态，企业资产中以知识为基础的专利权、商标权、商誉、计算机软件、人才引进与开发等无形资产所占比重大大增加，技术转让与创新将成为经济长期增长的首要因素，数码技术、信息技术、计算机辅助设计、虚拟仿真技术、生命科学、管理与金融创新等高新技术知识越来越成为企业乃至国家经济竞争的关键，这些成为引起未来现金流量与市场价值变化的主要动力，这必然对会计核算、审计监督、评价鉴证标准和方法手段等产生深刻的影响。

第二，世界经济一体化。

在信息以光速传输的知识经济时代，随着网络无边际的延伸，以及知识无国界的影响，数字经济必然是全球化的经济，而全球化也加速了新科技的延伸。由于高新技术领域十分广阔，任何国家都不可能在计算机技术、微电子技术、芯片技术、网络技术以及层出不穷的新技术中全面领先。任何国家都可以充分利用自己的智力资源“有所为，有所不为”，都会成为世界经济一体化不可或缺的一部分。知识经济发展使生产经营活动全球化、经济市场化、世界贸易体制多边化、各国金融融合化、投资活动国际化。网络经济迅速发展，闭关锁国经济已不复存在，经济决策者必须确立经济全球化的大视野，审计必然要研究如何创新，如何与国际接轨，怎样开拓国际审计的新课题。

第三，知识经济深刻改变着企业投入、运营、产出关系。

随着知识经济兴起，企业面临制度创新、技术创新、市场创新、产品创新、管理创新的时代，在企业的各种投入要素中知识资源的地位越来越重要，其作用将越来越大。知识经济正引起一场生产运营革命，企业大量引进知识型工具，采用柔性生产方式，制造出知识含量高、个性化的产品，以适应市场多样化的消费需要。企业产出的不仅是知识主导型产品，更重要的是无形资产。目前一些实力强的企业，有形和无形资产的比例已达到 1∶2 或 1∶3。美国微软公司靠著名品牌和软盘中包含的知识，使其资产平均每周增加 4 亿美元。知识经济中的管理正在变革为一种信息管理、知识管理。一些较大的跨国公司已设立了一个新的主管——知识主管，以促进科技整体发展和转化为生产力。知识经济带来的变化，必然引起企业会计、审计目标追求知识经济效益，因为现代市场竞争已从产品竞争、服务竞争延伸到知识竞争，企业的成功与否取决于知识和创新能力的高低，如何提高会计审计参与企业预测、决策、控制和审计分析的创新能力，这些都将引起企业会计核算，审计监督模式、范围、性质、目标、手段等发生深刻变化。

总之，知识经济浪潮对审计的深刻影响，主要为：以知识为基础的经济环境的影响；世界经济一体化引起的审计信息系统国际接轨与国际审计；知识经济改变企业投入、运营、产出关系，由此带来审计目标、模式、范围、手段等的深刻变化。

（二）经济全球化对审计的影响

经济全球化是对当代经济发展趋势的高度概括，它最基本的特征是商品、技术、信息，特别是资本，在全球范围内的自由流动和配置，形成的一种包括发达国家和发展中国家在内的世界经济相互交织的复杂局面。中国以发展中国家的身份加入了世界贸易组织，标志着我国正式参与经济全球化的进程。

国际货币基金组织的一份报告中将“经济全球化”定义为：“跨国商品与服务贸易及国家资本流动规模和形式的增长，以及技术的广泛迅速传播使世界各国经济相互依赖性增强。”经济全球化是市场全球化和信息全球化。世界各国、各地区通过密切的经济系统和经济协调，在经济上的相互联系和依存、相互渗透和扩张、相互竞争和制约已发展到很高程度，形成了世界经济从资源配置、生产到流通、消费的多层次和多形式的交流与结合，使全球经济形成一个不可分割的有机整体。

经济全球化是生产力与科技高度发展，以及国际资本追求最大利润向全球扩张的必然结果，是世界经济发展的必然趋势。世界贸易组织前干事鲁杰罗就曾说过：“阻挡经济全球化的发展无异于阻止地球自转。”第一，全球市场正在加速形成的过程中，商品、服务、资本、劳动力等生产要素市场早已超出国家和地区的界限，在全球范围内迅猛扩大。其发展速度与规模可谓史无前例，贸易和投资自由化已经成为全球市场难以逆转的发展趋势。第二，跨国公司高度发展，进行全球扩张和渗透，促进了生产和资本的国际化和全球化。第三，科技进步，尤其是以电子计算机和互联网等为主的信息技术使生产力发展出现新的飞跃，国际分工进一步深化，世界范围的生产和流通已被连接成一个不可分割的整体。第四，国际经济组织自身的发展和完善，特别是它们在促进和保障全球经济稳定和发展方面的功能日益强化。当今世界的三大国际经济组织——国际货币基金组织、世界银行和世界贸易组织，对于推动全球经济市场化、自由化和全球化进程，促进世界各国相互依赖关系的加强，起着不可替代的作用，使全球经济领域的制度和规则趋于统一。第五，世界各国和各地区之间的经济相互依赖关系空前强化，几乎所有国家都不同程度地卷入国际性或区域性经济合作组织之中，建立开放型经济体制已成为各国政府发展本国经济必须选择的政策原则。

经济全球化主要表现为：①国际贸易增长迅速，贸易自由化的范围正迅速扩大。贸易自由化已经从传统的商品贸易领域扩大到技术、金融等服务贸易领域。②以资本国际流动、金融机构的全球化、金融市场的国际化为特征的全球金融一体化进程加快。③跨国公司空前活跃，企业跨行业、跨国兼并再现高潮。跨国公司是经济全球化的基础和载体。企业兼并的浪潮以追求“全球化公司”为目标，呈现出“强强合并”的趋势。同时，发展中国家也被推上了前台，发达国家也明显加强了对发展中国家企业的并购活动。所有这些都表明市场经济在各国的运行、科技进步和信息产业的发展、跨国公司在全球范围内的资源配置等因素使经济全球化成为当代世界经济的主要趋势。

经济全球化有助于发展中国家利用发达国家的资本输出、先进技术与设备和管理经验，也为发展中国家提供了资本外投的经济环境和条件。不少发展中国家对外直接投资规模不断扩大。经济全球化促进了发展中国家跨国公司的发展。经济全球化有利于发展中国家经济体制和政策的转变。经济全球化有助于发展中国家现行法律法规与国际规则、规范和机制的接轨。当今世界，市场经济占据主导地位，国际分工和交换应遵循相同的“游戏规则”。这就要求各国积极参与国际规则的制定，并对国内与之不相适应的机制进行改革，使国家经济发展战略的选择及效果发挥积极的作用。

同时，经济全球化将使生产要素的自由流动更为无序，经济运行速度加快，金融创新工具增多，经济运行风险提高。而审计也应顺应审计国际化的趋势，进行全方位变革，按市场经济的特征不断进行创新，以适应新的经济环境的需要。

（三）以网络信息技术为代表的科技日新月异对审计的影响

计算机与网络技术的迅速发展使当今世界进入网络经济时代。作为维护经济秩序、管理与监督经济活动的重要手段，审计必然受到信息技术发展的深刻影响。会计行业也已经注意到这种现象，并密切关注。

（四）21 世纪的审计发展趋势分析

人类社会进入 21 世纪以后，以现代风险导向审计为主要审计模式，而且主要以降低信息风险为审计目标。面对知识经济、经济全球化、信息技术等新的环境，企业组织形式更加复杂，企业经营模式更加复杂，这些都增加了审计的风险。因此，审计实务界和理论界提出了一种新的审计模式——现代风险导向审计。知识经济时代，信息使用者面临着比以往任何时候都多得多的信息，也面临着更多的信息不确定性。他们需要审计师对更多信息的可靠性作出鉴证以降低信息风险。所以，审计面临日益复杂的环境。

网络审计成为最主要的审计手段。网络审计是以计算机网络为基础的审计，一是指利用计算机与网络开展审计，讲的是审计手段的问题；二是指对网络信息系统和网络通信系统的正确、安全、可靠性进行审计，讲的是审计领域的问题。出于客观环境的需要，同时也是出于审计生存发展的需要，审计行业界需要不断地开拓新的审计领域，使审计领域不断拓展。例如，非财务报表信息的审计、网络安全鉴证、管理廉政审计等，廉政审计学应运而生。

第三节　廉政审计学理论结构的构建

一、构建廉政审计学理论结构的逻辑起点

审计理论是一套系统化的知识体系，按照系统论的观点，在系统中应有一个内在的结构。系统的结构是系统内部各组成要素之间相互联系、相互作用的方式和秩序，内在的结构是系统保持整体性和具有一定功能的内在依据，结构是系统的普遍属性。没有无结构的系统，也没有离开系统的结构。我们认为，审计理论结构是指审计理论诸要素(组成部分)及其相互联系的组合，审计理论必须有相应的框架结构——审计理论结构——来支撑整个体系，审计理论结构是审计理论的重要组成部分。研究审计理论必须考察审计理论结构，而研究审计理论结构就需要明确审计理论的组成要素及各要素之间的内在联系。但值得注意的是，在研究审计理论结构的过程中面临着一个不容回避的问题，即从何处入手，以什么作为逻辑推理的出发点。研究审计理论的逻辑起点，有利于我们正确地认识和构建审计理论、运用和检验审计理论、归纳和演绎审计理论、发展和创新审计理论。

建立廉政审计制度要依法而行，构建廉政审计学说要有理论根基。关于依法建立健全廉政审计制度的问题稍后阐述(见本章第五节)，这里先探讨论述构建廉政审计学说的理论根基问题，即构建廉政审计学理论结构的逻辑起点问题。

从经济学的角度分析，已有的信息理论、代理理论、受托责任理论、保险理论和冲突理论等都是重要的审计动因理论。从审计监督本质的角度分析，没有人能够客观公正地评价自己的工作这个有关于人性的假设，才是审计学最根本的动因。而以发现腐败问题为导向的廉政审计学动因是约束人的行为，所以有关人性的审计假设才是构建廉政审计学理论结构体系的逻辑起点。

建立廉政审计制度的目的不是要规范人的心性，而是要规范人的行为。所以，研究提出构建廉政审计学理论结构的逻辑起点应该是人性向善假设，也就是说，人性向善假设是构建廉政审计学的理论基石。人性向善假设的基本价值取向是人性本善还是本恶，这不重要，重要的是人生价值，即思考的是人生应该向何处去，回答的是人应该怎样生存的问题，人性向善假设主张人的生存应该弃恶而向善。基于人性向善假设构建廉政审计学理论结构体系是符合逻辑的、科学的思考和研究，把这种以审计假设为起点的廉政审计学研究，称为构建发现腐败问题导向的廉政审计学理论结构体系。

二、构建发现腐败问题导向的廉政审计学理论结构体系

理论的逻辑起点，就是构建一种理论的奠基石。那么，为什么要把这种以审计假设为起点的廉政审计学研究称为“构建发现腐败问题导向的廉政审计学理论结构体系”呢？接下来将做进一步探讨和论述。

通俗地讲，起点就是开始的地方。那么，起点的前面是什么？开始的地方的前面是哪里？所谓“天地玄黄，宇宙洪荒”（南北朝时期梁朝周兴嗣《千字文》），人们关于“江畔何人初见月，江月何年初照人”（唐朝张若虚《春江花月夜》）的叩问和对于“生命的起源”之类问题的探究，大概就是想解答这些问题吧。

这里所说的审计假设是一种客观存在（这一点将在第三章第一节详细论述），而不是为了研究的需要所做的人为假设前提条件，只应去发现而无须去设定（假设）。以审计假设为起点构建的廉政审计学理论结构体系，意在监督治理人类的腐败行为，腐败行为源于心止于行损害他人利益祸害社会平等。有意思的是，什么人才可以腐败？又是什么人才可以导致腐败？

什么人才可以腐败？肯定不是所有人。首先，平民百姓不可以腐败，平民百姓之间不会腐败。平民百姓想搞腐败一般也搞不成，即便有腐败的想法也无法实现。平民百姓之间就更加不会腐败了，互相帮衬之间尽是邻里亲友的深情厚谊、尽显不计较个人得失的美德和包容惠通的华夏文明。所以，腐败只可能是少数人的行为。其次，有可能腐败的这类少数人也不

是人人都会腐败。古今中外，人类文明千年传承，出现了数不尽的高官廉吏、优秀的企业家、卓越的领导人，所以，腐败只可能是少数人的行为。腐败只是少数人的行为，是那些无视法律、岗位职责的存在和失去自我约束的公权力者的行为，只是在历史的长河中，腐败时而高频率发生，时而又相对低频率发生而已，可见反腐败永远在路上。

什么人才可以导致腐败？从理论上思考，理性的回答应该是所有人，可是从现实角度分析又不太可能。因为如果说腐败需要权力基础，那么导致腐败却是需要一定实力基础的，包括经济基础和其他资源条件等。现实中，平民百姓不太可能具备这样的实力基础，而人一旦具备了这种实力基础，就很难被看成平民百姓了。具备了这种实力基础的人也不是导致腐败的人，导致腐败的人只应该是这些具有实力基础的人当中的利益相关者。

廉政审计学就是一种对公权力及其执行进行监督的科学，治理腐败既是廉政审计学的目标使命，又是廉政审计学的动因。所以，称这种以审计假设为起点的廉政审计学研究为构建发现腐败问题导向的廉政审计学理论结构体系。发现腐败问题导向的廉政审计学理论结构体系包括四个层次的内容：一是廉政审计学理论导向；二是廉政审计学基本理论；三是廉政审计学应用理论；四是廉政审计学规范理论。详见图 2-1。

图 2-1 中，廉政审计学理论导向，主要阐述构建廉政审计学理论结构的逻辑起点问题，以及腐败及其治理问题与人性向善假设的关系问题；廉政审计学基本理论主要阐述构建基于人性向善假设的廉政审计学目标，以及廉政审计学概念体系问题；廉政审计学应用理论主要阐述构建基于人性向善假设的廉政审计学科知识体系，以及开展廉政审计工作的规范性问题；廉政审计学规范理论主要阐述建立廉政审计学法律制度规范、执业准则规范、职业道德规范，以及人员行为规范问题。

廉政审计理论应用于指导廉政审计实际工作和实践，廉政审计实际工作的成果又被用来检验廉政审计理论目标的实现程度，反馈信息有利于完善和发展廉政审计学理论。

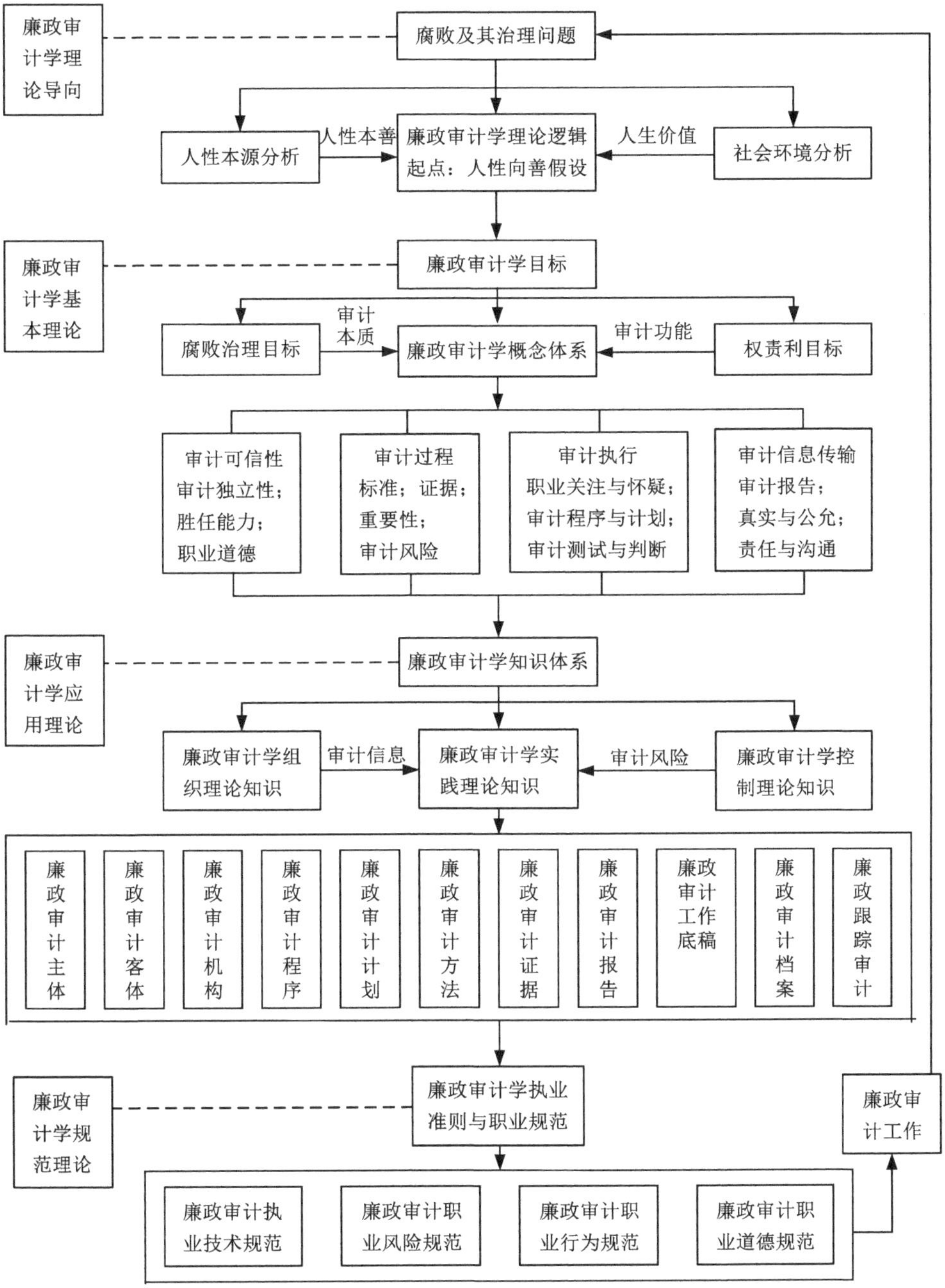

图 2-1　发现腐败问题导向的廉政审计学理论结构图

三、廉政审计学的基本内容框架及逻辑结构

基于以上论述，研究认为建立廉政审计学理论应该充分考虑开展廉政审计工作的实际需要。具体而言，廉政审计学应该包括廉政审计假设、廉政审计目标、廉政审计内容、廉政审计规范等层面的内容。在人性向善假设的基础上构建廉政审计学目标，根据廉政审计学目标构建廉政审计学内容，为了实现理论指导实践、实践促进理论发展的目的，还应加强廉政审计法律制度建设、质量控制规范建设和相关行为规范建设。廉政审计学基本内容框架及逻辑结构见图 2-2。

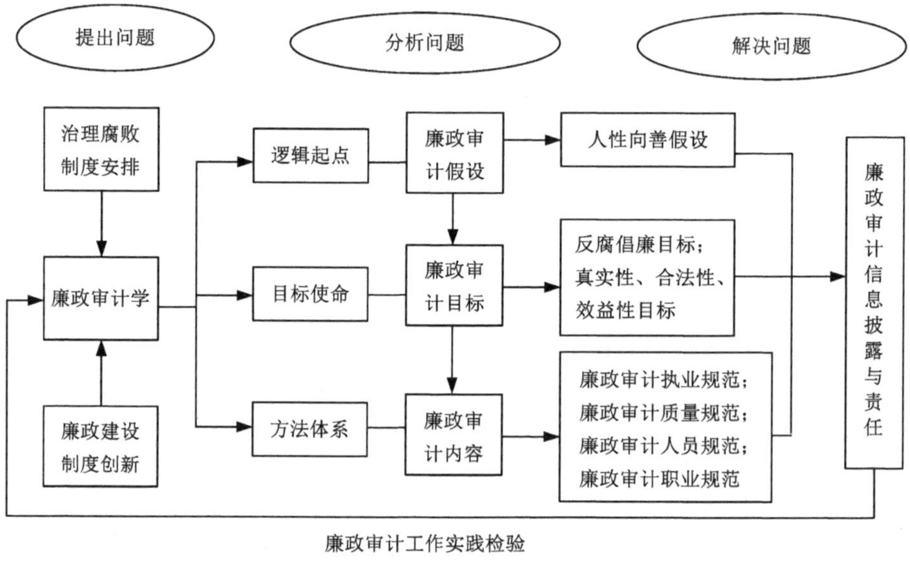

图 2-2　廉政审计学基本内容框架及逻辑结构图

从图 2-2 中可以看出，廉政审计学基本内容的逻辑结构是层层递进的，分别阐述如下。

第一个层次是廉政审计学理论逻辑起点，即人性向善假设。

人性向善假设是构建廉政审计学的理论基石，主张人的心性行为是向善的，而不是向恶的，人类社会之所以出现恶的行为，只是因为人的私欲贪

欲在利益诱惑面前失去了约束，建立廉政审计制度就是要建立一种当个人的私欲贪欲在利益诱惑下失去控制时的外部约束机制，意在约束人的行为。

第二个层次是基于人性向善假设构建廉政审计学目标。

廉政审计学是一种以发现腐败问题为导向的审计，既要满足合法性、真实性、效益性的专业性目标要求，又要满足治理腐败的防腐、反腐、治腐的特种目标要求，既要满足治理腐败的使命要求，又要满足审计监督者自身的责权利要求，针对公权力的运行进行监督，最终实现"不敢腐、不能腐、不想腐"的反腐败目标，实现和建立人类廉洁清明、和谐安逸的生活环境。

可见，廉政审计学的目标就是要鉴证公权力者及其执行行为的真实性、合法性和效益性，以利于构建"不敢腐、不能腐、不想腐"的反腐倡廉治理制度运行机制，以利于实现人类生活环境的廉洁清明、和谐安逸。

在实现反腐败"不敢腐"目标中：建立检查性廉政审计监督机制。

在实现反腐败"不能腐"目标中：建立预防性廉政审计制度机制。

在实现反腐败"不想腐"目标中：建立以俸养廉的公权力者体面生存机制。

第三个层次是为实现廉政审计学目标而建立的廉政审计学方法体系。

廉政审计学方法体系主要包括廉政审计组织方法、廉政审计监督方法、廉政审计报告方法、廉政跟踪审计方法、廉政审计质量控制方法，以及廉政审计法规建设、廉政审计相关行为规范建设等内容。

图 2-2 中的描述包括四个方面的内容。一是廉政审计执业规范，即前述廉政审计组织方法、廉政审计监督方法、廉政审计报告方法、廉政跟踪审计方法，以及廉政审计法规建设的内容，包含了廉政审计学的基本内容，主要有廉政审计机构、廉政审计人员、廉政审计对象、廉政审计功能、廉政审计方法、廉政审计证据、廉政审计报告、廉政跟踪审计、廉政审计信息质量、相关执业准则规范等。

二是廉政审计质量控制规范，即前述廉政审计质量控制方法。建立廉政审计质量控制规范，保证廉政审计信息的可信性，增强廉政审计信息和工作的透明度，降低廉政审计风险，提高廉政审计工作者的社会信誉度。

三是廉政审计人员规范，即前述廉政审计相关行为规范建设中的廉政审计人员行为规范，包括廉政审计人员的专业胜任能力、应有的执业规范、应有的职业关注、应有的职业怀疑、应有的职业操守、应有的职业道德和应有的行为自律等内容。

四是廉政审计职业规范，即前述廉政审计相关行为规范建设中的廉政审计职业行为规范，包括职业道德规范、职业自律规范、职业法律规范等内容。

需要强调的是理论是要指导实践的，构建廉政审计学理论体系是为开展廉政审计实际工作而服务的，因此这四类廉政审计规范，都应该包含相关的法律规章建设的内容，为有效开展廉政审计实际工作提供法律保障。反过来，开展廉政审计实际工作的成果又可以用来检验廉政审计学理论，促进廉政审计学理论的完善和发展。

为了更加直观地认识廉政审计学理论体系，研究描绘廉政审计学基本内容框架的立体图，见图 2-3。

从图 2-3 中，可以清晰地看到廉政审计学理论方法体系的层次性，在人性向善假设的基石上确立廉政审计学目标，围绕廉政审计目标构建廉政审计学方法体系的具体内容。

1. 廉政审计对象

廉政审计学研究虽然针对的主要是公权力领域中的少数人的腐败问题，但是，其研究对象却不能只是这些少数公权力拥有者，而应该是公权力及其拥有者。

监督权，也是前述公权力的范畴，言下之意是对监督者进行监督和权力自我监督也是廉政审计学的重要领域，即监督权也是廉政审计学对象。

2. 廉政审计职能

廉政审计职能包括预防监督、检查监督、跟踪监督。廉政审计职能特征表现为重视预防监督更加胜于检查监督和惩处。

3. 廉政审计方法

廉政审计方法包括预防监督方法、检查监督方法、跟踪监督方法。要建立廉政审计方法体系。

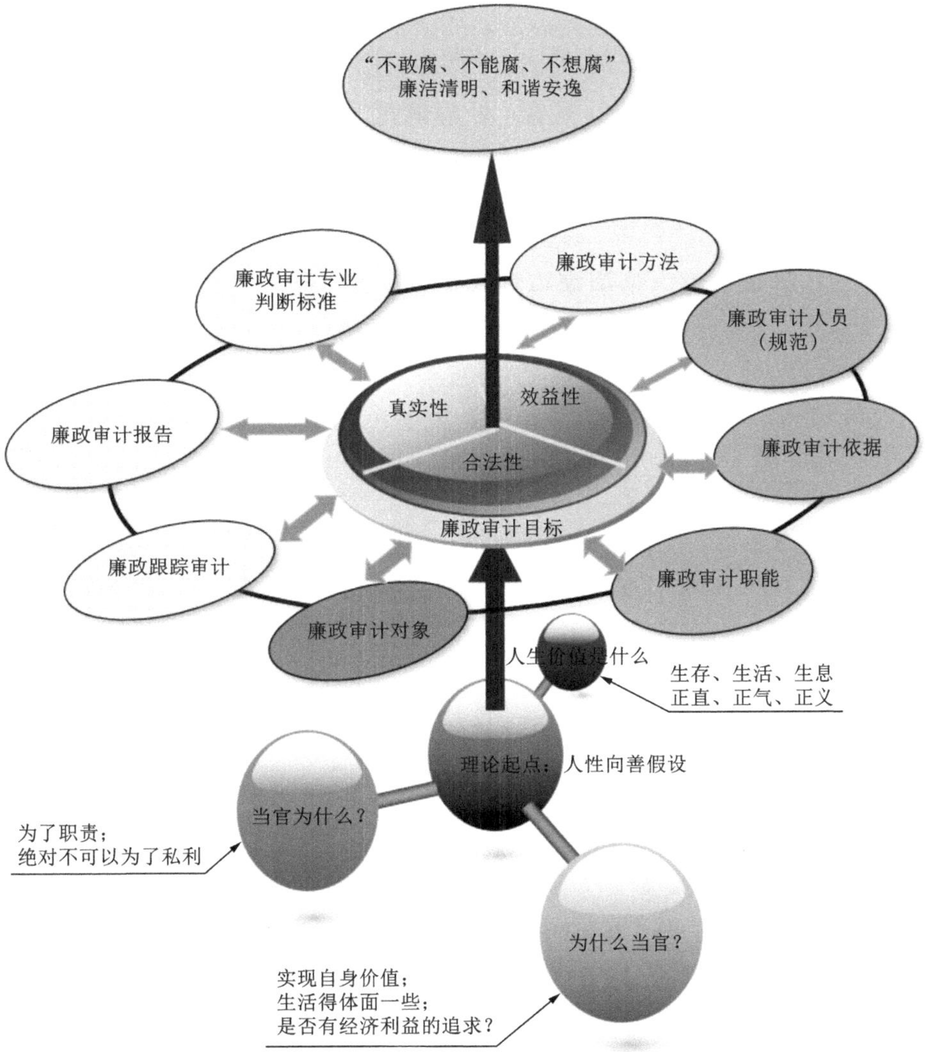

图 2–3 廉政审计学基本内容框架立体图

4. 廉政审计报告

报告中要包含报告意见、报告对象、报告信息、报告方式、报告规范、报告程序等。

5. 廉政跟踪审计

廉政跟踪审计的目的是预防腐败问题，检查腐败问题，报告腐败问题，处理腐败问题，监督检查、报告、处理腐败问题的过程及其存在的腐败问题。

6. 廉政审计人员(规范)

廉政审计人员可以是国家审计人员，也可以是注册会计师、财经法纪审计工作者。但是要建立专门的廉政审计人员职业道德规范。

第四节 廉政审计的独立性

建立廉政审计制度的目的不在于试图改变人的本性，而是要通过制度来规范人的行为(规范)，所谓“善以心论，恶以行断”。这是符合市场逻辑的，同时也是符合廉政审计学的专业要求的，即预防腐败要求、检查腐败要求、报告腐败要求。为了实现廉政审计学的专业要求，必须充分保证廉政审计的独立性。

一、设置科学的廉政审计机构

如同国家审计一样，廉政审计也需要由国家权威支持。因此，廉政审计机构的设置要具有权威性，同时保证其独立性。理论上有三种选择，一是在国家审计机构里设置廉政审计部门；二是在国家监察委员会机构里设置廉政审计部门；三是单独设置廉政审计部门。

从法律依据上看，审计监督的基本法律是《中华人民共和国审计法》(以下简称《审计法》)。《审计法》第一条规定：“为了加强国家的审计监督，维护国家财政经济秩序，提高财政资金使用效益，促进廉政建设，保障国民经济和社会健康发展，根据宪法，制定本法。”可见，国家审计监督具有促进廉政建设的职责。

从实践上看，在我国香港，设有香港廉政公署(Independent Commission

Against Corruption, ICAC), 全称为“中华人民共和国香港特别行政区廉政公署”, 是一个与所有的政府机关相脱离的独立的反贪机构。其工作主要分为执法、预防和教育三个任务, 这三个任务分别由执行处、防止贪污处和社区关系处三个专责部门负责执行, 三管齐下, 反贪倡廉。香港廉政公署的首长廉政专员直接向政府最高首长负责, 也仅仅向政府最高首长负责, 香港廉政公署的职员也不隶属于政府公务员系列, 香港廉政公署依据《中华人民共和国香港特别行政区基本法》第 57 条在香港特别行政区全权独立处理一切反贪工作, 独立性极强。香港廉政公署一直致力于打击贪污, 维护香港的公平正义和安定繁荣, 获得香港特区政府及广大市民的广泛支持, 也使香港成为全球最廉洁的地方之一。但是香港廉政公署的职能部门不包括审计部门。

在我国内地, 2003 年的“审计风暴”中, 审计署把矛头直接指向各大部委以及一些权势部门, 大胆揭露违法违规的经济问题。当审计报告公开给“灰账”点名的时候, 一种希望反腐败踏上坦途的意识得到了超出审计本身的热烈关注, 审计署也被社会美誉为“铁腕审计”。审计署彰显的反腐功能以及较强的独立性和所处地位使其适合担当廉政审计大任。原审计署教科文卫审计司司长崔振龙说: “关于审计署职能的问题, 有一个发展的过程, 以前审计部门一直定位为维护经济秩序, 从最近几年发展来看, 我们逐渐认识到, 审计在民主政治的建设上可以发挥作用, 这也是一个进步。审计首先针对政府行为, 特别是公共财政制度建立以后。不可否认, 由于审计对政府经济活动加强监督, 在反腐败当中的作用正在凸显。” 政府部门的腐败主要形式之一是财政腐败, 而审计则是让公共财政变得透明、高效的一个重要保障。可见, 廉政审计立足点是审计署。

所以, 研究认为应该在国家审计机构里设置廉政审计部门。首先, 在国家审计机构里设置廉政审计部门是合法的。如前所述, 按照《审计法》的规定, 国家审计监督具有促进廉政建设职责, 廉政审计监督反腐倡廉属于国家审计“免疫系统”功能, 也是一种国家审计监督促进廉政建设职责。其次, 在国家审计机构里设置廉政审计部门是科学的, 既符合审计监督的专业要求, 有利于保证廉政审计的独立性和权威性, 又符合反腐败的工作要求，有利于和司职防腐、治腐、反腐的相关职能部门衔接开展工作，特别是有利于和监察机关协同开展防腐、治腐、反腐工作，而且这也是合法的。《中华人民共和国监察法》第三十四条规定："人民法院、人民检察院、公安机关、审计机关等国家机关在工作中发现公职人员涉嫌贪污贿赂、失职渎职等职务违法或者职务犯罪的问题线索，应当移送监察机关，由监察机关依法调查处置。"

二、建立科学的廉政审计回避制度

建立科学的廉政审计回避制度是为了保证廉政审计学形式上的独立性。科学的廉政审计学回避制度应该涵盖职能回避、职责回避、亲情回避、情谊回避、地域回避等方面的内容。现有的国家审计和社会审计有关于回避事项的经验可以借鉴，有关于回避制度的规定可以直接采用，同时，还要求更加严苛。

职能回避，是指廉政审计人员应该回避审计监督职责以外的工作。廉政审计学职能是践行审计监督职能，所以廉政审计只是做与审计相关的工作，而不做不属于审计职能的事。回避审计工作中的那些不属于审计职能的事，特别是在跨部门、跨国等联合办案工作中，尤其要认真践行审计监督职能，维护国家、人民的权益和社会的繁荣安定。

职责回避，是指廉政审计人员应该回避廉政审计监督职责（即反腐败审计职责）以外的工作。廉政审计是以发现腐败问题为导向的特种审计，廉政审计学的职责就是履行反腐败审计监督职责。所以廉政审计只是做以发现腐败问题为导向的特种审计相关的工作，认真履行廉政审计学职责，而回避不属于廉政审计学职责的事。特别是在配合公、检、监、法、司等相关职能部门与其联合办案时，认真履行廉政审计学职责，以严厉打击贪污、渎职等腐败行为和其他各种职务犯罪行为。

亲情回避，是指廉政审计人员应该回避和与自己有亲情关系的人有关的审计监督工作。亲情关系包括血缘关系和亲缘关系，或者说包括宗亲之缘和亲戚之缘，廉政审计人员应该回避与这些人有关的审计监督工作。还有更深层次的含义，就是亲人之间超乎亲情的人性恩惠。有这样一个和睦的农村家庭，大哥对弟妹的帮助一直坚持不直接给予弟妹，而是通过给父母而惠及弟妹的方式默默贡献，他希望弟妹们都健康快乐地成长，用他自己对父母说的话来讲就是“给父母，是孝道，且有榜样的作用。花父母给的，是正道，不会让弟妹长大成年后有受哥嫂恩惠的心理压力”。二哥对弟妹的帮助却是多以直接给予的方式实现，不仅对弟妹的帮助极大，而且也极大地减轻了大哥的负担。在以后的生活中，事实说明了弟妹们对两位哥哥的态度和方式差异极大，和大哥相处可以嬉笑闹腾，对二哥却心生敬畏、言行时有拘束。所谓“吃人家的嘴软，拿人家的手短”，这已经不仅仅是生活的经验了，而是人性的法则。试设想一下：如果两位哥哥之间出现了意见分歧或矛盾，并因此而发生争执，弟妹们将如何评判和劝解？这种超乎亲情的人性恩惠将如何影响权力监督者的判断？权力监督者在工作中总不能表面上说一套，私下里再凭良心说一套，陷入双重标准的苦恼泥潭吧。所以，应该予以回避，用回避制度化解亲情、人性恩惠给工作带来的陷阱危机。

情谊回避，是指廉政审计人员应该回避和与自己有深情厚谊关系的人有关的审计监督工作。这也是一种超越亲情的人性恩惠，所谓受人滴水之恩，当以涌泉相报，所以中华民族既崇尚施恩不图报答的美德，也崇尚到什么时候也不能忘记恩德之人的美德，可以说报答恩情是人间至情。但是，若是以报恩之心去评价人和事，就可能会有失客观公正和公允性。所以，廉政审计应当回避与自己有恩情关系的人和事，用回避制度化解人间恩情给工作带来的陷阱危机。

地域回避，是指廉政审计人员应该高度关注和慎重选择与自己生长地，以及与自己工作和生活有重要关系的地方等有关的审计监督工作，如有可能，最好选择回避。地域回避包括回避与原地方（如家乡）、原单位、原岗位等相关的人和事，用回避制度和独特人格风范化解风俗人情给工作带来的陷阱危机。

三、建立科学的廉政审计学规范

建立科学的廉政审计学规范是为了保证廉政审计学实质上的独立性。权力监督者，在任何时候都不能使自己的工作，陷入迫于各种压力和工作环境表面上做一套同时又凭良知和良心私下里再做一套的双重标准的泥潭，陷入双重标准泥潭的监督评价工作既有失工作职责，又有失客观公正，是不称职的工作表现，是对廉政审计学实质上的独立性的损害。所以，应该建立科学的廉政审计学规范，用法律规范来保障廉政审计工作者履行岗位职责。

科学的廉政审计学规范应该包含职业规范、执业规范、人员规范和工作质量规范。同样，现有的国家审计和社会审计有关于审计职业规范、执业规范、人员规范和工作质量规范的相关规定可以直接采用，同时，要求还应该更加严苛。本研究重点论述了廉政审计学执业规范范畴的内容，对于有关廉政审计学职业规范、人员规范和工作质量规范范畴的内容，在后续研究中还应该更加深入思考和探索，并做专门阐述。

第五节　廉政审计学的法律依据

一、制度的性质——法律依据的理论阐述

广义的制度就是秩序，包括法律法规、具体规章制度、职业道德、公德习俗等。具体规章制度中的制度，则是指根据法律而制定的用于规范人的具体行为的各种规定，是狭义的制度。建立廉政审计制度，是狭义的制度，要依法而行。文明社会里，法律是人类行为规范的主流秩序系统，从法理上讲，习俗、人伦都与法律有着密切的关系。

（一）法律诞生的源体

习俗是法律诞生的母体和源头。习俗是“风俗习惯”的简称。风俗是指历代相沿积久而成的风尚风貌，习惯是指由于重复或练习而固定下来并变成需要的行为方式。法律和法学意义上的习惯是指以人们的社会关系为调整对象，并具有普遍约束力的社会习俗和惯例。法律的习俗基础是法律社会学研究中一个十分重要的领域。

人类群居，必有规则。规则通过划定身份、分配资源、调整行为等方式

来定分止争。在国家和文字产生之前，国家法律是不存在的。部落之间、部落内部成员之间的行为和纠纷只能通过代代相传的武力和习俗来解决。在部落之间，通过暴力解决纠纷者居多，在部落内部，膜拜神仙、祭祀祖先、劳动分工、分配资源等活动都由各种各样的禁忌、习俗来加以规范和约束。习俗就是个人或群体习惯在长期的积淀扩散过程中形成的产物，而不是人类社会意识主动创造的。如乱石砸死、驱逐流放，所有这些古老的惩罚性习俗都在明白无误地向我们传达着一个信息，那就是习俗由族众按舆论理解的事实执行。可见，习俗的确定性内容究竟是什么，行为是否违反了规则，应受到何种惩罚，所有这些都是在非正式权威之下由集体决定或舆论执行的，而不是有目的地发展文明。

成文的法律是在文字发明以后出现的，从对习俗忠实的反映和记录者到完善的现代法律体系，清晰地记录了成文法律从习俗中诞生而又不能取代习俗。

（二）法律社会学对习俗的态度

如前所述，法律是从习俗中诞生的，习俗作为法律的实质渊源，可能会被国家机关确认从而成为制定法的一部分。但是未进入制定法体系却具有现实效力、得到相关群体普遍遵循的习俗应如何对待？它的性质是什么？法律社会学将其当作法律对待，比如民商事规则的跨国有效性，对未得到国家制定法确认的民事权益的保护性行为，等等，说明它们是合法的，因此才是正当的。它们合法不是合乎制定法而是合乎习俗。从法律社会学的角度看，习俗是独立的法律系统。

（三）法理与人伦的关系

法律是无私的，法理却应该尊重人伦。法律面前人人平等，这本身就是一种人文价值的体现或者说是一种健康的人文价值取向。法官对一个案件的合法判决结果应该取得良好的社会影响效果，这也是一种健康的人文价值取向。这些都是符合人伦的价值取向。

习近平总书记指出，司法工作者要密切联系群众，规范司法行为，加大司法公开力度，回应人民群众对司法公开公正的关注和期待。所以，司法机关也应顺应民意，及时回应公众关切，依法公开相关信息，只有公开透明才能有效促进司法公正。这在法理上是符合人伦的。

培根曾经说过："一次不公正的审判，其恶果甚至超过十次犯罪。因为犯罪虽是无视法律——好比污染了水流，而不公正的审判则是毁坏法律——好比污染了水源。"这个道理是深刻的。

二、《中华人民共和国审计法》的相关规定

《中华人民共和国审计法》于 1994 年 8 月 31 日第八届全国人民代表大会常务委员会第九次会议通过，1994 年 8 月 31 日中华人民共和国主席令第三十二号公布，根据 2006 年 2 月 28 日第十届全国人民代表大会常务委员会第二十次会议《关于修改〈中华人民共和国审计法〉的决定》第一次修正。2021 年 5 月 6 日，时任国务院总理李克强主持召开国务院常务会议，通过《中华人民共和国审计法(修正草案)》，并于 2021 年 10 月 23 日十三届全国人大常委会第三十一次会议表决通过，即第二次修正。修正的内容主要有五个方面：一是加强党对审计工作的领导，巩固和深化审计管理体制改革成果；二是健全审计工作报告机制，更好发挥审计监督对人大监督的支持作用，明确规定，审计工作报告应当重点报告对预算执行及其绩效的审计情况，按照有关法律、行政法规的规定报告对国有资源、国有资产的审计情况；三是扩展审计监督范围，推进审计全覆盖，将国有资源、国有资产、关系国家利益和公共利益的重大公共工程项目、国家重大经济社会政策措施贯彻落实情况等纳入审计范围，并明确领导干部自然资源资产离任审计的法律地位；四是优化审计监督手段，规范审计监督行为，坚持问题导向，一方面赋予审计机关履行职责必需的权限，为审计工作顺利开展提供必要的保障，另一方面对加强审计机关自身建设、规范审计权力运行、强化对审计机关和审计人员的监督制约作出一系列制度安排，构建日臻完善的监督和制衡机制；五是强化审计查出问题整改，提升审计监督效能，明确了被审计单位对审计查出问题的整改责任以及各级人民政府、有关主管机关单位和审计机关对被审计单位整改情况的监督责任，同时强化审计结果运用，规

定审计结果以及整改情况应当作为考核、任免、奖惩领导干部和制定政策、完善制度的重要参考。

《审计法》是审计领域的基础法律。《审计法》第一条规定：“为了加强国家的审计监督，维护国家财政经济秩序，提高财政资金使用效益，促进廉政建设，保障国民经济和社会健康发展，根据宪法，制定本法。”国家审计监督具有促进廉政建设的职责，以反腐倡廉为核心使命的廉政审计依据《审计法》及《中华人民共和国审计法实施条例》的相关规定行使职权。

三、《中华人民共和国监察法》的相关规定

2018 年 3 月 20 日，第十三届全国人大第一次会议表决通过了《中华人民共和国监察法》(以下简称《监察法》)。《监察法》是反腐败国家立法，制定《监察法》是推进国家治理体系和治理能力现代化的重大举措，是总结反腐败斗争经验、巩固反腐败成果的制度保障，主要任务如下。

一是加强党对反腐败工作的集中统一领导。中国特色社会主义最本质的特征是中国共产党领导，中国特色社会主义制度的最大优势是中国共产党领导；监察委员会与党的纪律检查机关合署办公，是加强党对反腐败工作的集中统一领导，完善党和国家自我监督的重要举措；《监察法》为监察委员会履行职责、开展工作提供了法治保障，在反腐败工作领域体现坚持党的领导、人民当家作主和依法治国的有机统一。

二是实现监察全覆盖。在我国，“政府”历来是广义的，而行政监察对象主要是行政机关及其工作人员，监察范围过窄，监察委员会对所有行使公权力的公职人员进行监察，实现由监督“狭义政府”公职人员到监督“广义政府”公职人员的转变，使监督不再有空白地带。

三是整合分散的反腐败力量。组建监察委员会，整合反腐败工作力量，解决检察机关查处职务犯罪的职能与党的纪律检查机关、行政监察机关职能交叉重叠问题，有利于形成反腐败合力。

四是以法治思维和法治方式反对腐败。将实践证明行之有效的措施写入法律，用留置取代“两规”措施，解决长期困扰我国的法治难题。

《监察法》是强化公权监督体系的基础法律，优化“不能腐”的制度体

系，整合反腐败资源形成反腐败合力，《监察法》第三十四条规定："人民法院、人民检察院、公安机关、审计机关等国家机关在工作中发现公职人员涉嫌贪污贿赂、失职渎职等职务违法或者职务犯罪的问题线索，应当移送监察机关，由监察机关依法调查处置。被调查人既涉嫌严重职务违法或者职务犯罪，又涉嫌其他违法犯罪的，一般应当由监察机关为主调查，其他机关予以协助。"廉政审计充分发挥其应有的监督作用。

四、《中国共产党廉洁自律准则》和《中国共产党纪律处分条例》的相关规定

中共中央2015年10月18日印发《中国共产党廉洁自律准则》（中发〔2015〕30号）和《中国共产党纪律处分条例》（中发〔2015〕31号），自2016年1月1日起施行。两部党规为全面从严治党树立了道德高线和纪律底线，在党的十八大落实全面从严治党的背景下，形成了党执政以来第一部坚持正面倡导、面向全体党员的党内廉洁自律规范，也向全体党员发出了道德宣示，对全国人民作出了庄严承诺，彰显了一种反腐倡廉的坚强决心，树立了一条做事为人的道德高线，以问题为导向厘清了一份违法违纪的负面清单，传递了一个立德向善、立规惩恶的明确信号，进一步扎紧了管党治党的"笼子"，通过制度的刚性和建设性力量，真正实现让党员干部从"不敢腐、不能腐"到"不想腐"。

新修订的《中国共产党纪律处分条例》增加了拉帮结派、对抗组织审查、搞无原则一团和气，非组织活动、不如实向组织说明问题、不执行请示报告制度、不如实报告个人有关事项，权权交易、利用职权或者职务上的影响为亲属和身边工作人员谋利，侵害群众利益、漠视群众诉求、强迫命令、办事不公、侵害群众民主权利，党组织履行全面从严治党主体责任不力、工作失职，生活奢靡、违背社会公序良俗等违纪条款，让腐败无法遁形。

五、《中华人民共和国刑法》的相关规定

对于触犯法律的腐败行为应该负刑事责任的，依照《中华人民共和国刑法》的相关规定处罚。

六、其他相关法规

为进一步完善人民监督员制度，健全检察权行使的外部监督制约机制，最高人民检察院和司法部于 2016 年联合印发了《人民监督员选任管理办法》，最高人民检察院出台了《关于人民监督员监督工作的规定》。按照这两份文件的规定，检察院在办理职务犯罪等案件的工作中，如果存在阻碍当事人行使诉讼权利等 11 种情形，人民监督员可以实施监督。这些文件都是廉政审计学的法律依据。

另外，廉政审计学还可以依据那些强化腐败预防功能的制度体系中的相关规定。一是在行政法、经济法、公务员法等法律中，就防止权力腐败、权力与权力者的透明、严格公权介入经济社会活动的范围与程序等作出的规定；二是有关财产公开法和重大事项报告制度中的相关规定；三是在党内法规中为防止利益冲突而诱发腐败等作出的相关规定。

第三章

廉政审计学假设

第一节　假设的性质

一、什么是假设

假设，就是指研究问题的前提条件，这是逻辑语义上的解释。假设有两种：一是假设条件再通过逻辑推理得出结论的研究；二是假设结论再在已知的条件下通过逻辑推理反证其是否成立的研究。本研究中的假设是指前者，即假设条件再通过逻辑推理得出结论的研究。

研究的前提条件又分为两类：

一类是为了研究某一领域里的某个具体问题的需要而所做的前提条件假设，这种前提条件假设只适用于本问题的研究而不适用于本问题以外的研究，哪怕是在同一研究领域。比如，在经济管理学领域，人们在做盈亏平衡分析时的前提条件假设是“产品的单价要高于产品的单位变动成本”，而在分析产品的单位变动成本不变性质时的前提条件假设是“在相关业务范围内”。二者虽然属于同一领域里的两个问题，却有各自适用的前提条件假设，这是研究者为了研究的需要而设定的。

另一类是某一领域研究的所有问题及结论得以成立的前提条件假设，

这种前提条件假设适用于该领域里所有问题的研究，比如经济学中的“经济人假设”。这是一种客观存在，就像自然规律一样，不需要研究者人为设定。本研究中的廉政审计学假设是指后者，即适用于廉政审计学领域里所有问题的前提，是廉政审计学的理论基础问题。

二、“无”的基本含义分析

假设，容易让人简单地理解为“人为设定”的意思。那么，假设到底是不是“人为设定”的意思呢？假设又到底是什么意思？假设是表示“有”，还是表示“没有”？“没有”就是“无”吗？“假设”与“无”又是什么关系？要弄清楚这些问题，那就应该对假设这一概念的性质进行深入的研究思考，必须弄清楚假设的哲学意义。

要想弄清楚假设的哲学意义，首先要弄清楚“无”的基本含义。“无”也并不是简单地表示“没有”或者“有”，“无”有三层含义。

第一层含义：“无，不必待有”。“无，不必待有”表示绝对没有，这意思是说以前未曾有过，现在也没有，估计以后也不可能有。既然没有，还要说它，叫“无中生有”，叫“元”“天”。如龟毛兔角，根本就没有，一旦有了，也就不是原来那个东西了，因为长毛者非“龟”、长角者非“兔”。《说文》曰，“无，通于元者”“天屈西北为无”。这个“无”就表示没有，其哲学意义是绝对没有的意思。

第二层含义：“有而后无”。“有而后无”表示相对于“有”而言它“没有”，意思是说本来是有的，但是现在没有了，叫“亡”。比如说，“我的笔到哪去了？刚才还在呢！”相对于“有”而存在的那个东西就是“亡”。按《说文》的解释就是“入”字加一个拐弯，表示人到了一个看不见的地方去了，这就是“无”。白居易的诗《问刘十九》：“绿蚁新醅酒，红泥小火炉，晚来天欲雪，能饮一杯无。”“能饮一杯无”就是问“你是来(肯定)？还是不来呀(否定)？”相对于“来”而言才有“不来”，相对于“饮”而言才有“不饮”。这个“无”就表示相对于“有”而言它“没有”，其哲学意义是相对没有的意思。

第三层含义：“虚而不无”。这句话完整的表述是“虚而不无，实而不有”。“虚而不无”的意思是说它是虚的，但不是没有；“实而不有”的意思是说它是实的，但确实看不见。“虚而不无”不是没有，而是大有的意思，如“一片荒芜”，就是太多太多。《说文》中有：“巫祝也，女能事无形以舞降神者也。象人两袖舞形，与工同意”。这个“无”就表示虽然看不见却无处不在无时不有，其哲学意义是绝对有的意思。

三、研究对象的含义分析

现在说说“假设”与“无”是什么关系的问题，即应该弄清楚所研究的“假设”是哪一个“无”的意思。从文化的视角看，道家说“无”，称“天下万物生于有，有生于无”(《道德经》)；理学家说“无”，称“本无”，讲“太极”的前面还有一个“无极”。

经济学家说“无”，称为“看不见的手”，意思是说市场就像一只看不见的手(或者无形的手)在调节商品价格从而形成供求规律。这只“看不见的手”，虽然看不见，无形无迹，但是谁也无法抗拒它巨大的调剂作用和能量，谁也无法否认它的客观存在。

管理学家说“无”，称为“假设”，会计学上叫“会计假设”、财务学上叫“财务假设”、审计学上就叫“审计假设”。这些都和上述经济学家所称“看不见的手”的意义相同，这些都是前述第三层“无”的含义，即“虚而不无，实而不有”的意思，虽然看不见却无处不在无时不有，表示绝对有的意思，表明一种客观存在。

也就是说，“看不见的手”是存在的，“会计假设”是存在的，“财务假设”是存在的，“审计假设”是存在的。假设就是一种客观存在，就像自然规律一样，不需要研究者人为设定，这就是本研究所说的假设的性质。

从这个意义上讲，廉政审计假设也是第三层“无”的含义，即“虚而不无，实而不有”的意思，表示绝对有的意思，即廉政审计假设也是一种客观存在。而且廉政审计假设这种客观存在的意义还远不止于此，借用道家的话“天下万物生于有，有生于无”来分析，这里面还有一个源或者称为“源头”的问题。“天下万物生于有，有生于无”中的这个“无”就是源头。廉政审计假设就具有这个“无”的源头意义。

可见，廉政审计假设的基本含义，讲的就是“虚而不无，实而不有”。其哲学意义是绝对有的意思，表示大有的意思，就是很有很有、比有还有的意思，是一种客观存在。而且，廉政审计假设这种客观存在的意义还在于它是一种源头意义，通俗地说，廉政审计假设就是廉政审计学理论研究的前提，换句话说就是廉政审计学理论研究的逻辑起点是廉政审计假设。

研究认为，廉政审计假设就是指客观存在于反腐倡廉环境中的无须言述而又可以不言自明的公理性质的前提性命题，这种命题是赖以构建廉政审计学理论结构的逻辑起点和前提。研究提出，廉政审计学的基本假设是人性向善假设。

第二节 人性向善假设

一、人性向善假设的含义

研究人性向善假设的含义问题，应分为两个环节或两个阶段来认识。第一，初始状态(出生环节)：要回答的是“人的本性是什么”的问题。第二，后天状态(生存阶段)：要回答的是“人生是什么”的问题。

(一)人的本性分析

我们先看一下现代商业社会里一件十分有趣的事情。有一位优秀的制衣师用同一块优质布料做了两件无差异的T恤衫。此时，这两件T恤衫“是一样的”，是无差异的。来了一位营销师，发现两件T恤衫质量都特别好。经某知名服装公司和某小地方的星星服装公司同意，将这两件T恤衫分别贴上该知名服装公司和星星服装公司的商标，结果会怎么样？结果是前者880元/件、后者120元/件，但前者很畅销，后者因不知名而无人问津。这里面包含的市场信息很多，本研究主要拟从人性的视角加以分析。

我们先撇开这件事所包含的丰富的市场信息不说，只说两点：第一，两件优质的无差异T恤衫——这讲的是生产质量问题；第二，某知名服装公司T恤衫880元/件很畅销，而星星服装公司T恤衫120元/件无人问津——这讲的是营销质量问题，讲的是两个环节或两个阶段的事情。当然，这是两个连续的环节和阶段里的质量问题。

我们研究人性向善假设的含义问题，也分为两个环节(或两个阶段)。第一，初始状态：回答“人的本性是什么”的问题，讲的是人出生环节的问题。第二，后天状态：回答“人生是什么”的问题，讲的是人的生存阶段的问题。

人的本性是什么？北京大学国家发展研究院张维迎教授是这样解释的：“宽泛点说，就是几乎所有人，都是以自我为中心的。我不一定说人是自私的，但是人是以自我为中心的，这一点上，亚里士多德和孔子这样看，亚当·斯密也这样看。事实上，所有的宗教都假定人是自我中心的，这与经济学的基本假设没什么不同。关于人性的假设，无论科学的、宗教的，古代的、现代的，中国的、外国的，都一样。亚当·斯密如果不假定人以自我为中心，就不会写出《道德情操论》，也不会写出《国富论》。同样，孔子如果不是假定人是自我中心的，就不会有儒家的道德伦理系统。正因为自我中心的这个本性可能带来问题，人类才需要被教导，才产生了宗教。”

儒家曾经有过人性善还是人性恶的争论，遵从“人之初，性本善，性相近，习相远”的教化，主张“修身、齐家、治国、平天下”。这意思就是说人之初，人的本性是相近的，善也好恶也罢，差别不大，修身养性树立人生理想才是更加重要的事，应该更加受重视。

研究认为，人性本善还是本恶是没有差异的，就像那两件优质的 T 恤衫的生产质量一样，是无差异的。人之初，性相近，全在接生者(最先看见婴儿的人)一念之间。所以，人的本性就是无差别的善。

(二)人的生存分析

在山西榆次古衙门有一副对联是这样写的：“百善孝为先，原心不原迹，原迹贫门无孝子；万恶淫为首，论迹不论心，论心世上无完人。”这里的“心”指人的本性，讲的是人之初生，是先天的；这里的“迹”指人的行为，讲的是人之生存，是后天的。意思就是说，判断一个人是不是孝子要看这人有没有孝顺的心，不能看这人给了父母多少物质如粮食、金钱、房子、车子等，若是这样的话穷孩子就当不了孝子。但是要判断一个人是不是恶人，就不能看这个人有没有恶的心了，而是要看这个人有没有恶的行，所谓“善以心论，恶以行断”。不然世界上就没有好人，全是恶人了。

世间的事可以分为三类：第一类是“无心之为”。有无心之过，所谓“吾虽不杀伯仁，伯仁因我而死。幽冥之中，负此良友”（《晋书·列传三十九》），也有意外收获，所谓“有心栽花花不开，无心插柳柳成荫”。第二类是“言不由衷”。这既有无意间被风闻者做断章取义的误解、曲解和讹传，也有善意的谎言、遮掩和瞒骗，还有有意的欺骗、恶意的谎言和刻意的歪曲。第三类是“相由心生”。它说的是心决定行，有什么样的心就会有什么样的行。

三类世事中，人的行为分两端，即善与恶。在前两类世事中，人的行为是善是恶，一目了然。可是，在第三类“相由心生”世事中，人的行为是善是恶就有些模糊了。“相由心生”说的是心决定行，恶的心生恶行，善的心生善事，有什么样的心就会有什么样的行，这无疑是正确的。然而，这不是与前述心无善恶之别的结论相悖了吗？

在三类世事中，第三类“相由心生”是最为普遍的一类。“相由心生”说的是心决定行为，可是这个“心”却不是指本性，而是指认识，即人们对事物的认识；指想法，即人内心的想法。有什么样的想法就会有什么样的言行，恶的想法就会产生恶的言行，善的想法就会产生善的言行，思想决定行为。所以说“相由心生”是三类世事中最为普遍的一类。不论是家庭、社会，还是法律规章、道德伦理、秩序规则等，所要规范的不过是人的行为，引导人们向善，而不是规范人的心（心性、本性），人的本性是无须规范也无法规范的。

研究认为，善恶之别不在心而在行，也就是说人的本性没有善恶的差别，即心性无善恶之别，善恶的差别在于人的行为，人的行为的善恶取决于人的内心认识和想法，人的内心认识和想法取决于人的后天教化。在后天教化中，教育、法律、道德、宗教、风俗、人心（良心）等都是向善而弃恶的。所以人心是向善的，人性是向善的，人性向善假设无疑具有一定的合理性的事实。

（三）儒道修身养性

儒家提倡修身慎独。“慎独”语出《中庸》，基本含义是一个人在独处无人注意时也要注意约束自己的言行符合道义。东汉郑玄注《中庸》“慎独”云：“慎其家居之所为。”人们一般把它理解为“在独处无人注意时，自己的行为也要谨慎不苟”（《辞海》），或者理解为“在独处时能谨慎不苟”（《辞源》）。慎独讲究个人道德修养的水平，看重个人品行操守的高洁，追求个人品性风范的境界，是个人修身立世自我约束的典范。

道家提倡养心归真，养心归真即心斋。“心斋”语出《庄子·人间世》，是战国时期庄子的哲学用语。心斋，讲究心无旁骛，讲的是人要摒除杂念，使自己的心境达到虚静纯一的境界才能明大道，就好比一个人只有先把屋子里的杂物打扫干净以后才可以放更多的东西，放下只是为了更好地拿起。

有则寓言，说的是颜回向孔子请教游说专横独断的卫国国君的方法的事，孔子叫他先做到“心斋”，并告诫他说这不是祭祀之斋，而是精神上的斋戒。有这样一段对话，回曰：“敢问心斋。”仲尼曰：“若一志，无听之以耳而听之以心，无听之以心而听之以气。听止于耳，心止于符。气也者，虚而待物者也。唯道集虚。虚者，心斋也。”西晋郭象注：“虚其心则至道集于怀也。”说的就是，弟子颜回请教自己的老师孔子怎样才能做到“心斋”，孔子就告诉他说，你应该先把心里的各种念头集中在一处，不要胡思乱想。等到这些念头归一之后就去听，先用耳听，再用心听，后用气听。气的本质是虚的，当神和气合而为一时，就要等待一件东西来和它集合，这件东西就是道，只有道这个东西常和太虚之气集合在一起，工夫如果做到心同太虚一样，就算是心斋。可见，一个人只有专心去静听、用心去体会、静心凝气去悟道，才可以达到修身立世应有的境界，并足以攻克世间一切堡垒。

有个故事，说的是子贡到南边的楚国游历，在返回晋国经过汉水的时候，看见一个老人正在菜园里整地开畦，打了一条地道直通井中，抱着水瓮浇水灌地，来来往往十分吃力且功效甚少。子贡好心告诉老人说有一种先进的工具叫作桔槔，每天可以浇灌上百个菜畦，用力少而功效颇多。老人问子贡应该怎么做，子贡进一步告诉老人说，用木料加工成机械，后面重而前面轻，提水就像从井中抽水似的，就像沸腾的水向外溢出来一样快速。老人这时面带怒色讥笑着说：我听我的老师说过这样的话，有了机械之类的东西必定会出现机巧之类的事，有了机巧之类的事必定会出现机变之类的心思，一个人若将机变的心思留存其胸怀，那么他纯洁空明的心境就会受到世俗的沾染，精神就不会专一安定，一个精神不能专一安定的人距离大道也就越来越远了。我不是不知道你所说的办法，而是不愿那样做。子贡听后满面羞愧，低下头去不再多言了。这就是《庄子·天地篇》中的"有机械者必有机事，有机事者必有机心"。

这个故事告诉人们一个道理，那就是科学技术就像一把双刃剑。给予人类的启示是：我们在享受科学技术所带来的利益时，也不应该忽视科学技术给人类带来的伤害。现代科学技术文明给人类带来的伤害有物质上的伤害，也有精神上的伤害。这种精神上的伤害表现为自我人格的失落、普世价值观的崩溃、人文精神的枯竭。这种精神上的伤害不仅表现为不同的国家之间、宗教之间、民族之间、文化之间的矛盾与冲突，而且表现为个人自我人格的矛盾与分裂。一个人从单纯到成熟，从无知到有识，修身养性、修为明心至关重要。一个高技能而低素质的人进入社会将会带来极大的社会风险，这样的人一旦误入公权力岗位将是一件十分可怕的事。

因此，我们提倡重新重视儒道修身养性，提倡人性向善的教化和生存规范。这是构建廉政审计学的理论基础问题。

二、人性向善假设的原概念价值

如前所述，假设就是一种存在，人们不可能向那些不准备接受讨论基础的人证明任何事物，廉政审计假设就是廉政审计学理论研究的逻辑起点。在此基础上，研究提出人性向善假设概念，并且把人性向善假设概念当作廉政审计学理论研究的原概念来研究和运用。

人性向善假设涉及人生的意义和价值。那么，人生的价值是什么呢？佛家有一个十分有趣的故事，这个故事十分简单（两个人的一问一答）而又玄机无限。

问："施主从哪里来？到哪里去？"

答："从来处来，到去处去。"

这一问一答，道尽人生。"从哪里来"问的是人的生命的源头；"到哪里去"问的则是人生的目标。两个问题同出一源、同载一体，却幻化出无限多姿的人生。

佛家常说"色即是空""四大皆空"。这个空就是无，无生万有，生生不息。比如说无颜色，才可以绘尽世间五颜六色，就像在一张白纸上可以描绘无限斑斓的色彩；无声音，才可以鸣尽世间七鼓八音，就像在一件管弦乐器上可以弹拨无限美妙的玄音；无形状，才可以铭尽世间九门十户，就像在一泓清水上可以倒影无限婀娜的倩姿；等等。这个空除了前述无的含义，还有一种含义：无差异，或者称为无差别。在源头上，人生本来没有差别，只是因为遗传、家庭环境、成长经历、受教育程度等才得以成就不同的多彩人生，因为多彩人生才铸就世间各门各户丰富多彩的家风。

生命从哪里来？唐朝诗人张若虚的《春江花月夜》有云："江天一色无纤尘，皎皎空中孤月轮。江畔何人初见月？江月何年初照人？"从文学的层面而言，这是意境幽远、文辞俊秀、美不胜收、妙不可言的诗作；从哲学的层面而言，这是智者对生命的源头在哪里这一人生问题所做的独具匠心、执着无奈、孤高凄苦、浪漫诗化的追问。研究认为，生命本无差别，初生时人性是平等的，人格是平等的，人权也是平等的。

生命本无差别，初生时人性是平等的。因而人性本善还是本恶已经不重要了，或者说人性本善还是本恶是无差别的，人之初生（源头）本无邪，善恶只在观看者一念之间而已。所以，人性本善还是本恶不重要，重要的是人的生存向何处去？世间芸芸众生，无论多么大奸大恶，总有善良之处，反之无论多么高贵善良，也总有不善良之处。人这一生，就其个体而言，任何人都无法简单地只用善抑或只用恶来描摹，每个人都总是善恶兼具的。只是人类文明的发展需要正能量，人生的真谛需要向善的教化。因而，人性向善假设不仅是现实的，而且是正义的。这就是人性向善假设的第一个现实意义。

生命本无差别，人格也是平等的。然而，人生充满机遇，人生是差异化的。就人的成长过程而言，其环境、机缘、经历、成就等都是差异化的，平等的人格被放置于差异化的成长过程之中。这类似“围棋人生”。据说在围棋对弈当中，每一次落棋子有至少160种可能，而弈者每次只选择其中的一种，棋局下到双方一致确认落棋子完毕时为终局，这需要160~200次，所以一局对弈至少有25600种可能的结局，而现实中每次对弈只出现其中的一种。所谓商机无限，只有抓住了的才是自己真正的机缘；人生无限，只有活出来的才是自己真正的精彩。在真实的结局面前，第一，差异化才是世事的常态，“相似”只是惊人的偶尔状态；第二，“胜者为王，败者为寇”才是生活的常态，“败亦英雄”只是局部的偶尔状态。可见，存在于差异化的过程之中的平等人格却时常受到不平等的对待(待遇)，这种不平等的对待(待遇)又会导致新的各种不同的发展机遇和可能，于是社会在各种冲突与协调中得以发展和进步。因此，人性向善假设不仅是公理(正义)的，而且是情理的。这就是人性向善假设的第二个现实意义。

生命本无差别，人权也是平等的。人生无限，只有活出来的才是自己真正的精彩，一个个精彩的人生虽然形成差异化的缤纷世界，但是人生的终极目标是一致的。就人类群体而言，居于人性本善前提，就会注重建立教化、宣传制度体系，同时尊重民族习俗，为人处世重情义。终极目标都是为了达成人与人之间和谐共存，享受平等的人格，享受平等的人权，即所谓的殊途而同归。因此，人性向善假设不仅是公理(正义)的、情理的，而且是法理的。这就是人性向善假设的第三个现实意义。

研究认为，基于人性向善假设建立廉政审计学理论体系，不仅符合逻辑，而且符合科学。

第三节 人性向善假设的现实价值

人性向善假设不仅是正义的、情理的、法理的，而且是现实的。人性向善假设现实价值包括人性中的社会性价值诉求、人性中的功能性价值诉求、人性中的权力性价值诉求、人性中的规律性价值诉求、人性中的自利性价值诉求、人性中的自我约束性价值诉求。

一、人性向善中的社会性价值诉求分析

现阶段，人类社会的物质文明和精神文明高度发展，而且十分美好和谐。但是，由于自身利益的存在，人们在追求自身利益时会产生不和谐，称之为人性向善中的利益冲突关系，小到人与人之间的争吵、家族村落之间的纠纷，大到国家、民族之间的战争，无一不是因利益的争端而引起。人类是高级的，懂得如何妥协、谈判和平息争端，因而人类的一切矛盾和争端最终又无一不因利益的相对平衡而化解，这就是人性向善中的社会性价值。那么，即便是处于如诗歌中所描述的那样美妙富裕、安定和谐的环境，又该如何去追求呢？人性向善中的社会性价值诉求分析，要求廉政审计学应该努力谋求人类和谐、自由、快乐的利益关系机制。

二、人性向善中的功能性价值诉求分析

人为什么要当官？可能是为了实现自身价值，可能是为了生活得体面一些，还可能是为了追求经济利益，即俗语所说的“为了挣钱养家”。人们对于同一件事情站在不同的角度看往往会有不同的认识，不同的人做同样的事情往往会因不同的认识而产生不同的结果，这就是人性向善中的功能性价值。

人类从争端到和谐，靠自律，更靠制度。人之初性相近，人性本善还是本恶是没有差异的，既然这时的性善就是性恶、性恶就是性善，为什么要说“人之初，性本善”，而不说“人之初，性本恶”呢？这种说法本身就是一种向善的人性，而且蕴藏着人生向善的教化思想，这种思想还是一种向善的人性。所以，廉政审计学崇尚人性向善，提倡反腐倡廉，监督人类腐败行为，人性向善中的功能性价值体现了一种善恶之间的监督冲突关系。人性向善中的功能性价值诉求分析，要求廉政审计学应该努力谋求对于腐败的监督治理机制。

三、人性向善中的权力性价值诉求分析

人当官是为了什么？可以是为人民群众谋福利，可以是为了做出成绩

光宗耀祖，可以是为了职责等，但绝对不可以是为了私利。公权力者也是（人性）向善的人生价值取向，在履行职责时会出现偏差，人性向善中的权力性价值体现了一种权力利益的冲突关系。人性向善中的权力性价值诉求分析，要求廉政审计学应该努力谋求治理腐败和制约人类腐败行为的审计制度机制。

四、人性向善中的规律性价值诉求分析

有的人为了大义可以舍身忘我，有的人为了小利可以和父母争吵，有的人为了职责顾不上自己的小家，有的人为了职位可以忘却职责。人的善恶之行并非天生的，而是逐渐形成的，腐败也有其渐进性，这就是人性向善中的规律性价值。人性向善中的规律性价值体现了一种生活冲突关系。人性向善中的规律性价值诉求分析，要求廉政审计学努力谋求治理腐败的预防监督机制。

五、人性向善中的自利性价值诉求分析

腐败有其渐进性，在刚参加工作时谁不是满腔热血怀报效之情，在刚上岗时谁不是想为民请命怀揣雄心壮志？但是，或因工作重复之疲态，或因打击之刺激，久而久之由纯真变得世故、由上进变得腐化。在刚刚接触意外的惊喜之时，又有谁不是小心权衡慎之又慎，或因物欲的刺激，或因亲属的不坚定，久而久之由廉洁迈向腐败，沾淤泥而深陷。这就是人性向善中的自利性价值。这种人性向善中的自利性价值失去约束的无限膨胀就是贪腐欲，人性向善中的自利性价值（贪腐欲）体现了一种情绪冲突关系。通过分析人性向善中的自利性价值（贪腐欲）诉求可以看出，贪腐欲无限的人，会失去自我约束的能力，因而心理出现不同于常人的特征。审计时应重视这些特征，未雨绸缪，防微杜渐，所以要求廉政审计学努力谋求治理腐败的预防监督机制。

六、人性向善中的自我约束性价值诉求分析

人生的价值是什么？人为什么要刻苦学习，努力工作，辛勤劳动，艰苦

奋斗？人生到底为了什么？有一句话讲得好，那就是“修身、齐家、治国、平天下”，有多大的能力就做多大的事，虽然不是每个人都能平天下，但人尽其才就是美好的人生。一个人若生前不能容于人，身后不能容于世，即便是拥有再多的学识、才华、理想、财富，那也只是空虚的人生。所以，既要懂得人贵有自知之明，又要懂得人贵慎独，前者讲的是如何最大限度地、高效率地实现自我人生价值，后者讲的是如何最大限度地、高质量地实现自我人生价值。这些都需要自我约束，这就是人性向善中的自我约束性价值。人性向善中的自我约束性价值体现了一种职责冲突关系。人性向善中的自我约束性价值诉求分析，要求创新教育机制，建立廉政审计人员规范。

第四章

廉政审计学目标

第一节　目标的性质

目标就是期望的成果，就是想要达到的境地或标准。从构成要素上看，目标的设计中应该包含达成目标的方法和应付出的代价。而不同的方法设计、不同的步骤安排及不同的代价标准，都会对达成目标与否、达成目标的时间、达成目标的效果等产生不一样的影响。审计目标就是审计活动要达到的境地和标准，也是审计行为的出发点或立足点。审计目标的确定受制于两个因素，一是社会的需求，二是业界自身的能力和水平。

一般认为，审计目标包含总目标和具体目标两个层次。总目标规范具体目标的内容，具体目标则是总目标的具体化。审计总目标既反映社会（审计环境）对审计的要求，也反映审计作用于社会（审计环境）的实质内容。

如前所述，廉政审计也是一种国家审计，所以，要研究廉政审计目标，要先回顾一下国家审计目标。

一、国家审计目标

《中华人民共和国宪法》第九十一条明确规定："国务院设立审计机关，对国务院各部门和地方各级政府的财政收支，对国家的财政金融机构和企业事业组织的财务收支，进行审计监督。审计机关在国务院总理领导下，依照法律规定独立行使审计监督权，不受其他行政机关、社会团体和个人的干涉。”

《中华人民共和国审计法》第二条规定：“国家实行审计监督制度。……国务院和县级以上地方人民政府设立审计机关。国务院各部门和地方各级人民政府及其各部门的财政收支，国有的金融机构和企业事业组织的财务收支，以及其他依照本法规定应当接受审计的财政收支、财务收支，依照本法规定接受审计监督。审计机关对前款所列财政收支或者财务收支的真实、合法和效益，依法进行审计监督。”

《中华人民共和国国家审计准则》第六条规定：“审计机关的主要工作目标是通过监督被审计单位财政收支、财务收支以及有关经济活动的真实性、合法性、效益性，维护国家经济安全，推进民主法治，促进廉政建设，保障国家经济和社会健康发展。真实性是指反映财政收支、财务收支以及有关经济活动的信息与实际情况相符合的程度。合法性是指财政收支、财务收支以及有关经济活动遵守法律、法规或者规章的情况。效益性是指财政收支、财务收支以及有关经济活动实现的经济效益、社会效益和环境效益。”

由此可见，我国国家审计目标可以概括为真实性、合法性和效益性。国家审计总目标是审计实践活动总体上应达到的境地或最终结果，它是各类型、各行业、各被审单位、各被审事项都必须要达到的目标，是各项具体目标的升华和提炼。它概括了各类型、各行业、各单位和各事项审计共同的要求，因而构成审计目标的最高层次。

二、廉政审计目标要求

首先，符合国家审计目标要求。廉政审计也是一种国家审计，所以，廉政审计目标设计应该符合国家审计目标的真实性、合法性和效益性要求。

其次，符合治理腐败目标要求。廉政审计是以发现腐败问题为导向的一种特殊审计，腐败是国家公职人员滥用权力的行为，反腐败是围绕权力的运行与规则、权力行使的责任与监督等问题所进行的考虑。因此，廉政审计目标应该是针对腐败的治理问题而设计的，廉政审计应该从权力运行必须受到法律的规范和制约出发，通过制度建设遏制腐败行为的发生而达成其目标。

最后，符合制度反腐目标要求。廉政审计是司职反腐败的专职审计，是制度反腐链中新的一环，是一种反腐败的审计制度安排和创新，这种制度创新的核心内容就是探讨审计、纪检监察协调配合的审计查处机制，研究以发现腐败问题为导向的特殊审计方法，鉴证公权力及其执行的真实性、合法性和效益性，形成一个全员不敢腐、不能腐、不想腐的制度机制。

第二节 廉政审计学基本目标

一、廉政审计学一般目标

廉政审计学一般目标就是要鉴证公权力者及其执行行为的真实性、合法性和效益性，以利于构建不敢腐、不能腐、不想腐的反腐倡廉治理制度运行机制，以利于实现人类生活环境的廉洁清明、和谐安逸。

真实性是指反映公权力者及其执行行为的信息与其履行岗位职责工作的实际情况相符合的程度。

合法性是指公权力者及其执行行为活动，公权力者履行其岗位职责的有关活动，遵守法律、法规或者规章的情况。

效益性是指公权力者及其执行行为活动，公权力者履行其岗位职责的有关活动，所实现的经济效益、社会效益和环境效益。

二、廉政审计学具体目标

廉政审计学具体目标包括两个层次的内容：一是责任审计目标，二是追究责任审计目标。

（一）责任审计目标

责任审计目标，监督鉴证公权力者履行其岗位职责的情况，包括公权力者履行其岗位职责的真实性、合法性和效益性。其目的是在鉴证落实公权力者履行其岗位职责的工作中预警腐败，以便预防或者为纪检监察提供线索。这种以预警腐败为目标的责任审计称为公权力者履行其岗位职责审计，可以分为任前责任审计、任中责任审计和任后责任审计。

任前责任审计。主要鉴证公权力者上岗前的责、能、勤、绩等各方面的表现及其所体现的综合素质与其拟上岗位的职责要求是否相符合，鉴证公权力者综合素质的潜力与其职业后续发展的要求是否相符合。重点注意对其工作胜任能力的鉴证。

任中责任审计。主要鉴证公权力者履行其岗位职责过程的真实性、合法性和效益性。重点注意对其工作胜任能力、工作责任心、廉洁之风、廉政建设行为进行监督鉴证。最好形成定期进行检查监督的审计制度机制，预警腐败。

任后责任审计。主要鉴证公权力者履行其岗位职责的真实性、合法性和效益性。重点注意对其工作成绩、廉洁风气、廉政建设行为进行监督鉴证。很多时候，任后责任审计又是任前责任审计，比如换岗、职务晋升等带来的离任审计。

不论是任前责任审计，还是任中责任审计和任后责任审计，都要严格对照岗位职责和本单位廉政建设指标要求，对公权力者履行其岗位职责的情况进行监督鉴证，预警腐败行为苗头，以便采取预防措施，对公权力者予以合理保护。对于已经发现的腐败线索要及时向纪检监察等相关部门反映和沟通。

（二）追究责任审计目标

追究责任审计目标，在监督鉴证公权力者履行其岗位职责的工作中，对于已经发现的腐败线索要及时向纪检监察等相关部门反映。如有工作需要，参与对腐败问题的审计检查工作，与纪检监察等相关机关联合工作，对腐败实施严厉打击和科学治理。这种以打击腐败、治理腐败为目标的责任审计称为公权力者接受纪检监察审计。廉政审计机关的职责主要有两项：一是为纪检监察机关提供腐败线索，二是必要时与纪检监察机关协同工作，依法履行审计职责。

为纪检监察机关提供腐败线索。如前所述，在对公权力者履行其岗位职责的行为实施责任审计中，形成定期进行检查监督的审计制度机制以预警腐败。对于定期检查监督的结果进行甄别，奖优罚劣，扬善惩恶，把发现的腐败线索及时向纪检监察等相关部门反映。

与纪检监察机关协同工作，依法履行审计职责。将定期检查监督的结果进行甄别分类，依次可以分为健康、亚健康、不健康等类别，对于健康的岗位建议表彰奖励，对于亚健康的岗位建议进行廉政教育，对于不健康的岗位建议进行廉政检查。需要进行廉政检查的不健康岗位应该及时向纪检监察等相关机关反映，必要时，可以参与纪检监察机关工作，依法履行审计职责。

相关研究内容的逻辑结构如图 4-1 所示。

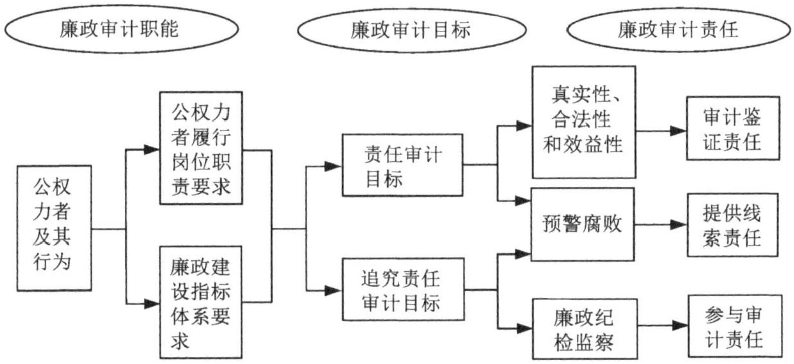

图 4-1　廉政审计目标预警腐败制度机制图

第三节　我国的反腐败目标

我国改革开放 40 余年来长期坚持反腐败斗争，其目的就是要构建不敢腐、不能腐、不想腐的有效机制。党的十九大报告作出“强化不敢腐的震慑，扎牢不能腐的笼子，增强不想腐的自觉，通过不懈努力换来海晏河清、朗朗乾坤”的战略部署。反腐败斗争的长期性、复杂性和艰巨性，决定了必须一体推进构建和完善不敢腐、不能腐、不想腐的制度机制。

一、“不敢腐”目标

在实现“不敢腐”目标中，廉政审计要依托反腐败国家立法根基，建立健全廉政审计制度体系，构建检查性监督方法体系，形成惩治性廉政审计制度机制。“不敢腐”目标要求公权力者依据真实性原则履行岗位职责。

党的十九大报告对反腐形势作出判断并明确目标：“当前，反腐败斗争形势依然严峻复杂，巩固压倒性态势、夺取压倒性胜利的决心必须坚如磐石。”

当今，腐败已是全球性的问题。中国在反腐方面取得了开创性、历史性成就，改变了一些多年难改的积习，树立了当今国家治理现代化的新风。在坚持“无禁区、全覆盖、零容忍”的同时，党的十九大报告又明确提出“重遏制、强高压、长震慑”，表明了我们持续反腐的坚定决心。

从控制效果上设计就是要提高腐败成本，从严从重惩治腐败，构筑“不敢腐”的心理防线。美国学者罗伯特·克利特提出了一个有关腐败问题的公式：

腐败动机=贿赂-道德损失-(被发现和制裁的机会+所受处罚)>薪金+廉洁的道德满足感

这个公式探讨了腐败受益、腐败成本和腐败动机之间的关系。从这个公式中我们能看到，实施腐败行为的精神刺激和内心动力的腐败动机，取决于腐败收益大小和腐败成本之间的对比关系。通过提高腐败成本，可以预防和遏制腐败心理的产生。因此，要加大对贪污腐败犯罪的查处力度，突出办案的重点，紧紧抓住职务犯罪的多发领域和重点部位；集中力量查办贪污、贿赂大案要案，严肃查办在行政审批、市场监管、社会管理、经济调节和公共服务过程中的职务犯罪，通过集中力量查办贪污、贿赂大案要案，编织“手莫伸，伸手必被捉”的法网，让贪腐者在政治上身败名裂，在经济上倾家荡产，在思想上后悔莫及。要破除侥幸心理，使行为主体不敢贪、不敢腐。

二、“不能腐”目标

在实现“不能腐”目标中，廉政审计要依托反腐败国家立法根基，建立健全廉政审计制度，构建预测性监督方法体系，形成廉政审计制度预防性机制。“不能腐”目标要求公权力者遵循合法性原则履行岗位职责。

完善法治，推进反腐败国家立法。推进反腐败国家立法是在法治轨道上深化反腐败斗争的迫切需要。党的十九大报告提出，推进反腐败国家立法，建设覆盖纪检监察系统的检举举报平台。

2018年3月20日，第十三届全国人民代表大会一次会议表决通过了《中华人民共和国监察法》，自公布之日起施行。此前，党的十九大明确提出，深化国家监察体制改革，将试点工作在全国推开，组建国家、省、市、县监察委员会，同党的纪律检查机关合署办公，实现对所有行使公权力的公职人员监察全覆盖。制定国家监察法，依法赋予监察委员会职责权限和调查手段，用留置代替“两规”措施。

深化政治巡视，坚持发现问题、形成震慑不动摇，建立巡视巡察上下联动的监督网。在市县党委建立巡察制度，加大整治群众身边腐败问题力度。

强化党自我净化能力，根本靠强化党的自我监督和群众监督。党的十九大报告提出，“健全党和国家监督体系”，工作目标是“构建党统一指挥、全面覆盖、权威高效的监督体系，把党内监督同国家机关监督、民主监督、司法监督、群众监督、舆论监督贯通起来，增强监督合力”。党的十九大报告阐述了这一体系的架构、布局和重点。

同时，制定科学完善的制度，严格制度的执行力，构筑“不能腐”的心理防线。制度反腐，重点在对公权力的监督和制约。监督公权力，首先要求权力透明。权钱交易总是要避开公众视线，制定科学完善的制度就是使权力尽可能公开透明，将权力运行置于众目睽睽之下，使腐败行为成为不可能。健全各项管理制度，使其“不能为”。通过制度创新和完善，堵塞制度漏洞，以遏制和消除职务犯罪的诱因。健全政务公开制度，将政府职能部门的决策过程向广大群众公开，提高决策透明度，遏制权力“寻租”机会，提供公开、公平、公正的环境。健全财务管理制度，加大对大额财务支出、大型投资项目的审计和检查力度，堵塞利用职务犯罪的漏洞。

三、“不想腐”目标

在实现“不想腐”目标中，廉政审计要依托反腐败国家立法根基，建立健全自律性廉政审计监督方法体系，形成以俸养廉的和谐体面生存的制度机制。“不想腐”目标要求公权力者遵循效益性原则履行岗位职责。

（一）养廉问题

公权力者遵循效益性原则履行岗位职责，首先面临如何养廉的问题。公权力者拥有支配资源的权力，资源配置于市场会产生巨额财富，即产生经济效益。公权力者以履行岗位职责为准绳，创造经济效益和财富的市场经营者以商业规则为准绳，通俗地说就是经济利益由市场交易者分享，而公权力者受相关法规和岗位职责所限而无法直接分享这份经济利益，心理就会出现偏差。因此，为了更好地促使公权力者遵循效益性原则履行岗位职责，就必须建立科学有效的养廉制度。我国清雍正年间耗羡归公后开始实行养廉银制度，当今世界也有如高薪养廉制度等成功范例。

（二）心理健康教育问题

美国著名社会心理学家亚伯拉罕·马斯洛的需要层次理论认为，人的五种基本需要按其满足的先后排列为：生理需要、安全需要、爱与归属需要、尊重需要、自我实现需要。人的很大一部分时间和精力都用于实现最基本但又尚未满足的需要，当这些基本需要相对满足后，才能注意到更高层次的精神需要。但在某些特殊情况下，也有人为了追求高级的精神需要而自愿牺牲低级的基本需要。需要是有机体内部的一种不平衡状态，表现为有机体对内部环境或外部生活条件的一种稳定的要求。经济基础决定上层建筑，精神境界的提升必须以基本物质需要的满足为前提。因此，在现实条件下，政府应该建立收入激励机制。当然，领导干部作为人民的公仆，其最高需要应该体现在社会价值上。党员干部要注重操守，崇尚高尚，不断升华自己的需要，把为最广大人民群众谋利益作为自己最高的精神追求。

强化心理健康教育，构筑“不想腐”的心理防线。构筑防范腐败心理，贵在心理意识自觉不愿腐败。目前，公务员心理健康问题，已经是影响政府行政效能提高和导致公务员职务犯罪的重要原因。据中国公务员心理健康网披露的《公务员心理健康现状研究》，我国公务员近年来心理健康问题日渐严峻。只有党员干部保持健康的心理状态，才能有效疏导单位人员和下属的心理，有效预防职务犯罪的发生。心理学研究表明，人对压力的容忍力是有限的。心理压力是很多不良行为产生的重要原因。我们要进行心理健康教育，构建心理咨询体系，通过心理健康教育和心理治疗手段来缓解和释放领导干部的心理压力，防止病态心理的出现。要关注领导干部的心理发展状况，培养党员干部良好的心理素质，使其掌握解决自己心理问题的方法和技巧，学会心理适调方法，增强心理抗压能力，塑造健康、阳光的人格。

(三)履行岗位职责问题

实现了“不想腐”，人们会想什么？应该想如何遵循效益性原则履行岗位职责。廉政审计学就是依托反腐败国家立法根基，建立健全廉政审计制度体系，构建检查性监督方法体系、预测性监督方法体系、自律性监督方法体系，形成廉政审计制度惩治性监督机制、预防性监督机制、和谐性生存机制。

四、从严治党

党纪严于法律。2015 年印发的《中国共产党廉洁自律准则》(以下简称《准则》)和 2023 年修订的《中国共产党纪律处分条例》(以下简称《条例》)，为全面从严治党树立了道德高线和纪律底线，备受各界关注。在党的十八大落实全面从严治党的背景下，《条例》修订的重大意义主要表现在：通过制度的刚性和建设性力量，真正实现让党员干部从“不敢腐、不能腐”到“不想腐”。立德向善，立规惩恶，《准则》和《条例》的出台，进一步扎紧了管党治党的“笼子”。

第一，树立一条道德高线。

《准则》将适用范围扩大到全体党员。其中，对党员领导干部的自律规范，不再限于“廉洁从政”，而是扩展到“廉洁用权”“廉洁修身”“廉洁齐家”等方面。《条例》的修订，无论是名称还是内容都有较大变化，形成了党执政以来第一部坚持正面倡导、面向全体党员的党内廉洁自律规范，也向全体党员发出了道德宣示，对全国人民作出了庄严承诺。

第二，厘清一份负面清单。

以问题为导向修订《中国共产党纪律处分条例》。一是增加了拉帮结派、对抗组织审查、搞无原则一团和气，非组织活动、不如实向组织说明问题、不执行请示报告制度、不如实报告个人有关事项，权权交易、利用职权或者职务上的影响为亲属和身边工作人员牟利，侵害群众利益、漠视群众诉求、强迫命令、办事不公、侵害群众民主权利，党组织履行全面从严治党主体责任不力、工作失职，生活奢靡、违背社会公序良俗等违纪条款。二是删除了原条例中70余条与法律法规重复的规定，代之以党组织和党员必须“模范遵守国家法律法规”，党组织和党员“违反国家法律法规”“都必须受到追究”等专门规定，以实现党纪与国法的既相互分开又有效衔接。三是将现行条例规定的10类违纪行为整合修订为6类，分为对违反政治纪律、组织纪律、廉洁纪律、群众纪律、工作纪律、生活纪律行为的处分。把党章关于纪律的要求具体化，并在分则各章中按照同类相近和从重到轻的原则进行排序。

第三，传递一个明确信号。

纪法分开，纪在法前，纪严于法。《条例》的修订，删除了70余条与刑法、治安管理处罚法等法律法规重复的内容。修订后，《条例》从原来的3编、15章、178条、24000余字缩减为3编、11章、133条、17000余字。例如，之前与刑法等重合的贪污贿赂、失职渎职等内容，不再单独规定于党纪中。

这次修订，落实了全面从严治党、党要管党的要求，强化违纪查处，为党纪“加码”，在法律之前为党员划定纪律底线，从小错抓起，不让党纪严于国法沦为空话。《条例》修订的精神已经在纪委执纪当中有所体现。划定红线强调追责，明确政治纪律和规矩。例如，中央纪委对原河北省委书记周本顺涉嫌严重违法违纪的通报中，首先提到的就是严重违反政治纪律和政治规矩，在重大问题上发表违背中央精神的言论，不认真落实党风廉政建设主体责任，干扰、妨碍组织审查；严重违反组织纪律，为提拔职务进行非组织活动，违规选拔任用干部，隐瞒不报个人有关事项等。

第四，十八大以来成果制度化：全面从严治党成常态。

《条例》将党的十八大以来严明政治纪律和政治规矩、组织纪律、落实中央八项规定、反对“四风”等全面从严治党的实践成果制度化、常态化。《条例》明确增加了一些违纪条款，比如在工作纪律方面增加党组织履行全面从严治党主体责任不力、工作失职等；在违反生活纪律方面增加了生活奢靡、违背社会公序良俗等。例如，党的十八大以来，查处了不少党员干部大吃大喝、出入高档会所、打高尔夫等违反中央八项规定问题，而大吃大喝在以前的纪律处分条例中没有具体明确的表述。新修订的条例明确对超标准、超范围接待或者借机大吃大喝等相关责任进行处分，一旦违反将依条例严格查处，对党员的约束力明显增强。

全面从严治党，越往后执行纪律越严。制度创新源于实践创新，回顾近年来查处的典型案例，有助于广大党员以案例诠释纪律，深入理解条例新增的违反政治纪律、组织纪律、廉洁纪律、群众纪律、工作纪律、生活纪律 6 类“负面清单”，认清找准纪律的“底线”。

违反政治纪律：拉帮结派、对抗组织审查、搞无原则一团和气等。例如，2014 年是山西历史上极不寻常的一年，“系统性、塌方式”的严重腐败震惊全国，7 名省级领导干部被立案调查，全年处分市厅级干部 45 人、县处级干部 545 人。领导干部身陷“圈子”，沦为利益链条上的“提线木偶”，最终陷入“一端端一窝”的家族式腐败和“一倒倒一片”的塌方式腐败的泥淖。拉帮结派、搞圈子文化，教训十分深刻。“对抗组织审查”的案例，也不鲜见。中央纪委监察部曾通报称，山西省政协原副主席令政策“存在干扰、妨碍组织审查的行为”。

违反组织纪律：非组织活动、不如实向组织说明问题、不执行请示报告制度，不如实报告个人有关事项等。例如，中央纪委对第十八届中央候补委员、内蒙古自治区党委原常委、自治区政府原副主席潘逸阳严重违纪问题进行了立案审查。潘逸阳严重违反政治纪律和政治规矩，进行非组织政治活动，不如实向组织说明问题；严重违反组织纪律，为谋求个人职务调整，送给他人财物等。党的十八大后，中央加强领导干部个人有关事项报告的制度建设，实行“凡提必查”制度，进一步加大抽查核实力度。

违反廉洁纪律：权权交易、利用职权或者职务影响为亲属和身边工作人员谋利等。例如，2012 年 6 月，江苏省徐州市经贸委原副主任朱志东因犯受贿罪、行贿罪，数罪并罚被判处有期徒刑 12 年。再如，朱志东腐败案中，结识徐州市委原副书记、组织部原部长陆某，朱志东得以被任命为市经贸委副主任，并将职级提拔为正处级。

违反群众纪律：侵害群众利益、漠视群众诉求、强迫命令、办事不公、侵害群众民主权利等。“小官大贪”的贪腐行为多发生在群众身边，是近年来打击腐败的重点之一。例如，近年来，先有国家能源局煤炭司原副司长魏鹏远家中搜出现金折合人民币 2 亿余元，后有北戴河供水总公司原总经理马超群家中搜出现金上亿元、黄金 37 公斤。再如，2015 年 9 月，山西省通报了 5 起群众身边的“四风”和腐败问题，其中包括吕梁市汾阳市三泉镇李家街村党支部原书记、村委会原主任张建兵侵占公有财产问题。

违反工作纪律：党组织履行全面从严治党主体责任不力、工作失职等。例如，湖北省地税局原局长许建国因落实主体责任不力被免职。再如，河南省纪委立案查处了新乡市委原常委、市政府原常务副市长贾全明等 3 名厅级领导干部，由于相关违纪违法行为主要发生在李庆贵担任新乡市委书记期间，河南省委研究决定，给予李庆贵党内严重警告处分，免去其领导职务。

违反生活纪律：生活奢靡、违背社会公序良俗等。少数党员干部，不能严以律己，落入了生活奢靡、违背社会公序良俗的泥淖。例如，河北省委原书记、省人大常委会原主任周本顺严重违纪被开除党籍和公职。其被查出的问题，包括严重违反中央八项规定精神，超标准公务接待、公款吃喝，频繁出入私人会所，生活奢侈、挥霍浪费。

第四节　世界各国的反腐败经验

腐败，不仅是一个历史性问题，而且是当今世界的现实性问题。联合国前秘书长潘基文将腐败定性为与恐怖主义、气候变暖同等级别的“全球性威胁”，可见腐败的危害是世界性的。潘基文先生还说：“腐败减少机会，造成普遍的不平等。腐败损害人权和良政，抑制经济增长，扭曲市场。腐败加剧环境问题，助长危险废物非法倾弃和动植物非法贸易。但腐败并不是什么巨大的非人力量，而是产生于人为的决定，往往受贪婪驱使。幸运的是，人们有办法反击腐败。”

一、世界上“最干净”国家的反腐败经验

透明国际（TI）是一个监察贪污腐败的国际非政府组织。从 1995 年起，透明国际制定和每年公布清廉指数，提供一个可供比较的国际贪污状况列表。通俗地说，透明国际每年都通过清廉指数为世界各国的廉政状况进行打分评价。在透明国际公布的 2012 全球清廉指数排名的 176 个国家和地区中，新西兰、丹麦和芬兰并列第一，而且，新西兰已经连续七年蝉联第一；索马里和阿富汗则并列倒数第一。

根据透明国际 2018 年全球清廉指数排名的数据，欧洲是最清廉的大陆地区，而非洲则深陷政府高层的腐败行为泥淖中。丹麦是清廉指数最高的国家，索马里是世界上最腐败的国家，美国自 2011 年来首次被排除在清廉指数前 20 名之外。其中，索马里被评为最腐败的国家，分数为 10 分，许多被评为最腐败、严重腐败的国家都处于战争肆虐状态，说明战争蹂躏了政府民主，打破了政府反腐败的希望。

1. 新西兰

新西兰被称为全球最清廉的国家。比如，2011 年 2 月 5 日，时任新西兰房屋部部长的希特利约同事朋友到自己家共进晚餐时，发现家里没酒了，

他便到超市去买酒，却发现没有带钱包。于是他便使用了一张政府专用的信用卡支付了1000新西兰元(折合人民币5300元)买酒的钱，并于报销的时候谎称用于公务接待。一周后，此举被政府审计人员发现并上报，审计长立即成立以自己为组长的专案调查组予以查实，加之媒体的报道，希特利退还酒钱、公开道歉，并引咎辞职。在新西兰，1000新西兰元就丢官，1000新西兰元就将一位多年致力于住房改革、把房价长年维持在太平洋地区最低水平、备受赞誉的部长拉下马，可见其反腐败之严厉和细致超乎人们想象。

健全且保持独立性的司法体系，是新西兰保持清廉的“杀手锏”。1982年通过的《官方信息法》保证了政府行为的公开透明，1988年通过了《国家部门法》，之后的公务员系统将很多职能转移或下放给半官方或民间机构，政府机关只扮演政策统筹和调控的角色，不涉足具体公务运作。这种“小政府、大社会”的架构，从根源上断绝了钱权交易和滥用权力的可能性。1989年，新西兰又通过《公共财政法》，规定了高度透明和详细明确的预算制度。

2. 丹麦

在丹麦，深入人心的廉政文化、平等的宗教传统和对防腐拒腐系统教育的重视，有效遏制和减少了人们对金钱的心理需求，使反腐败变成一种理所当然的社会心理和社会现象。这促成了丹麦的清廉，使丹麦在联合国首次发布的“全球幸福指数”排名中，当选“最幸福国家”。

每年，丹麦都会花大量人力、物力培训丹麦企业，教它们如何应对腐败环境。年轻大学生一进入公务员系统，首先面对的就是接二连三的培训。如果琢磨着走后门或请客送礼，反而会让对方觉得人格受到侮辱，让事情办不成，这是一条不可逾越的道德底线。

上至皇亲国戚，下至平民百姓，丹麦人的收入差距并不太大，人人都可在网上查到皇室成员的财产预算和支出。丹麦的皇宫，只有外观朴素的四栋小楼，民众与车辆可以自由穿梭其间。

2008年11月，丹麦出台刑法修正案，明确将“向政府官员行贿和政府官员受贿行为”视为犯罪，向外国官员行贿，同样是犯罪行为。同时，企业若出于商业目的为政府官员安排旅行、特殊服务及赠送礼品，都属于犯罪行为，即便是被对方拒绝了也视为犯罪。这些都为丹麦的清廉提供了法律和制度上的保证。

3. 芬兰

芬兰，细化到琐碎、严格到苛刻的制度规定，是最好的“防腐剂”。芬兰法律规定，公务员不得以任何借口接受他人赠送的任何礼物。即便是关系特殊的私交，礼物价值也不能超过 25 美元，而且需要上网申报。这样的规定同样适用于公务员“吃请”，一般来说，喝杯啤酒或吃个三明治没有什么问题，但如果喝了葡萄酒，问题就大了。

如果有人突破了这个“最低标准”，被人举报了，那就不但毁了名声、砸了饭碗，还会锒铛入狱，官员们因此绝不敢轻易触碰腐败这根“高压线”。在芬兰，“即使是白开水，也一定得数好了能喝几杯”。

世界上这三个“最干净”国家反腐败的成功应该归功于“政府的政治意愿”“立法机制对公务员的强力约束”“公众行为对规则的重视”。英国《独立报》认为，广泛细致的规范、透明的公开制度、强大的舆论监督、高度法治化的控权制度和良好的廉政文化，是这三个国家共同的反腐败经验。

二、部分国家的反腐败经验

1. 瑞典

瑞典是世界上实行官员财产申报制度较早的国家之一。在瑞典，相关信息披露是否涉及秘密是有明文规定的。

1766 年，瑞典便已成为全世界第一个实行政务公开的国家。自此，政府或公共机构的书面公务资料、公函、财务报告等，只要不属于国家机密，都必须向公众和媒体公开。瑞典政府的公务员，也都要按法律规定将购买房屋等大宗家庭资产的情况“广而告之”。任何一个瑞典公民都有权查阅任何官员、企业高层管理人员，甚至王室成员的资产和纳税情况。为了限制政府对信息的自由裁量权，瑞典专门制定《保密法》，详细地列举了哪些信息属于国家机密，哪些信息可以公开，这就避免了相关部门以国家安全为由，有意向公众隐瞒非涉密信息。

1995年10月，时任瑞典副首相的萨林用公务信用卡购买了几盒巧克力，被记者一直追查到银行，并调出萨林的全部刷卡消费记录，有根有据地指责萨林“挪用公款”，使这位很有前途的年轻副首相引咎辞职。

2006年，瑞典首相新提名的几位大臣，先后因被邻居、家电销售商、记者等举报有偷漏雇主税、不缴纳电视费等行为递交辞呈。

2. 俄罗斯

面对国内的腐败局面，2006年，普京几次撤换贪污腐败的官员，创下一天撤掉17名腐败高官的纪录；2010年，有6000多名俄罗斯官员因为隐瞒自己的真实收入受到纪律处分；2011年上半年，有包括州长、副州长在内的2800多名官员因为腐败被免职。但这一切看似严厉的举措还是收效甚微。俄罗斯反贪组织2011年8月发布的调查报告显示，俄罗斯官员贪腐金额总数已占GDP的50%，俄罗斯80%以上的官员有腐败行为。这意味着俄罗斯人民每创造1卢布的财富，就有0.5卢布被不良官员们以各种名义纳入自己的腰包。

在这种状况下，俄罗斯制定了其史上最严厉的反腐法案。禁止各级官员（包括总统、总理、内阁成员和各级议会的议员）及其配偶和未成年子女在国外拥有各类资产和账户，包括股票、有价证券、不动产或外国账户，离职官员3年内不得拥有国外资产，违者将被追究刑责。从2013年1月1日起，上述人员只有在他们的子女需要支付医药费或学费时才可以在外国银行开账户。除了不能有海外账户外，还不能有外国配偶，子女不能出国留学。

普京说：“我们不仅需要在政府最高层打击腐败，谈论国防部所发生的，同时我们也关注有关部门的工作人员在大街上和城市里向人们敲诈钱财，牢记这些令人们感到担忧的情况。我们还需要关注社会领域发生的情况，如在教育和医疗领域，尽管谈论这些令人感到不适。”

3. 新加坡

在新加坡，公务员即便没钱也要进行财产申报，其高昂的腐败成本，令新加坡的公务员们对腐败行为望而却步。比如，早在1990年，新加坡商业事务局前局长格林奈因两项“说谎罪”被判入狱3个月，并开除公职，永不录用。有媒体计算，他不仅失去了每月2万新加坡元的职位津贴，还被取消了50万新加坡元的公积金和30万新加坡元的退休金，腐败成本在当年就超过了80万新加坡元(约合400万元人民币)。

在反腐机制上，新加坡建立了公务员的终身财产申报制。每名公务员在初次上任及以后的每年7月，都必须重新申报财产情况。除了个人的不动产、银行存款、法律允许的股票、债券投资等，一定价值的珠宝首饰、家用设备、古玩等也要申报。此外，还需申报配偶等家庭成员的财产状况。一位在新加坡从事法律工作的人说：“从成为公务员开始到离职，公务员几乎时刻被监控着。”

更加严格的是，公务员不仅财产要报告，没有财产也要及时向上级汇报。每名公务员在初任公职时，都需要签署一份声明书，声明他没有财务方面的困境。如果一名公务员未担保的债务超过其3个月的薪资，或者面临破产程序时，要立即告知所在部门的常务秘书长。公务员如果真的陷入财务困境，就可能面临被革职的纪律处分。

同时，新加坡设立的贪污调查局，拥有警方调查的所有权力。在执行重大任务时，该局可动用武力搜查任何地方、任何账目。公务员被发现有贪腐行为的，将面临最高10万新加坡元的罚款、最高7年有期徒刑的处罚。

另外，新加坡还明确规定，公务员不得收受礼品：因为退休而接受下级所赠的礼品必须申报，且所受礼品不得超过50美元；如果接受属下人员的款待活动，则必须报告款待的时间和地点，款待活动必须适度，不能超过款待者每人月工资的2%。

4. 美国

透明国际2018年的全球清廉指数显示，美国的腐败程度在上升，清廉指数下降4分，美国自2011年来首次失去清廉指数前20名的位置。

在美国，联邦调查局(FBI)有权调查任何公务员涉嫌腐败的案件。美国政府雇员多达350万人，其中美国联邦政府道德办公室(OGE)编制75名，占比0.000021%，OGE在其庞大行政部门序列中只是一个微型部级单位。然而，OGE却在美国政府的廉政建设中发挥着重要作用，OGE一年一度的联邦行政官员财产审核工作，更是被视为对各级官员进行的年度廉政测试，测试通过与否，直接决定着官员的去留。

美国针对政府政治任命的官员设立公开财产申报制度。美国政府政治任命的官员相当于我国担任厅、局级职务以上的官员，民众可以在网上看到政府高级官员的财产申报内容。秘密财产申报则针对联邦行政部门中职务不高，但处于关键岗位且涉及许多独立决策过程的雇员，如涉及设备采购、许可证发放等工作岗位的人员，他们的财产情况虽不需像政治任命的官员那样在网络上公开，但OGE会对这些人的财产申报情况进行严格审核，以预防潜在的利益冲突。

美国政府内部还有一项《行政部门雇员道德行为准则》(以下简称《行为准则》)，对行政部门雇员在工作中可能产生的利益冲突，如与企业打交道、上下级之间送礼、第二职业等进行了详细的限制和说明。《行为准则》规定，雇员每次从同一渠道接受对方主动提供的礼品，总市场价值不得超过20美元。

另外，根据1978年《监察长法案》，美国联邦政府行政部门都设有监察长一职，监察长对本部门的雇员有调查权和建议权。

5. 日本

日本拥有一支比较清廉、精干的公务员队伍，具有相对较为完备的防治贪污犯罪的法律制度。第二次世界大战后日本曾经发生震动政坛的四大腐败案例，即昭和电工公司行贿案、洛克希德公司跨国行贿案、利库路特公司行贿案和造船业行贿案。在日本，由政治家、官僚和企业组成的“腐败三角”一直是反腐败的重点和难点。不过2015年透明国际公布的廉洁指数中，日本排第18名，这说明日本政府在努力解决腐败问题，并取得了快速的成效，尤其是在公务员制度、预防贪污腐败犯罪的立法体系的建立方面发挥了相当重要的作用。

日本的防治贪污腐败犯罪法律体系比较系统、详细，可操作性很强，是非过错、罪与罚的界定非常清楚，对某一贪污腐败犯罪行为的适用法律清晰明了、针对性强，真正做到了有法可依。《日本刑法典》关于贪污受贿等犯罪问题有着周密详尽的规定，以受贿为例，不仅规定了事前和事后受贿罪，而且对于将要和曾经是公务员的人的受贿犯罪也予以规定。以《国家公务员惩戒规则》《举报人保护法》《防止腐败法》《关于整顿经济关系罪责的法律》为代表的一系列行政法律法规的颁布，也为预防贪污腐败犯罪提供了支持。

除此以外，日本为防止政治政党腐败，单独制定了组织选举法律；为惩戒官员职务腐败，出台了公务行政法规；为杜绝商业贿赂腐败，颁布了财务审计监督法令。日本反腐败相关立法覆盖了政治、经济、社会等各个领域，涉及面非常广泛，法律规定全面，建立起了全社会共同预防和打击腐败行为的综合法律体系。

6. 越南

越南 2005 年就已经出台《反腐败法》，并在 2007 年进行了修订。这部法律的最大亮点是财产申报制度，根据规定，越南国会代表与政府官员必须公布收入、房地产、海外资产、账户及其他个人财物，如车辆、价值超过 3100 美元的证券等。而且，规定除适用于越南国会代表与候补代表、高级警官与军官外，国家、省、市、县级政府、国有企业所有副处级以上的干部也在审查范围之内。

在 2007 年进行修订时，越南《反腐败法》还修改了保护腐败举报人的内容。2011 年，政府又通过了一部揭发法，进一步加强了对举报人的保护和重金奖励。越南政府高层认为，揭发检举腐败现象是一件很危险的事，很多人不敢举报官员腐败，怕被官员打击报复，所以国家通过法律为检举人提供保护，发现有对举报人有报复行为的，法律将给予重判，并按腐败官员的贪腐金额的比例奖励举报人。越南大刀阔斧的改革，得到了国际社会的认可，越南推行的体制改革，中央及各级党委不干涉司法审判工作；禁止政府官员兼职国会代表；最高法院可审理党政高级领导干部的腐败案件，越共中央完全不干预审判工作；实行“阳光法案”，国会代表和政府官员必须申报个人财产；取消户籍制；等等。

越南在修订《反腐败法》之后，增加了财产和收入申报的种类。越南现在是官员公示个人财产的138个国家之一，虽然公示的年限不及其他国家，但惩罚腐败的力度让世界震惊。惩治腐败的部分细节，包括官员贪腐折合人民币3百多元就会被判入狱；腐败金额达到人民币6万元时，就会被判死刑；如果退休官员被查出来在职时有腐败问题，首先会停止退休金的发放，并取消所有退休待遇，等等，每一项都是很严厉的。除了房产、土地和价值3000万越盾(约合人民币1万元)以上的贵重金属、现金、有价证券及海外资产，新法还要求申报内容包括土地、房屋和建筑附着物等资产。此外，申报人若年内有财产和收入变动的，也要进行补充申报。

越南的《反腐败法》对腐败行为人的惩罚也作出了具体规定。《反腐败法》规定，腐败行为人无论担任何种职务，无论是否已退休、辞职和调动到其他岗位工作，都必须依法严格进行责任追查。单位负责人对其职责范围内的腐败案件负有直接责任；副职领导对其分管领域发生的腐败行为负有直接责任；对发生腐败的单位负责人进行问责。越南在《反腐败法》执行上绝不对腐败分子做任何减轻处罚的让步，被判刑的腐败官员不会在狱中获得减刑。有一位越南能源部原部长被查出来腐败金额达到6000美元，折合人民币3万多元，被判14年。

越南政府高层表示，《反腐败法》修订后的财产公示与其修订之前执行的不同，修订后的《反腐败法》涉及范围更广、力度更大。几乎所有的国家公职人员都参与其中，且检查力度十分大，不存在任何漏网的可能性。

7. 意大利

从1992年开始，意大利就开展了大规模反腐败行动，“净手运动”查出1200多起贪污腐败案件，除了8名前总理、300多名议员，还有5000多名经济界和政界人士，腐败官员覆盖各层级。反腐国际组织透明国际曾公布全球腐败指数排名，其中意大利稳居第70位左右，成为“最腐败的发达国家”。

不过在意大利反腐败国家管理局公布的2016年至2019年的反腐数据中，152起贪腐案中有117人获刑，其中47人为中高级政要，20人为地方市长。意大利的行政区划为“行政区—省—市”三级，地方市相当于中国的区市县，级别看似不高，但这20个市长所在地大部分都是百万人口的大市镇，在当地颇有影响力。这一方面得益于反腐败新规注重预防和惩罚措施并重，赋予了反腐败国家管理局更大的权力，同时也得益于该局的局长拉法埃莱·坎托内坚持不懈的反腐败努力。2012年，意大利政府透明度和廉洁度评估独立委员会更名为反腐败国家管理局，通过密集出台新规，严惩腐败，又扩大了管理局的调查权，改变了意大利的整体反腐败格局。

2014年，意大利正在筹备米兰世博会，而工程竞标领域历来都是意大利腐败“重灾区”，坎托内首先为世博会项目制定了合同审批等一系列反腐败监控措施。实践表明这些措施确实有效，不久，米兰一个特殊的犯罪网络被揪出来。这一犯罪网络的成员专门操控政府项目，搞权钱交易，与世博会相关的项目便是这伙人经手的“买卖”之一。

2015年底意大利出台反腐败新规，规定涉案的官员一旦被认定犯贪腐罪，所付罚金将等同于其受贿所得；负责调查和审理涉及国有企业腐败案件的检察官必须向反腐败国家管理局局长汇报案情；组织腐败案件的主犯和从犯将面临最高达26年的囚禁等。几乎在所有意大利重大的反腐败中，都能看到反腐败国家管理局的身影。2017年意大利在移民接收方面将投入30亿欧元(约合227亿元人民币)资金。一个黑手党组织长期控制其中部分移民收容中心，侵吞上千万欧元移民资金。意大利为此开展针对难民收容中心乱象的“琼尼行动”，逮捕68名嫌疑人，没收总额8400万欧元(约合6.4亿元人民币)的财物。

对于意大利的腐败现象，除政客与黑社会、商界相互勾结，以及司法程序繁复低效之外，另一个重要原因在于腐败与意大利文化存在深刻关联，在意大利人看来，官员腐败，并不意味着其一定会失去民心，有些官员即便曾经犯罪，仍可东山再起，甚至继续身处要职。

在反腐败国家管理局的推动下，意大利在《反腐败新规》中规定凡是因涉腐罪名被判两年及以上监禁者，永远不得担任公职，永远不得参与公共项目竞标；被判两年以下监禁者，禁止担任公职或参与公共项目竞标的期限则为 5 年至 7 年。而其中的涉腐，既包括收受贿赂、侵吞公款等直接腐败，也包括挑唆腐败、玩忽职守等间接腐败。

意大利政坛的腐败问题根深蒂固，想要根治绝非一朝一夕。欧洲委员会下设反腐机构在 2018 年底也曾发布一份报告，直言意大利公共部门的腐败现象仍然严重，“眼下尤其需要加强打击议员群体的腐败活动”。报告称该机构先前向意大利提供了一些防范议员腐败的整治建议，但是这些建议尚未得到完全落实，正在敦促意大利新一届议会加速整改。

此外，意大利各个政党及政治组织收受捐款的监管得到加强，以期打击牵涉政治献金的腐败案件，提升了公共领域透明度。

8. 法国

在全球范围中，法国整体政治经济环境较为廉洁，但是，若将范围缩小到发达国家尤其是欧洲国家来看，法国的腐败问题则较为严重。长期以来，法国 CPI 排名均低于欧洲邻国，同时，法国因落实反腐败国际条约不力，不断受到国际组织批评。近年来法国不断立法，并对刑事实体法和刑事程序法内容不断改进。法国《萨宾第二法案》在修缮腐败惩治机制的基础上，着力创新腐败预防机制，将法国腐败治理标准水平国际化，是世界腐败治理现代化、法治化的典型例证。

一是完善威慑与剥夺效应机制，增设犯罪具体类型，完善组织体刑事责任。引入特殊资格刑、职业禁止制度。法国刑法的刑罚个别化原则在腐败犯罪中体现较为明显，尤其是附加刑。对于自然人而言，最具代表性的是禁止在最长 5 年期限内担任公职或从事犯罪活动所在或所涉职业的社会活动。对于法人而言，最具代表性的是禁止在最长 5 年期限内从事一项或多项职业或社会活动，并置于司法监督之下，关闭实施犯罪所使用公司的一个或多个机构及订立公共采购合同。

二是强化发现与追惩能力机制，建立特殊管辖制度及特殊侦查起诉制度和先烈审判制度。引入“事先认罪出庭程序”，允许检察官和法官不经审判即主动或应被告人或其律师的要求，对承认被指控罪行的法人或自然人处以一种或多种刑罚，对于违反律师客户保密特权的监听措施所获得的通话录音，法国最高司法法院认定能够作为腐败犯罪的证据使用。另外，为提高发现腐败犯罪的效率，规定犯罪人举报的奖励措施等。

三是对以预防为中心的腐败治理机制进行创新。尽管法国从 1993 年开始就高度重视预防腐败立法，然而，由于缺乏完善的惩治机制作为强有力后盾，执法机构的独立性不高，实际效果难以彰显。直至 2016 年《萨宾第二法案》颁行，才真正体现出“法国以坚定的政治决心，通过一切形式与腐败进行斗争”。法国的腐败主要是高层政客腐败，大型企业复杂的跨国巨额资金的非法操作行为，以及与其相伴的洗钱、金融诈骗、偷税漏税等集团性犯罪现象。组织实体的预防腐败机制是法国此次立法改革的重中之重。制订了作为事前预防措施的反腐败合规性规定，以及完善预防腐败机构监督权限。包括：界定并说明可能被视为贿赂或利用影响力贿赂的不同类型的行为、收集雇员关于存在违反法人行为准则的行为或情况的举报、定期更新风险绘图资料等，旨在识别、分析和排列以诱惑法人贿赂为目的的外部风险，尤其是根据活动部门和法人经营业务的地理区域而对客户、一级供应商和中介机构就风险绘图方面的情况进行监督，这种监督主要针对最容易受到贿赂和影响交易风险的高管及职员。

四是法国腐败治理机制的协同优化合理。“法国法的整个语境现在正在变得能够包含一个更大的法律规范渊源的多样性。”《萨宾第二法案》正是法国充分吸收经验主义法律实践并系统切入理性主义法律体系的立法创新，成为全球范围内积极治理模式改革的典型范例，充分体现出“惩治与预防兼顾、预防为主”的治理理念。在腐败惩治机制得以巩固和强化的基础上，《萨宾第二法案》创新反腐败合规机制，针对现代公共权力架构，积极扩展预防措施的作用场域，深化预防措施的作用效果。

《萨宾第二法案》施行以来，法国已连续出台多项法令具体规定法国反腐败局的职责权限、调查手段和机构设置。《萨宾第二法案》中的反腐败合规，具有丰富的刑事合规内涵和价值。法国法越来越重视庭审替代措施作为刑事案件解决方法，并不代表其目标是放弃刑罚，而只是突出达成以成本较低的解决方法来换取对案件的快速清理的政策意愿。根据《萨宾第二法案》的规定，公共利益司法协议与合规计划刑的内容是相同的，但是，前者适用的罪名范围更广，期限更短，且缔约法人不会留下犯罪记录。

三、世界反腐败模式借鉴

世界各国和各地区的反腐败模式各有差异，都是在其自身的文化历史、政治制度、法律体系等综合背景下形成的。反腐败模式必须立足于国情发展，而不能照搬模仿。但是，先进的反腐败做法和经验可以借鉴，一方面借鉴这些国家相对完善的反腐败制度体系，另一方面借鉴这些国家的廉政文化建设经验，以及公众参与反腐败斗争的实践经验。

在全球性的反腐败模式中，有两种非常典型的模式：北欧模式和亚洲模式。北欧国家清廉程度显示，腐败治理整体水平略好，它们的共性体现在：廉洁的公务员队伍、信息透明、文化上跟其他国家的差异及政治制度的差异使它们成为一个很廉洁的国家，这就是北欧模式。

亚洲模式的成功之处在于有一个独立的反腐败机构和高薪养廉制度。在亚洲有两个典型——新加坡和中国香港，是全球普遍认为反腐败成功的范例。

反腐败的机构、反腐败的法律和反腐败的战略是最能体现一个国家的反腐败模式的，因为机构是用来执行反腐败的政策的，能够真正把一个国家的反腐败思路落到实处。在过去 10 年中，全球各地区的反腐败机构数量从 50 多个增加到 150 多个，很清晰地反映出世界各国对反腐败都是高度重视的。在亚洲 47 个国家中，除了日本、土耳其、土库曼斯坦等少数几个国家没有成立专门的反腐败机构之外，其他国家都有专门的反腐败机构。最典型的是中国香港、新加坡和泰国，中国香港有廉政公署，新加坡有反腐败调查局，泰国有反腐败委员会。在欧洲，瑞典作为世界上的清廉国家之一，有议会检察专员。在美国有监察机关和联邦调查局，美国反腐败机构来自政府；还有仅仅针对美国高层官员的独立检察官，比如美国总统和副总统一旦出现问题，独立检察官就可以启动调查。

从法律角度来说，每个国家反腐败体系不大一样。有的国家由国家法律统筹，有的国家有政府行政法规，有的国家还有地方性法规，中国和越南还有执政党的条例。中国香港反腐败法的特点是规定得特别明确，所以香港特区政府公职人员的自我约束力是很强的，因为其严格执行制度规定。反腐败宣传教育做得最好的，还是中国香港，香港地铁播放的宣传片都是与反腐败有关的内容，而且非常生动，用非常精练的语言、图像和故事表明哪些行为不能做。新加坡反贪污调查局具有高效率、独立性、很专业的特点，并且与法律紧密结合在一起，比如《新加坡预防腐败法》。

除此之外，各个地区都有公约，比如联合国反腐败公约，欧洲、非洲也有反腐败公约。

综上所述，先进的反腐败模式，应该具备健全的反腐败制度体系、强有力的反腐败机构、有效的反腐败制度运行机制、卓越的反腐败队伍、科学的反腐败教育体制、良好的民众参与机制、优秀的廉洁文化环境等。让治理腐败成为人们坚定的决心，廉洁生活成为人们向往的心声，腐败行为将无处遁形。

第五章

廉政审计学对象

第一节　廉政审计学对象的特殊性

廉政审计工作是审计机关协同纪检监察等机关，对腐败高发多发领域、重点部门、重点项目和资金，以发现腐败问题为审计导向，预防、揭露和打击国家公职人员职务、经济等各类渎职犯罪行为的特种审计工作。廉政审计的主体是审计人，即廉政审计机关及其人员；廉政审计的客体是廉政审计对象，即国家公职人员及其职责，特别是握有相当权力的、具备高腐败风险的部门及其人员、资金和资源等。因此，廉政审计学对象有其特殊性。

一、公权力者身份特征

腐败的基本特征是权力腐败——滥用公权力以谋取私人的利益。党的十六大报告中在谈到加强对权力的制约和监督时明确指出：要“从决策和执行等环节加强对权力的监督”，“重点加强对领导干部特别是主要领导干部的监督，加强对人财物管理和使用的监督”。因此，廉政审计对象是国家公职人员及其履行职责的廉政状况，特别是那些握有相当权力的、具备高腐败风险的单位和部门领导干部。这些公权力者身份特殊，公权力者身份的基本特征是位高权重，这些公权力者履行其岗位职责时依据行政规范和程序，而市场经营者的交易行为则依据市场商业规则，二者的工作以资源配置为纽带而产生关联，就可能会滋生滥用公权力以谋取私利的腐败行为。

目前，关于国家公职人员范围争议颇多，准确界定国家公职人员有利于有效开展廉政审计工作。本研究把国家公职人员界定为国家工作人员，按照《中华人民共和国刑法》第九十三条规定："本法所称国家工作人员，是指国家机关中从事公务的人员。国有公司、企业、事业单位、人民团体中从事公务的人员和国家机关、国有公司、企业、事业单位委派到非国有公司、企业、事业单位、社会团体从事公务的人员，以及其他依照法律从事公务的人员，以国家工作人员论。"

从国家公职人员定义看，范围比较广，实施廉政审计既要全面覆盖，又要有所侧重、有所选择。应将国家政府部门、重点企事业单位的国家公职人员，特别是握有相当权力的、具备高腐败风险的部门及其人员确定为廉政审计的重点对象。例如身处腐败高发多发领域、重点部门，掌握重点项目和资金的国家公职人员，传统高发腐败领域的大型国有企业、金融系统，交通、基本建设投资等资金高度密集领域，文教卫生等关系民生的行业，电力、电信等垄断行业的国家公职人员，以及当前群众关注的司法和行政执法等部门。

根据当前反腐败斗争经验，各单位主要岗位上的领导干部往往更具有腐败的条件和机会，是腐败案件中的大要案件高发对象，他们的腐败行为极大地损害着国家的社会经济利益，严重危害他人利益。因此，廉政审计学首先应该集中力量，抓住主要矛盾，重点防治这些主要岗位上的领导干部的腐败行为，即所谓把权力关进制度的"笼子"里。但是，随着制度的不断完善，廉政审计工作一定要从重点防治这些主要岗位上的领导干部扩展、延伸到全部国家公职人员，实现廉政审计在领导干部、企业法定代表人等人群中全面覆盖，达成实践与理论相一致和相契合。

二、少数人行为特征

如前所述，因为不是人人都腐败，所以廉政审计可以先重点后全面覆盖，同时从重点到全员。在历史长河中，人类社会文明高度发展和进步，就足以说明人性向善而非向恶，人类善行是主流而恶行只是偶然，天理良心、正义、正气所展现的是人类行为的常态而腐败行为只是特殊状态，这就是公权力者中的少数人行为特征。

少数人行为特征说明腐败只是少数人中的违背法律法规和岗位职责、职业道德的行为，这是一种恶劣的自私行为，对社会、对他人危害极大。廉政审计学就是要针对这种恶劣的危害社会和他人的行为开展监督工作，根据少数人行为特征实施廉政审计方法和程序，有效地检查、惩处和预防腐败行为。

三、私(贪)欲行为特征

腐败行为界定为国家公权力的异化和滥用。即在公权力的运行中，握有实权的领导者或工作人员非法使用职权，谋取私利，从而侵犯国家和公众利益的行为。

腐败行为源于人的自利性、自私性和贪欲。就公权力者而言，其自利性、自私性和贪欲若能使其客观公正地履行其岗位职责，那么发挥的就是积极的、进步的、正能量的价值，是人性善的价值，是应该大力提倡的。只有当其以权谋私时，这种自利性、自私性和贪欲产生的就是腐败行为，产生的是消极的、损人的、负面的影响，是人性恶的价值，是应该严厉打击的。

第二节　廉政审计学一般对象

审计学的对象就是被审计者。本研究从一般对象和具体对象两个层面来阐述廉政审计学对象问题。研究认为，廉政审计学的一般对象就是公权力、公权力者及公权力者行为。

一、公权力

公权力，是人类命运共同体(诸如国家、社团、国际组织等)为生产、分配和供给公共物品和公共服务(包括制度、安全、秩序、社会基础设施等)，促进、维护和实现社会公平正义，而对共同体成员进行组织、指挥、管理，对共同体事务进行决策、立法和执行的权力。可见，公权力是为了维护和增进公益而设立的权力，公权力除了同样具有权力的强制性、不对等性、利益性和社会性等一般特征外，还具有以下特殊性。

首先，公权力所有者和行使者的分离性。公权力是社会的基本权利，公权力的所有者是全体社会成员而非个人，公权力的行使者却是相应岗位上的工作者，因此，公权力的所有者和行使者是分离的。换句话说，人民(公民)才是公权力的拥有者，公务人员只是公权力的使用者。所以，公权力来源于社会成员，公权力者只是代行人民群众的公益职责。

其次，公权力主体和客体的利益目标公益性。公权力的主体以国家机构为主，同时还包括非政府公共组织；公权力的客体是全社会的公共事务。公权力运用的根本目标是维护和追求全社会的公众利益。

公权力是社会的基本权利，公权力来源于社会成员，存在于社会关系中，作用于社会，维持一定的社会基本秩序，它是政治权力、经济权力、文化权力的综合，对政治、经济、文化都产生关键的影响，公权力有利于保障个人权利的实现和促进社会的文明与进步。公权力是廉政审计监督的一般对象，这是一个理论范畴的含义，还应落实到公权力者及公权力者行为之上。

二、公权力者行为

公权力者，指拥有并行使公权力的人，包括领导和普通工作职员，比如行政单位、事业单位、国有企业等的相关人员。公权力者是廉政审计监督的一般对象，这具有现实意义。

公权力者行为，指公权力者履行其岗位职责的过程和结果，涉及法规、规范、职责、资源、资金、效益、利益、社会价值及其影响等。廉政审计学就是针对公权力者及其行为以发现腐败问题为导向而开展的特种审计监督。

在实践中，有些公权力者行为会导致公权力异化。所谓公权力异化，是指公权力失去约束，偏离法律规范的轨道而变成个人或个别集团牟取私利、损害公共利益的工具和力量。在目前我国社会里，有可能出现的公权力异化主要有公权力官僚化、公权力私有化、公权力商品化等。

公权力官僚化。在我国实行改革开放以来的几十年间，人们普遍解放思想、锐意进取，但有一些公职人员和干部官僚习气十足，办事拖拉效率低，推诿责任不作为，甚至视国家的宝贵财产和人民的切身利益如同儿戏，玩忽职守，给国家造成重大损失，给老百姓造成严重伤害，给社会带来严重危害性。

公权力私有化。在我国几十年的改革开放实践中，一些公权力者将公权力逐渐变为自己的私有权力。比如，在生活上，有的人利用手中的公权力为其家属、子女、亲友在招工、招干、分配、调动、提职、晋级等方面谋求制度规定以外的特殊照顾；有的人利用手中的公权力多占住房，或者用公款装修私有住房；等等。又比如，在经济上，有的政府管理部门把职责范围内的服务项目分离出去，成立“影子公司”之类的公司或营利组织，以收取所谓咨询费、代办费等从中提成获取私利；有的人把责任义务变成有偿服务牟取私利；等等。这种公权力私有化行为，在政治上、作风上同样有所表现，在社会上和老百姓心中造成了不良影响。这些公权力私有化现象给社会带来的危害极大。

公权力商品化。在我国几十年的改革开放实践中，一些公权力者在市场经济浪潮中的负面因素的影响下，将国家和人民赋予的公权力作为工作中的筹码，不给好处不办事，甚至有时候给了好处还乱办事，损人利己，伤害他人；还有少数掌握人、财、物实权或者身居要职的人员，将公权力异化为商品，将其当作交易中的筹码，大搞权钱交易、权色交易；等等。这些现象不仅损害社会和他人利益，而且伤风败俗，造成严重的不良影响。

公权力异化和失衡催生了腐败行为，廉政审计学就是针对公权力者及其行为而开展的审计监督，而且是以发现腐败问题为导向而开展的特种审计监督。

三、公权力者行为的失衡与失范

(一) 贪欲导致公权力失衡

从本源上讲，公权力来源于人民（公民）。公权力的产生是为了维护社会公共秩序，增进社会公共利益。合法的公权力本质上是一定范围内社会成员的部分权利的让渡，或者说一定范围内社会成员的授权，所以公权力来源于私权力，它是私权力实现的手段与保障。

公权力的运行过程实际上就是把权力的运行机制应用到经济、社会公共事务的管理之中，进而实现一定的经济、社会目标。公权力是一种特殊的权力形式，它为适应社会生活的需要、满足社会需求、处理公共事务而产生，并以法律的形式稳定下来。法律是人类经过长期的生活实践后最终选择的行为模式和社会运行规则。

人有上进心，通过勤奋努力和执着追求，凭借毅力走向成功。青春理想无限美好，年轻人十分单纯可爱，入职时雄心壮志奉公无私，但随着时间的流逝，或因重复工作出现疲态，或因遭受打击而受刺激，从纯正变得世故，从上进逐渐腐化。这时，人手中的权力就会逐渐向着非公平、非正义倾斜。而且，人在刚刚接触到意外惊喜时，还能做到权衡小心、慎之又慎，但随着时间的流逝，或因自身物欲的膨胀，或因亲属对廉洁把持的不坚定，从私欲变得贪婪，从贪婪变得腐败。这时人手中的权力就会变成谋取私利的工具而严重失去平衡。

(二) 公权力失衡催生腐败

公权力是人民赋予公共机构行使的管理公共事务的政治权力，但是，由于公权力支配着巨大的垄断性资源，随着公权力的使用，公权力主体可能会使公权力表现出扩张的内在本能，容易背离公权力的行使应以公共福利为目的的初衷而产生政治腐败。通常表现为政府官员行使权力不是按照法律规范与政治公德谋求公共利益的实现，而是谋求私人和小团体利益。

公权力腐败不仅表现在使用公权力来做谋取私利的交易、把权力当作自己谋取利益的工具，而且还表现在用人上的腐败，选人不凭才干、用人不凭实绩、荐人不凭公认、任职不依程序，把用人看作是自己家事一样用所谓自己的人。

从现实上看，各类腐败现象已经在全球规范内频发，腐败的动因多种多样，并非单一的政治失意经济补偿，腐败形态主要是官商勾结，却也表现为丰富多样，比如分赃不均、情人怨怼等都是助推官员落马的催化剂。

从主观上讲，这是丧失信仰、角色偏离、自律瘫痪的表现。

从客观上讲，这是制度不到位、监督不到位、监督管理信息不到位的表现。归根结底是权力失衡的结果。

(三)生命自由秩序规范

人的生命是自由的，可是人的行为是需要规范的，提倡善行而摒弃恶行。规范需要制度，广义的制度就是秩序，包括法律法规、具体规章制度、职业道德、公德习俗等。宁要没有自由的秩序，不要没有秩序的自由。所以，为了防腐、治腐、反腐的需要，应该在制度均衡框架中建立科学的廉政审计学制度。

第三节　廉政审计的具体对象

按照法律规定，审计机关应当对所有公共资金、国有资产、国有资源管理使用的真实、合法、效益情况，依法进行审计监督，实现审计监督全覆盖。廉政审计就是以发现腐败问题为导向而开展的真实性、合法性、效益性的审计监督。

一、廉政审计对象的主要内容

廉政审计学主要是对公共资金、国有资产、国有资源和领导干部履行经济责任情况等进行审计，所以，廉政审计学对象的主要内容十分丰富，包括相关单位、个人和事，即公权力者和公权力者行为。

具体来说，廉政审计学对象的主要内容有：国务院各部门、地方人民政府及其各部门；国有及国有资本占控股地位或主导地位的金融机构；国有及国有资本占控股地位或主导地位的企业；国家事业组织和使用财政资金的其他事业组织；政府投资和以政府投资为主的建设项目；政府部门管理的和其他单位受政府委托管理的社会保障基金、社会捐赠资金以及其他有关基金、资金；国际组织和外国政府援助、贷款项目；经本级人民政府批准的其他取得财政资金的单位和项目；与国家财政收支有关的特定事项；党政主要领导干部和国有企业领导人员；依法属于审计对象的其他管理使用公共资金、国有资产、国有资源的单位等。

二、廉政审计对象的主要表现方式

廉政审计就是以发现腐败问题为导向而开展的对上述主要内容真实性、合法性、效益性的审计监督，涉及两个层面：一是企事业单位，二是公权力者个人。

涉及企事业单位的廉政审计，可以包含财经法纪审计、经济责任审计、离任审计、专项资金项目审计、专项事项项目审计等多个领域的内容。

涉及权力者个人的廉政审计，应该涵盖一切公权力岗位及其履行岗位职责的行为。

权力运用在造福人类的同时也充满了各种诱惑，当这些诱惑突破道德边界的时候，权力就成为腐败的源头，权力存在的地方，就是腐败风险最高的地方。曾经有人对我国 15 年来 100 多个腐败案件、168 人的腐败典型案例材料进行分类统计，结果显示：96%的不合规，甚至舞弊、贪污、贿赂案件发生在审批权、市场客服与销售权、人事权、采购权、放行权、计量权、财务权、拥有关键信息 8 项权力的行使过程中。详见表 5-1。

表 5-1　权力腐败表现形式分类表

权力类型	腐败形式	腐败对象
利用审批权舞弊、贪污、贿赂	1. 把对外业务招待专设在自己经营的美食酒楼。 2. 私揽工程，利用公司人力、物力进行施工。 3. 利用职权，乘分包之便利，收受外包单位和业务往来单位贿赂。 4. 插手材料采购，抬高采购价，从供应商处套取现金。 5. 一意孤行，独断专行，私自决策公司对外合作经营，给公司造成接二连三的经济损失。 6. 实地调查认证不够，违反集体决策原则，冒险个人决断，带给公司经济损失。 7. 私自决策，承接问题工程项目，带给公司经济损失。 8. 未经集体决策和考察，私自决策建立分支机构，挂靠经营。 9. 未经上级领导同意和分公司集体决策，擅自低价处置公司房产，获取好处费。 10. 向下属单位索要。 11. 采用欺骗手段挪用公款用于个人从事营业活动。 12. 公章管理使用失控，被外协单位欺骗，形成虚假债务纠纷。 13. 在审定供应商名册中收受材料和分包商贿赂。 14. 在招标采购过程中收受供应商、分包商贿赂。 15. 在材料款拨付过程中收受贿赂。 16. 在分包工程结算过程中收受贿赂。 17. 在合同变更过程中，收受供应商、分包商贿赂。 18. 未经请示报告，擅自对外提供贷款责任担保。 19. 私自让公司对外提供合同担保。 20. 安排直系亲属在自己管辖范围工作。 21. 隐瞒真实材料，骗取虚假公司资产清盘审计报告，转移国有资产。 22. 默许亲属等利益冲突方在公司范围的项目部内部开店营利。 23. 进行工程挂靠，收受外协单位的贿赂。 24. 收受外协单位好处费，定向确定联营分包、采购、租赁合作方。 25. 掌握审批权又兼出纳，将业主支付工程款提现使用，自审批自报销。 26. 不经审批，超标准建办公设施。 27. 授权亲属以公司资质承接订单。 28. 私刻公章和法人代表印章对外承接订单。 29. 违反“三重一大”决策制度，个人决定项目管理模式和责任人。 30. 违反集体决策原则，个人独断专行。 31. 分包工程、采购订单、租赁交给亲属等有利益冲突关系的人。 32. 收受供应商婚宴礼金。 33. 擅自私刻项目部公章和财务专用章，擅自私刻公章和法人代表印章，导致形成对外虚假债务纠纷。 34. 推荐关系或亲属单位投标。 35. 利用职务为分包方工程结算提供便利，收受好处费。 36. 在确定废旧物资收购方审核过程中，收受贿赂。 37. 在材料验收审核过程中收受供应商贿赂。	公权力者

续表5-1

权力类型	腐败形式	腐败对象
利用市场客服与销售实权舞弊、贪污、贿赂	1. 向广告媒体投放虚假产品或服务信息。 2. 向客户直接介绍虚假产品或服务信息。 3. 向客户隐瞒产品或服务的真实优惠信息，个人截流。 4. 以用于客户服务名义报销市场开拓和销售费用。 5. 报销非公司营销活动开支。 6. 实施商业行贿，影响客户在决策、采购实施、放行、计量、财务资金等方面的活动和获得这些活动密切相关的关键商务信息。 7. 实施商业攻关，同时自己截流。 8. 将公司预算的专项销售费用用于个人开支。 9. 与其他投标人陪标，获得陪标费用归个人占用。 10 与其他投标人串标。 11. 召集其他投标人进行围标。 12. 私下出借企业投标资质，获得利益归个人所有。 13. 将获得的客户订单全部或部分归入个人关系公司生产经营。	公权力者
利用人事实权舞弊、贪污、贿赂	1. 领取兼职工资。 2. 收受贿赂，给下属调换住房、调整职位。 3. 编假工资表报账套取公款。 4. 私自任命分支机构负责人。 5. 私招滥雇项目工作人员。 6. 通过调高个人社险缴费基数，多占公司社险费。 7. 为内部人员工作调动而收受贿赂。 8. 安排亲属进工程项目管账。 9. 为内部人员办理人事关系而收受好处费。	公权力者
利用采购实权舞弊、贪污、贿赂	1. 收受好处，舞弊将亲属、近关系朋友供应商、分包商、租赁商列入公司合格名册，享有在公司采购分包招投标中优先投标资格。 2. 逃避竞争性招标，采取直接议标或者少于 3 家进行采购分包，照顾亲属、近关系朋友，收受贿赂。 3. 通过评标标准舞弊，针对亲属、近关系朋友供应商、分包商、租赁商特征量体裁衣确定评标标准，照顾关系方中标。 4. 收受贿赂，在投标人资格审查中，将亲属、近关系朋友供应商、分包商、租赁商确定为投标人，为围标、陪标创造条件。 5. 贪污侵占材料采购、加工回扣和好处费。 6. 直接接受供应商采购回扣。 7. 越权采购材料收受回扣。 8. 找设计院更改特定材料型号。 9. 以签合同为要挟吃拿卡要。 10. 在材料采购、定价工作过程中收受贿赂。 11. 领导人员购买设备租给本单位租赁使用而谋利。 12. 以包代管，引起分包商材料款连带支付责任，给公司带来经济损失。	公权力者

续表5-1

权力类型	腐败形式	腐败对象
利用采购实权舞弊、贪污、贿赂	13. 内部集资采购原材料倒卖给自管项目谋取价差。 14. 个人购买钢管向公司内部项目租赁。 15. 利用采购，开虚假发票和阴阳发票，重复报账等冒领公款。 16. 利用采购、分包，与供应商、分包商内外勾结敛财。 17. 以既付租金又购买方式，个人占有设备资产。 18. 分包招标走形式，中标单位内定。 19. 在亲属、近关系朋友中选择供应商、分包商。 20. 材料和财务勾结合议，开虚假采购发票报销，侵占公款。 21. 各岗位人员争相各自采购，收取供应商采购回扣或者贿赂。 22. 不按照采购招标程序采购和分包。 23. 采购分包不签订分包合同。 24. 给亲属、近关系朋友分包工程。 25. 变工程项目为个人承包。 26. 不按照程序严格执行招标，超高价签订采购、分包合同。 27. 不按照公司租赁制度和合同管理规定，不经过尽职审查调查，不签合同，与外单位形成实质租赁关系，导致公司资产损失。 28. 收受设备供应商、分包商贿赂，为他们谋取利益提供方便。 29. 以解决经营费用为由，签订虚假分包合同。 30. 收受材料商、分包商贿赂，为他们谋取利益(调高价格)。 31. 擅自增加、变更采购、分包合同内容。 32. 干预招标采购，与外协作单位串通谋取利益。 33. 违反采购招标回避制度，确定采购、分包对象。 34. 私自签订采购协议。 35. 私自招揽分包方。 36. 私自增加分包内容或提高分包价格。 37. 盲目采购，材料价格虚高。 38. 向材料商借款。 39. 有意向确定废旧物资收购方。	公权力者
利用放行实权舞弊、贪污、贿赂	1. 偷运库房原材料建私房。 2. 收受供应商好处费，包庇供货不及时。 3. 私自处理报废固定资产。 4. 让亲属质次价高供应材料。 5. 利用材料采购和验收便利，以次充好。 6. 冒充领导和经办人员签字进行材料验收。 7. 仓库管理过程中，材料被盗卖和浪费现象严重。 8. 租赁工具设备丢失赔偿大。 9. 直接侵占项目设备资产。 10. 验收材料过程中不严格，出现材料质量隐患。 11. 私自处理废旧物资、废旧设备。 12. 无出厂材料质量原始证明书或张冠李戴，点收材料。 13. 内外勾结，出假材料检验报告，蒙混过关。 14. 以放行为由吃拿卡要。	公权力者

续表5-1

权力类型	腐败形式	腐败对象
利用计量实权舞弊、贪污、贿赂	1. 与运输商勾结，利用公司空白验收单从供应商处提货，倒卖非法获利。 2. 在检重过磅过程中，作弊多计量物资。 3. 开假入库验收单，无实物入库。 4. 通过外包单位提取资金私分，事后多结算或者减少分包管理费。 5. 伪造材料，办理入库验收手续。 6. 加大分包工程结算套取资金，支付业务招待、奖金、过节费等。 7. 不据实验收结算，修改规格型号，按高价结算，收受材料商贿赂。 8. 在租赁过程中虚报租金，阴阳票据骗取公款。 9. 利用采购验收物资，虚报验收量冒领公款。 10. 利用工程结算收受外协单位贿赂。 11. 购买假发票，私刻两公章，模仿其他材料人员和项目经理签字，以多家供应商名义办理虚假入库手续。 12. 出具工程分包假决算书，虚列成本，套取资金。 13. 分包实施过程中，材料使用混乱无记录。 14. 出入库无手续，随意增加减少出入库物资数量。 15. 材料领用记录不全。 16. 代理供应商进行物资结算，收取好处费。 17. 串通技术、会计，编制虚假分包工程结算单，套取公款。 18. 伪造与业主客户的虚假工程结算书，隐藏转移客户支付款。 19. 伪造分包结算单，套取公款。 20. 结算单审批走形式。 21. 多开工程计量单。 22. 做假分包工程结算，获得分包商好处费。 23. 开具假材料发票，获得供应商好处费。 24. 做分包假签证，收受分包方贿赂。 25. 收受贿赂，为分包方在工程管理、计量等方面提供方便。 26. 收受贿赂，为特定分包方工程计量、结算谋取利益。 27. 与材料商分包商勾结开假发票，办理分包工程假结算套取公款。 28. 编制虚假财务票据和结算单据，套取公款。 29. 收受材料商、分包商贿赂，为他们谋取利益(增加计量)。 30. 干预、调整分包结算价格和数量。 31. 不严格控制物资进场数量，虚增、多签收料单据。 32. 不严格进行盘点和消耗管理。 33. 在材料计量工作过程中进行舞弊计量，收受供应商贿赂。 34. 为分包工程计量、签证补签提供便利，收受分包方贿赂。 35. 虚增材料款套取公款。 36. 虚增分包工程量套取公款。 37. 处理废旧物资时少计量，收受贿赂。 38. 对进场的运送物资的运输车辆不进行严格的检查，与送货人勾结，循环进场多计量、多签收料单据。	公权力者

续表5-1

权力类型	腐败形式	腐败对象
利用财务实权舞弊、贪污、贿赂	1. 转移挪用采购、租赁、外包分项工程款。 2. 利用废旧材料处理、工期奖、材料折扣等积攒设账外“小金库”，挪为私用。 3. 在收取甲方工程款过程中，以如向甲方要垫资款利息则甲方不支付工程款为幌子，蒙骗领导签免收利息协议，从中收取甲方好处。 4. 会计出纳同一人，资金在多个账户之间划转，最后做假账，隐藏部分投资收益，占为己有。 5. 套取公款私分。 6. 私分“小金库”。 7. 私自占有废旧物资、报废设备处置款。 8. 利用负责财务，私自越职责兼部分出纳，挪用公款。 9. 盗取现金支票。 10. 在送礼过程中，截流贪污。 11. 利用出纳会计不分，开票、收款、记账不分，套开发票和阴阳发票等。 12. 私刻印章、私设银行账户，收取营业收入。 13. 购买虚开增值税票，抵扣税款，偷逃税。 14. 工程收款不入账，支出不记账。 15. 重复报账，公款私存。 16. 利用采购业务虚开发票套取公款。 17. 侵占管理预算开支的费用。 18. 截留贪污部分合同履约保证金。 19. 违反财经纪律，开阴阳票据，截留销售收入，冒领费用报销和截留奖金和加班费。 20. 坐支收款。 21. 私自外借款项不入账。 22. 以物抵工程进度款，并倒卖物资私占公款。 23. 虚报费用，开支套取公款。 24. 截留奖金。 25. 截留材料支付款为私用。 26. 收受外协合作单位好处费，为大额度资金支付调度提供便利。 27. 利用假发票报销，套取公款。 28. 私用开支列公款报销。 29. 公款私存，侵占利息。 30. 利用大额度现金支付，侵占公款。 31. 个人大额借现金，久借不还。 32. 利用出租业务，收款不入账。 33. 开阴阳发票，截留应收账款。 34. 伪造财务专用章和发票专用章。 35. 以支付材料款名义贪污公款。 36. 开公司内部食堂开支字据、开白条抵账。 37. 通过侵占项目食堂小卖部和处理废旧物资等收入建立“小金库”。	公权力者

续表5-1

权力类型	腐败形式	腐败对象
利用财务实权舞弊、贪污、贿赂	38. 个人在财务借款列备用金，长期不归还。 39. 收取客户业主支付款私存。 40. 多写支付票据金额，实际少支付，中间截留侵占。 41. 冒充法人代表签字和自制假公章伪造假授权委托书。 42. 高息拆借，占有利息。 43. 立虚假付款项目，侵占公款。 44. 财务和材料勾结合计，开虚假发票报销。 45. 财务制假账，侵占公款。 46. 大量白条、收据及假发票入账，侵占公款。 47. 严重违规借备用金。 48. 会计出纳一人兼，实施舞弊，侵占公款。 49. 重复领工资、奖金、误餐费，重复报销。 50. 用“小金库”私发奖金。 51. 重复填制工资会计凭证，侵占公款。 52. 伪造经济业务事项，填制虚假发票冲抵现金。 53. 报销应由个人承担的费用。 54. 私刻公章，私开银行账户，侵占公款。 55. 将公司资金转入私开银行账户，私自支配，资金体外循环。 56. 随意支付、修改、报销金额和多报销现金支出。 57. 采取涂改手段，变造会计凭证多报销。 58. 大额多笔现金支付购买生产资料，从中舞弊，侵占公款。 59. 未经分公司领导审批，对外私自借出生活费和个人借款。 60. 未经领导审批对外支付款项，收取好处费。 61. 不按照财务报销规定，白条做账和仅凭发票无验收资料证明做账。 62. 仅凭支票存根做账无合同等证明材料违规报销。 63. 自批自借、自报销餐费和出差补助。 64. 用保险索赔款冲抵个人财务备用金。 65. 私分客户业主支付的补助款。 66. 转移和挪用未中标的投标保证金。 67. 冒领材料商尾款。 68. 给付款单位开具收据与留存公司做账的收据填写金额不一致，贿赂对方分开开具两张支票，将其中一张支票占为己有。 69. 违规对外提供信用证担保。 70. 代理收取材料供应商材料款，收取好处费。 71. 以中介名义套取公款。 72. 转移项目工程收款。 73. 隐匿财务凭证。 74. 截留公司收入，建立“小金库”。 75. 获取账外经济收入。 76. 违反程序交纳税款，导致被骗。	公权力者

续表5-1

权力类型	腐败形式	腐败对象
利用财务实权舞弊、贪污、贿赂	77. 办理银行存款转账，不经过领导批示，擅自决定存入某行，收取好处费。 78. 收受贿赂，为分包方在工程款、材料款支付等提供方便。 79. 收受贿赂，为特定分包方工程款支付谋取利益。 80. 私分供应商退货款。 81. 个人擅自决定私设账外账。 82. 利用主管和经手本单位账外资金便利，私自挪用公款用于个人购买基金，进行营利活动，并占为已有。 83. 利用支付分包工程款，套取公款，用于购买个人用品。 84. 找借口让供应商重开发票，重复做账，侵占公款。 85. 利用分包结算书重复记账，侵占公款。 86. 利用结算书汇总数错误，多套取公款。 87. 利用工资表汇总错误，多套取款。 88. 私刻外协合作单位的公章，开具收款收据，骗取支付款。 89. 借用公款，还个人银行贷款，长期挂备用金，久借不还。 90. 利用工程收款业务中的业主工程款房产抵付，侵占抵付资产，贪污国有资产。 91. 擅自对外借款，付高利息。 92. 收入不上账，虚列支付，侵占公款。 93. 给某业主拖欠工程款签认虚假证明材料，收受贿赂。 94. 代收分包工程款，获得好处费。	公权力者
利用拥有关键信息舞弊、贪污、贿赂	1. 以经营、开拓、办理公务、招投标等商务保密信息为借口，借和挪用公款作为私用开支。 2. 利用公司资质私接订单。 3. 出具资质证明、开具发票等提供外单位帮助获得好处费。 4. 利用掌握的客户信息和商务信息，为外单位承接工程、工程结算提供帮助获取好处费。 5. 利用清理债权债务中的商务信息，内外勾结，为他人谋利，收受他人贿赂。 6. 在采购分包招投标开标前，透露其他投标人、评委信息，照顾关系人中标。 7. 在采购分包招投标开标、评标过程中，透露现场开标、评标信息，为关系人中标创造条件。	公权力者

资料来源：根据微信公众号“锐思商学院”载樊光中的《{回顾经典}100+个腐败案例大总结！8个权力诱惑、251项舞弊行为！》整理。

新中国有过三次反腐败运动。第一次是20世纪50年代初，以反贪污为主的“三反”运动，在一年之内，共查处6000多件大案，其中枪毙了贪污治理海河工程费的时任天津市地委书记的刘青山和专员张子善，并规定贪污受贿1万元以上的判处死刑。

第二次是1982年发布《关于打击经济领域中严重犯罪活动的决定》，此决定执行过程中，共起诉1万余人。

第三次是20世纪90年代开始，一直延续至今的反腐败运动。这次运动与前两次反腐败运动相比，有四点明显变化：一是数百万元甚至数千万元以上的大案所占比例很大。二是高层官员涉案所占比例很大。三是有组织的集团犯罪所占比例很大。四是经济犯罪分子向境外转移中国国有资产的所占比例增大，不少罪犯内外勾结，通过各种渠道在国外投资洗钱。腐败危害社会、危害国家。

第六章

廉政审计学功能

第一节　廉政审计业务的特殊性

廉政审计的对象特殊，它是以发现腐败问题为导向的审计，是一种为规范权力运行而预防、揭露和打击经济犯罪的特种审计制度安排，是一种高层次的、独立的廉政监督活动。廉政审计既是审计监督的一个基本分支，又是反腐防腐监督制度体系的不可或缺的一种监督制度。从性质上讲，廉政审计既具有审计监督的共性，又具有反腐防腐监督的特殊性。

一、灰色交易特征

灰色交易特征，是指廉政审计对象在业务办理中一旦失去规范约束，所发生的业务交易将是一种非正常的业务交易，本书称之为非正当业务交易。公权力者大多管理着公共资源，办理业务应遵循行政程序，而资源一旦分配使用又将遵循充满商业竞争法则的市场秩序。在这个资源的分配使用、监督与管理的过程中，公权力者与市场交易者这两个本应遵循不同法则的人直接发生对接，就难保不会发生非正当业务交易，如权钱交易、权色交易、贿赂等。

灰色交易的实质就是钻法律的空子，倘若法律没有明文禁止，它就有可能发生。从某种意义上来说，灰色交易就是一种在社会体制弱点下发生的、由于相关社会制度的缺陷或者在文化习俗的影响下所进行的一种暗箱操作式的交易。这种交易不符合社会道德规范，而社会道德规范又无法约束和阻止它的发生。在20世纪末，随着公有企业自主权扩大，企业权力集中到厂长、经理身上，导致收益分配模糊，加之企业转制中对经营者实行重奖，导致经营者（尤其是企业承包者、包工头）与生产者的收入差距迅速畸形扩大；掌握一定经济资源的人用各种各样变相付酬的办法去结交一些掌握一定权力的公务人员，甚至采用不同方式去培育培植所建立起来的关系，灰色收入一时间盛行起来，一些公务人员收入来源不明。这实际上就是钱本位与官本位的灰色交易，它采用各种办法给腐败行为披上了合法的外衣。大贪易见，小腐隐形，贪腐所带来的危害都是极其恶劣的。

二、地下交易特征

地下交易特征，是指廉政审计对象在业务办理中一旦失去规范约束而发生的非正当业务交易，是一种非正当方式的交易。公共资源分配管理项目繁多、金额巨大，资源分配使用所产生的效益和价值也大。在这个资源的分配使用、监督与管理的过程中，公权力者与市场交易者这两个本应遵循不同法则的人直接发生对接，一旦发生业务交易，那就是非正常的交易，而且采取的肯定是非正当方式的交易，如非正当方式的利益输送、贿赂、染指地下钱庄把不明收入合法化等，交易更具隐蔽性。

具有地下交易特征的活动，一是表现为合法经营取得非法收入的交易活动，二是表现为非法的地下交易活动。第一种表现方式的交易活动，多是未经统计或者无法统计的地下经济活动，比如在家政服务劳动、家教服务工作，以及私下交易、现金交易、农村农产品交易、劳务交易等交易中产生的腐败现象，又如部分或全部收入隐匿不报、直接逃避税收等违法腐败行为，不仅导致国家税收大量流失，而且加剧了收入分配不公平。第二种表现方式的交易活动性质更加恶劣，如走私贩私（包括偷渡）、毒品生产与贩卖、卖淫、赌博、黑市交易等违法腐败行为，地下工厂生产假冒伪劣商品并进行交易的非法腐败行为等。这种地下经济交易活动构成经济犯罪，腐败与犯罪之间的密切联系突出地反映了经济领域中洗钱性质的腐败行为，某些政府官员、海关人员、公安人员、工商管理人员等多有合谋。

各种非法收益、违法收益要见光，有一个绕不开的地方，那就是地下钱庄。这也是一种地下交易。地下钱庄不仅是腐败分子转移各种非法收益、违法收益的通道，成为贪污腐败分子和暴力恐怖分子的洗钱工具和帮凶，而且涉及金融、证券等经济犯罪。地下钱庄往往通过“境内人民币、境外外币平行交割”的对敲方式，实现非法资金转移。这样的资金交易隐蔽，监管视线很难触及。在对敲方式难以满足需求的情况下，地下钱庄还会通过大量注册空壳公司、伪造单证、虚构交易，从银行渠道转移资金。地下钱庄控制的账户动辄数百个，涉及区域广，通过跨地区转账、网银转账、多次交叉转账，迅速、隐蔽地转移资金。因此，追踪每一笔资金的最初来源与最终用途比较困难。地下钱庄控制的公司都是空壳公司，公司资料都是假的，银行履行监管职责方面存在的疏漏让不法之徒钻了空子，形成转移资金的通道。

三、非对等交易特征

非对等交易特征，是指廉政审计对象在业务办理中一旦失去规范约束而发生的非正当业务交易，不仅是一种非正当方式的交易，而且是一种非正确定价的交易。这里的一个根本性问题就是公权力者把公共资源的支配管理职权错误地当成资源的投资行为来看待。公权力者一旦把公共资源的支配管理职权错误地当成资源的投资行为来看待，就势必要寻求一种投资回报，把职权当权力使用而忘记了应有的职责，即权与责不对等，于是就产生了一种非正确定价交易，这是各种贪污腐败的温床。如接受各种非正当方式的利益、违规接受工作安排、违法收受贿赂等。

我国的法官腐败案件中就体现了这种非对等交易特征。在最高人民法院未出台剥离执行局相关职能的文件之前，对标的物进行拍卖估价，通过一“压”一“抬”来获取暴利，正是这些落马执行法官攫取非法利益的绝招。在大部分的“压”和“抬”中，主要标的物都是土地和房产。这种拍卖估价事项与一些官员、商人、法官、诉讼掮客等人之间联系而产生腐败。例如，李征达在吉林省高院任执行员的7年间，贪污总额为4485余万元，受贿22万元，平均每日进账1.7万元左右。一块本来估价1400万元的土地，经过他对当事人双方一“压”一“抬”，导致高值低价拍卖、低值高价评估，最多一次直接牟利1115万元。再如武汉市13名法官被查处的事件，其中许多人的落马也与在执行环节中的评估、拍卖的腐败有关。

四、无限制交易特征

无限制交易特征，是指公权力者与市场交易者这两个本应遵循不同法则的人直接发生对接，在支配管理公共资源时所发生的各种非正当业务交易，是在一种失去规范约束的情况下发生的“非公平、非正义”行为。它一方面表现为产生各种贪污腐败问题，另一方面表现为违背资源有效配置的市场原则，产生各种低效项目、负效项目、“裙带”项目等，如挪用专项资金、重复建设、各种“呆账”等。

“裙带关系”、利益固化，反映出政治资源对社会其他资源的巨大支配力。为了维护既有利益格局，腐败分子往往不惜异化权力，与某些利益集团达成默契，形成利益勾连，甘做其代言人。同时，在“拼爹”模式与利益固化的作用下，“衙内”经济悄然滋生，权力家族化的特征更加明显。最终，基于“裙带关系”“衙内关系”的各种圈子，互相交换资源，互相安排子女工作，甚至搞“精英复制”“权力世袭”等，逐渐演变成利益俱乐部，催生形形色色的“裙带”腐败、“衙内”腐败。

裙带是链条，也是输送带，一头连着权力，一头连着利益。有的在经营销售等环节输送利益，有的向领导干部的亲属输送利益，有的在领导干部的子女留学或就业方面输送利益，等等。近年来发生的石油、金融等行业腐败案件，就是通过利益输送，开办“寄生公司”，获取稀缺优质资源，“靠山吃山”承接业务，出现一批“裙带”腐败、“衙内”腐败类型的案件。如安徽省原副省长陈树隆、中国证监会原副主席姚刚等人，主动“搭天线”“抱大腿”“攀高枝”，找政治靠山，搞利益输送，把关系网中的权力“变现”，一手“交钱”，一手“交货”；国家能源局原局长刘铁男通过儿子收受贿赂高达3400万元。还有的人搞垄断性获利，一些掌握垄断资源的人，利用特殊资源经营权结交权贵，或从中渔利，如茅台集团原董事长袁仁国的妻子和儿女，通过违规经营茅台酒获利2.3亿元。

第二节　廉政审计预防监督功能

廉政审计预防监督功能就是依托反腐败国家立法根基，建立健全廉政审计制度，构建预测性监督方法体系，形成廉政审计制度预防性机制，充分发挥廉政审计对腐败的预防监督作用。

廉政审计预防监督功能强调将审计关口前移以加强审计全覆盖。廉政审计应该是一种经常性的符合性测试活动，它不是等到问题暴露了才去查处，而是要通过制定腐败预警系统、形成腐败预警机制来发现有没有为政不廉的问题，以实现反腐败“不能腐”目标。

廉政审计具有腐败预警功能。廉政审计通过设计“国家公职人员腐败预警指标”体系及其他反馈信息，监测国家公职人员廉政状况，对处于腐败预警区域的国家公职人员，可以采取相应的预案处理，比如采取廉政谈话等警醒措施，避免干部铸成大错。从某种意义上来说它是对干部的一种爱护、保护和教育，能起到“有病治病，无病强身”的作用。如果发现问题的苗头能够及时加以纠正，那么可以防止犯更大的错误。审计结束后还可以把审计结果向社会公布，起到“审计一个人，教育一大片”的作用。

“国家公职人员腐败预警指标”体系应该包括工作职责、重大事项、关键环节、公证服务、岗位考核、考察任免等方面的内容。廉政审计预防监督腐败制度机制见图6-1。

图6-1中的“廉政检察”，是指廉政纪检监察工作，即对于在廉政审计工作中被鉴证为“不健康”的公权力行为，廉政审计部门要及时向纪检监察等相关职能部门反映和提供线索，必要时应该参与其检查、协同其工作，依法履行审计职责。

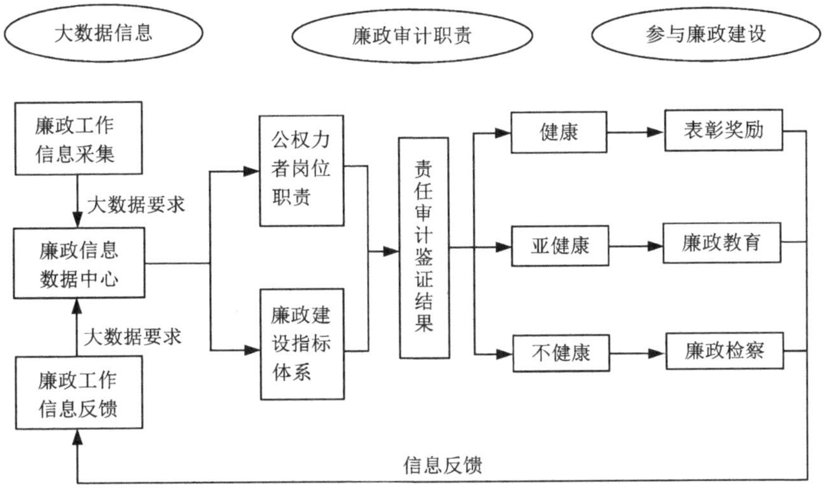

图 6-1　廉政审计预防监督腐败制度机制图

第三节　廉政审计检查监督功能

廉政审计检查监督功能就是依托反腐败国家立法根基，建立健全廉政审计制度，构建检查性监督方法体系，形成廉政审计制度惩治性机制，充分发挥廉政审计对腐败的检查监督作用。

廉政审计检查监督功能强调监督被审计人所涉及财政收支、财务收支的廉政规定的执行情况，揭露和惩治为政不廉的腐败行为，从而推动党风廉政建设和反腐败工作的开展，使各级官员始终觉得有人在看着他们，脑子中始终有"莫伸手，伸手必被捉"这根弦。通过廉政审计依法监督，严格遵守党纪国法，以促进实现反腐败"不敢腐"目标。

廉政审计作为一种监督机制，主要是通过对被审计人的活动及其相关资料的真实性、正确性、合规性、合法性、效益性进行审查和监督，做到"三个加强"，充分发挥好审计在经济活动中的检查监督作用。

加强廉政审计部门与纪检监察等相关部门的联动工作。廉政审计是从经济活动方面对国有企业、事业单位涉及国有资金、公共财产和国有资源等进行审查，纪检监察则是对国家工作人员和党员干部的工作、生活展开监督。廉政审计部门对在审计过程中发现的违规问题可以提出整改意见，对严重违规问题则应及时移送给相关部门，并根据相关部门的反馈意见开展下一步审计工作，保证经济活动的有序进行。各部门各司其职为反腐工作拉起一张巨网，将违法违纪问题网于其中，为经济社会健康发展提供有力支撑。

加强廉政审计部门与司法机关密切配合，形成对腐败案件协调配合的查处机制，以及建立“检审联动职务犯罪预防侦查一体化机制”，从而实现廉政审计监督与司法监督的紧密衔接，并整合资源，互补优势，增强反腐败工作合力。廉政审计将研究审计部门、检察机关、“共防单位”共同建立的三位一体预防职务犯罪体系，以及“检审联动职务犯罪预防侦查一体化机制”，在这个体系和机制中，廉政审计参与职务犯罪预防工作。

加强廉政审计部门的内部监督管理和廉政审计人员的廉洁自律。廉政审计人员既是国有资产、公共财产和资源的守护人，也是经济发展平稳健康运行的护航员，因此在对被审计单位的外部经济活动进行审计监督的同时，也要注重对自己内部的审计监督。一方面，廉政审计部门要建立和完善廉政审计组织纪律制度。首先从制度上保证廉政审计人员的工作是依法审计、依章办事，违反纪律有章可罚。其次相关监督组织应做好对廉政审计人员党风廉政建设的监督工作，时刻关注廉政审计人员在工作过程中有无违反纪律等问题，对发现的违纪违规问题应及时处理，保证廉政审计部门内部风清气正。另一方面，廉政审计人员需提高自律意识。廉政审计监督是针对被审计单位的腐败问题，一旦自身不正，则会影响廉政审计工作的客观公正，廉政审计报告的客观性和公正性也难以得到保障，进而影响廉政审计的形象和公信力。除了通过学习法规、专业知识，还应抓住一切学习机会，包括在日常的组织纪律、党规党纪的学习中提高思想意识，借助主题教育，结合民主生活会和党员民主评议，进一步开展批评和自我批评，认真查找自身问题和不足，严格落实整改，等等，确保每个人都不做廉政审计部门内部的“蠹虫”，以达到从内到外廉政审计监督功能的高效运行。

第四节　廉政审计治理监督功能

廉政审计治理监督功能就是依托反腐败国家立法根基，建立健全廉政审计制度体系，构建惩治性、自律性监督方法体系，形成廉政审计制度和谐生存机制，充分发挥廉政审计对腐败的治理监督作用。

建立腐败线索监督机制。审计反腐败需要介入大案要案，获取腐败线索是关键。廉政审计应研究如何建立腐败预警网络。廉政审计监测评估中心平台上开展了针对关键岗位、重要领导干部的廉政状况监测活动，因此，该平台具有对腐败监督面宽、打击准的特点，对腐败起到了很好的治理作用。另外，廉政审计是对干部进行监督管理的重要手段，通过廉政审计可以对被审计人的党风廉政状况作出定量评价，为组织人事部门管理使用干部提供真实依据。

建立腐败滋生源监督机制。当失控的权力与失去约束的私欲人性悄然相遇时，就形成了滋生腐败的源头和温床。所以，对于关键公权力岗位、核心领域的事项项目、关系重大的事项项目、基础设施建设项目等，都应从源头上从严监督和控制，形成腐败滋生源监督机制，以利于国防安全、民生和谐、社会经济持续发展。

目前，针对许多公权力者行为，已经有了审计的介入，但是却很难起到廉政审计工作效果。比如政府采购中的招标投标工作，几乎是没有审计的介入就不可能完成的事情。但是，一个不争的事实就是一旦某商品纳入了政府采购招标投标工作程序，则其价格总是要比在市场上购买的同类商品的价格高出许多。是失职、失控，还是因为多了中间环节而导致市场失效？廉政审计就是要建立一种腐败滋生源监督机制，以真正发挥其治理监督腐败的职能。再比如简政放权中形成的各种职能性中介，具体到关系民生的年检不合格汽车指定维修站，等等。“戴市场的帽子，拿政府的鞭子，坐行业的轿子，收企业的票子。”这几句戏谑之语，就是对“红顶中介”服务乱象的形象描述。“红顶中介” 脚踏“政府”和“市场”两只船，在一些地方甚至

廉制度，让公权力者不想腐败而全心全意想着认真履行岗位职责，实现和谐生存体面生活的美好愿望。

第五节　廉政审计学的倡廉使命

一、廉政审计学监督倡廉

治理腐败是一项系统工程，腐败的滋生伴随着权力的运行，权力的运行涉及法制、资源、市场、秩序、职能部门、职责规范、运营单位、交易规则，以及人的利益等，所以，治理腐败应该从立法、预防、检查、惩处全方位进行。

廉政审计学以发现腐败问题为导向建立审计制度体系和审计监督机制，基本任务是治理腐败，根本目的是廉政工作，最终使命是廉洁生存和谐生活。笔者称之为监督倡廉。

廉政审计监督机制主要包括对腐败的检查监督机制和预防监督机制。廉政审计学对腐败的检查监督机制以检查和处理腐败行为结果为主要任务目的，查清查实腐败行为，报告披露腐败信息，让腐败行为充分暴露在世人面前而无所遁形，为惩治腐败者、警醒欲腐败者而履行审计监督职责。

廉政审计学对腐败的预防监督机制以监督公权力者履行岗位职责的行为过程和防止腐败行为发生为主要任务目的，从权力源头治理腐败，让腐败行为不发生，或者将腐败行为控制和扼杀在萌芽状态，为促进公权力者认真履行岗位职责和保护公权力者认真履行岗位职责而履行审计监督职责。撇开发生腐败行为的时代特征不谈，就学理而言，廉政审计学具有重预防监督胜于检查监督的性质。

二、廉政审计学教化倡廉

反腐败不是一种阶段性的打击惩治行为，而是一种长期存在的工作行为，是一种与权力并行的治理行为。这种治理行为不仅依法而行，而且依被治理者被监督者的行为规范而行，也就是说治理腐败行为除了依法治理，还要依规范治理。

廉政审计学依法治理腐败，除了检查监督腐败行为、预防监督腐败行为，还应该担负沟通、提醒被监督者认真履行岗位职责，严格遵循职业行为规范的职责，以便于更加有效地预防监督腐败行为，杜绝腐败行为，实现廉洁社会。笔者称之为教化倡廉。

廉政审计学教化倡廉也是一项系统工程。孔子门下有弟子三千，其中贤人七十二。孔子曾带领弟子周游列国十四年，大多数国君以礼相待。这除了列国国君尊重孔子的学识、思想，并想谋为己用之外，恐怕还有对孔门这支在当时来说十分扎眼的队伍不无忌惮的原因吧。在孔门贤人之中，子路就是一位出众的人才。相传他曾经想过帮助师门打天下，当他把这个想法请示老师的时候却遭到了老师的拒绝。孔子认为，即使一个安定的社会，如果文化教育没有完成，是不能解决其他问题的。若想从根本上解决问题，则要靠思想的纯正才能完成，所谓“君子有所为，有所不为”，因此现在应该先去“化育天下”。孔子宁可一生穷苦，也要从事教育，于是他开创了私人讲学之风，倡导仁义礼智信。几百年后，孔子思想在汉代统治者的“罢黜百家，独尊儒术”中大放异彩，并且沿袭传承，经久不衰。

可是仅一人或少数人先知先觉不够，应“化育天下”，人类社会文明才能进步。同样，仅依靠一个环节或少数职能部门治理腐败不够，应全社会、全方位、全员全面治理腐败，监督腐败行为的滋生源，腐败行为才能真正无所遁形，人们也就不敢、不能、不想腐败了。可见，廉政审计学教化倡廉，任重道远。

三、廉政审计学自律倡廉

反腐倡廉说到底就是一个如何“监督监督者”的问题，所谓“打铁还需自身硬”，所以，监督者需要自律即自我监督。监督者，既包括公权力者履行岗位职责时对公共资源进行管理监督的监督者身份，也包括对公权力者行使职权行为进行监督的监督者身份。前者是指公权力者作为监督者，需要自律倡廉；后者是指监督公权力者行为的监督者，同样需要自律倡廉。

廉政审计监督无疑属于后者，但是，廉政审计学自律倡廉的内涵应该包括廉政审计人员对公权力者作为监督者的自律倡廉行为进行监督和其自身作为监督者的自律倡廉行为。这里主要研究廉政审计人员自身作为监督者的自律倡廉行为及其行为规范。

如前所述，现有的国家审计和社会审计关于审计职业规范、执业规范和人员规范的规定，以及关于回避制度的规定，廉政审计中都可以直接采用，要求还更加严苛。所以，应该建立廉政审计学自律倡廉的法律制度规范，不仅要包含现有的国家审计和社会审计有关审计人员规范的内容，而且要包含廉政审计关于回避制度的内容。

监督者更需要接受监督。中纪委在开播《永远在路上》之后，又开播了《打铁还需自身硬》。这两部虽然都是“反腐大片”，结构与风格也相似，但《打铁还需自身硬》的故事“主角”不是人们一般认为的那些落马官员，而是有着特殊身份的落马纪检干部。这是监督者更需要接受监督的最好教材，它表明监督者在监督别人的同时，同样需要接受监督，甚至是需要接受更加严格的监督。唯有如此，监督者才能坚守清贫与担当，为全党全社会树立严格自律的标杆，成为一支让党放心、人民信赖的纪检监察干部队伍。

不论是公权力者，还是公权力行为的监督者，都是权力运行的监督者，监督者的自律倡廉应该是一个永恒的人性向善的主题，“打铁还需自身硬”这句经典的话语，就是监督者职责的最好诠释。廉政审计是以发现腐败问题为导向建立的一种审计监督制度安排，对腐败实施廉政审计程序，履行对公权力者权力行为的监督者职责，监督者一定要廉洁自律，同时接受监督，否则就难保不出现如《打铁还需自身硬》影片中那样的监督者腐败问题。

第七章

廉政审计方法

第一节　廉政审计方法的特殊性

廉政审计对象特殊，廉政审计业务特殊，廉政审计方法也特殊。廉政审计方法是以发现腐败问题为导向的审计方法，即通过建立国家公职人员的腐败预警指标体系，对国家公职人员的腐败嫌疑进行识别、评估和判断，并结合定性分析，根据预测腐败警讯，确定审计重点和范围并查明腐败具体程度的审计方法。

一、专业技术性特征

从属性上看，廉政审计属于国家审计，或者说廉政审计也是一种政府审计。因此，政府审计方法也是廉政审计方法。廉政审计方法具有审计专业技术性要求，即专业技术性特征。这种审计专业技术性特征在廉政审计学中还具有针对腐败问题的特殊应用要求。因为廉政审计学所面临的不仅仅是经济管理问题，或者说所面临的主要问题已经不再是正常的经济管理问题，更是非正常的经济管理问题，以及由此而涉及的政治甚至人身权利问题。

二、大数据信息技术方法特征

廉政审计方法特殊，具有针对腐败问题的特殊应用要求。传统的审计方式方法从立项、招投标、施工、合同签订等各方面通过对账簿、往来账目、会议记录等纸质资料的审查来确定是否存在违规行为。其弊病是资料繁多、工作量大、手动查阅容易产生误差，而且由于耗时较长，每年审查的单位有限，无法达到全面覆盖的要求，不利于及时发现违规问题。

在信息技术迅猛发展的今天，大数据信息技术的运用可以有效地解决传统审计方法中存在的这些弊端。比如将《中华人民共和国审计法》《中华人民共和国预算法》等与审计有关的法律法规和相关实施细则等录入系统，并分门别类形成相应的数据库。在进行审计时，将被审计单位的电子数据直接导入系统内进行比对，然后针对产生的疑点逐一审计。这样可以有效覆盖管辖范围内的所有的被审计人，同时能将审查关口前移，从事后审计逐步转移到事前和事中审计，实现从单一的查阅账簿等经济管理内容的审计到对政策落实是否到位的政策跟踪审计和经济管理审计同步进行的转变，从而节省成本、提高效率、及时发现问题，做到在源头上遏制腐败，让腐败无处可藏。

在当今“互联网+”时代，以移动互联网、物联网、云计算、大数据为代表的新一代信息技术与现代产业、各行业及社会各领域深度融合，迅速推动了技术进步、效率提升和组织变革，应用于监控人们履行岗位职责、进行社会生活等各种行为的信息技术手段日新月异且日臻完善。随着大数据信息技术的应用，或者说在大数据信息技术的监控之下，社会无盲区、人类无“隐私”，有利于廉政审计方法的创新。

三、多角度协同性特征——审计与纪检监察、刑侦、司法等的协同性

在纪检监察、刑侦、司法及其他如巡视工作等都应融入审计监督职能。因此，廉政审计方法与纪检监察、刑侦、司法等工作方法要具有相容性、互补性和协同性。

四、多国协同性特征——跨国追责中的协同性

在重大贪污腐败要案及违法案件的跨国追逃问责工作中应融入审计监督职能。因此，廉政审计方法还要具有与国际上相关工作方法的相容性、互补性和协同性。

第二节　廉政审计方法及其创新

廉政审计应紧跟时代发展，掌握区块链技术，创新廉政审计方法。

一、传统审计方法在廉政审计学中的应用

仅就审计监督而言，传统审计方法仍然适用于廉政审计，这些方法主要包括检查、观察、询问、函证、重新计算、重新执行、分析程序等。在审计过程中，廉政审计人员可根据需要单独或综合运用这些审计方法，以获取充分、适当的审计证据。

（一）检查

检查是指廉政审计人员对被审计人内部或外部生成的，以纸质、电子或其他介质形式存在的记录和文件进行审查，或对资产进行实物审查。

廉政审计检查记录或文件的目的是对被审计事项所包含或应包含的信息进行验证，具有更加明确和更加精准的被审计对象目标范围。比如，检查有形资产是指廉政审计人员对被审计人的资产实物进行审查；检查有形资产主要适用于存货和现金，也适用于有价证券、应收票据和固定资产等；检查有形资产可为各项有形资产的存在性提供可靠的审计证据，但不一定能够为其权利和义务或计价认定提供可靠的审计证据。

（二）观察

观察是指廉政审计人员查看相关人员正在从事的活动或正在实施的程

序。比如说对被审计人正在执行的存货盘点或控制活动进行观察。

廉政审计观察更加关注被审计人的心理反应。廉政审计观察提供的审计证据仅限于观察发生的时点。在相关人员已知被观察时，相关人员从事活动或执行程序可能与日常的做法不同，从而会影响廉政审计人员对真实情况的了解，因此，廉政审计人员在观察的同时有必要获取其他类型的佐证证据。

（三）询问

询问是指廉政审计人员以书面或口头方式，向被审计人内部或外部的知情人员获取财务信息和非财务信息，并对答复进行评价的过程。

廉政审计询问更加关注被审计人的心理反应。廉政审计询问本身不足以发现事项所存在的重大错报，也不足以测试内部控制运行和岗位职责执行的有效性，廉政审计人员还应当实施其他审计程序以获取充分、适当的审计证据。

（四）函证

函证是指廉政审计人员为了获取影响财务报表或相关披露认定的项目的信息，直接从第三方（被询证者）获取书面答复以作为审计证据的过程。书面答复可以采用纸质、电子或其他介质等形式。例如对被审计人（单位）应收账款余额或银行存款的函证。对被审计人（个人）借贷余额或银行储蓄余额不采用函证而是直接查询。

廉政审计函证应该具有更加严格的针对性要求和如实回复的强制性要求。通过函证获取的证据可靠性较高，因此，函证是受到高度重视并经常被使用的一种重要审计方法。

（五）重新计算

重新计算是指廉政审计人员以人工方式或使用计算机辅助审计技术，对被审计人的相关记录或文件中的数据计算的准确性进行核对。

廉政审计重新计算被审计单位的记录或文件，应该具有更加明确和更加精准的目标范围，以提高廉政审计效率。

（六）重新执行

重新执行是指廉政审计人员以人工方式或使用计算机辅助审计技术，重新独立执行原本作为被审计人内部控制组成部分的程序或控制。

廉政审计重新执行应该具有更加明确和更加精准的业务范围，以提高廉政审计效率。例如，廉政审计人员对被审计人（单位）银行存款管理活动进行审计时，利用被审计单位的银行存款日记账和银行对账单，重新编制银行存款余额调节表，并与被审计单位编制的银行存款余额调节表进行比较。

（七）分析程序

分析程序是指廉政审计人员通过分析不同财务数据之间以及财务数据与非财务数据之间的内在关系，对财务信息作出评价。

廉政审计分析程序应该重点分析调查识别出的、与其他相关信息不一致或与预期数据严重偏离的波动和关系。

二、廉政审计方法创新

时代在发展，技术在创新，方法也应创新。廉政审计方法的创新主要包括三个方面的内容：一是基于大数据信息技术和互联网平台现代信息技术应用的创新；二是基于区块链技术的数字货币应用的创新；三是基于跨部门、跨地域、跨国等联合办案工作需要的创新。廉政审计方法及其创新见图 7-1。

图 7-1 中的“时代背景”部分，不论是腐败案件联合办理的需要，还是区块链技术数字货币的运用，都离不开大数据信息技术，所以图中有两个箭头指向“大数据信息技术”。

传统审计方法在廉政审计学中的应用，要求被审计对象具有更加明确和更加精准的目标范围、业务范围，要求更加关注被审计人的心理反应。

廉政审计方法创新，主要包括权力源头审计方法，云平台审计方法，跨

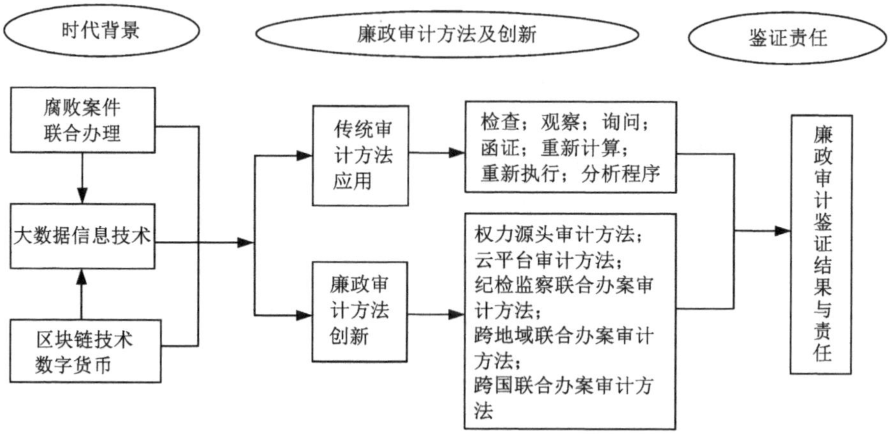

图 7-1　廉政审计方法及其创新

部门联合办案审计方法，跨地域、跨国联合办案审计方法等。这些方法既有对现代信息技术的应用要求，又有对被监督者的监管要求。比如，要求（或规定）公款资金来源与使用、公权力者现金收支行为等必须使用数字货币，那么，对于被监督者的资金运动的监管就是十分透明的了，有利于预防腐败的发生。这是廉政审计学的使命。

权力源头审计方法和跨部门、跨地域、跨国联合办案审计方法，是廉政审计学独特的方法。其中，权力源头审计方法适用于对所有公权力者的监督，监督所有公权力者的行为，并针对其腐败问题实施监督；跨部门、跨地域、跨国联合办案审计方法适用于对重大腐败案件和违法案件的监督。

第三节　权力源头审计方法

廉政审计是一种以发现腐败问题为导向的审计，腐败的源头在于公权力的使用与私利的不法结合，所以就有了廉政审计学的权力源头审计方法。所谓权力源头审计方法，就是指从公权力及其使用的角度进行审查以监督公权力者岗位职责履行情况，并从源头上杜绝滋生腐败以治理社会秩序的审计方法。其包括权力行为审计、权力项目审计、权力效益审计等内容。

一、权力行为审计

权力行为审计包含对国家财政预算资金管理各个环节的管理活动和管理行为，以及由此而产生的各种与预算资金使用相关的市场交易和管理活动、管理行为进行审计。比如，国家财政预算支出中的基本建设支出是指按国家有关规定，属于基本建设范围内的基本建设有偿使用、拨款、资本金支出，经国家批准对专项和政策性基建投资贷款，以及在部门的基建投资额中统筹支付的贴息支出。对基本建设支出的廉政审计，就会涉及公务员（或官员）、企业家、金融家等公权力者。各级财政预算资金支出项目那么多，涉及的公权力者就会更多而且会更广泛。再比如预算拨款，有一家行政事业单位每年预算拨款为1200万元，而该单位预算显示，其年支出充其量也就约为400万元，用知情人的话说就是“根本就用不完”，但年年如此。老百姓想不通：明明用不完为什么还要给那么多呀？用不完的钱为什么不退呀？专业人士也想不通：为什么就不检查、调整一下预算呢？久而久之，可能会产生腐败。这时启动审计程序就是一种廉政审计，这种在权力行为源头开展的廉政审计方法就是一种源头审计法。

二、权力项目审计

权力项目审计包含对国家财政预算资金管理各个环节的管理活动和管理行为项目，以及由此而产生的各种与预算资金使用相关的市场交易和管理活动、管理行为项目所进行的审计。

前述的权力行为审计是从公权力者执行权力的行为源头开展的审计，公权力者涉及公务员（或官员）、企业家、金融家、其他有权支配公共资源的人员等。那么权力项目审计则是对公权力运行所涉及事项的各个领域、各个环节从权力执行的行为源头开展审计，涉及的不仅是诸如公积金的使用与管理、某项扶贫资金的使用与管理、某项教育资金的使用与管理之类的与资金运动相关的权力运行活动，还包括与非资金运动相关的权力运行活动。比如，考察任用干部时是“举贤不避亲”好，还是遵循回避制度好？

研究认为，应该加强对公权力者履行岗位职责的预警审计。这是权力项目审计的真谛。

三、权力效益审计

权力效益审计包含对国家财政预算资金管理各个环节的管理活动和管理行为项目的效益，以及由此而产生的各种与预算资金使用相关的市场交易和管理活动、管理行为项目的效益所进行的审计。如离任审计、任期审计、经济责任审计、财经法纪审计、领导职务资产审计等，都属于权力效益审计。

第四节　云平台审计方法

在信息化高速发展的今天，互联网、物联网、大数据、云计算在社会生活中的多个领域内得到了应用。

一、云审计

云审计可定义为构建于互联网、基于云计算而搭建的一个第三方审计平台，是云计算和审计相结合的产物。也可以说，云审计是利用云计算的理念和技术来构建的专业审计服务平台。该平台可以提供服务于审计工作的相关硬件和程序，实现审计数据的云储存和审计资源的协同共享。

在云审计中，审计所需要的数据和程序都储存在“云”端。在云端，通过云平台上建立的公共云审计中心实现审计。该平台不仅能够整理和收集与审计有关的数据和资料、对存储的数据进行实时更新，还能提供智能审计模型供审计人员应用，使审计变得更科学、更高效。在该平台，整个审计行业的技术水平可以得到快速提升并达到均衡，大大降低了审计人员的重复劳动，提高了其审计的专注度。

在云审计平台下，“云”具备了处理海量数据的能力，从而为物联网在审计领域内的应用创造了条件。由于第三方云平台可以通过网络与被审计人的信息进行协同，所以可以为被审计人的资产、物证等资源贴上电子标签。将审计专用设备连接到云审计平台，通过物联网，利用无线射频识别技术对被审计人的实物信息进行实时跟踪，实现审计数据的及时共享。

云审计可以获取被审计人腾讯云账号下 API 调用历史记录，包括通过腾讯云管理控制台、腾讯云 SDK、命令行工具和其他腾讯云服务进行的 API 调用，监控腾讯云中的任何部署行为。可以确定哪些子用户、协作者使用腾讯云 API 时，从哪个源 IP 地址进行调用，以及何时发生调用。

二、大数据的运用审计

在当今信息时代大数据背景下，世界无隐秘，人类无隐私。大数据信息可以轻而易举地将人类的言行披露在阳光里，这足以遏止人们的腐败动机和腐败行为。从理论上讲，腐败行为已经是真正无处藏匿、无所遁形。围绕大数据背景和信息化平台，可以建立廉政审计学方法体系，构建有效的廉政审计学监督腐败行为的运行机制。

毫无疑问，大数据的运用可以有效提高审计质量和效率。运用大数据的审计程序设计，可以先将与审计有关的法律法规、行业规章规则、工作职责等录入系统，并分门别类形成相应的数据库。在进行审计时，将被审计人的电子数据直接导入系统内进行比对，针对其主要事项、重大方面、重大变化、异常变化及产生的疑点逐一审计。这样可以有效覆盖审计职责范围内的所有被审计内容，同时能将审计关口前移，从事后审计逐步转移到事前和事中审计，实现从传统的经济责任审计到对政策落实是否到位的廉政审计、政策执行同步跟踪审计的转变。这样既可以及时发现问题，从源头上遏制腐败让腐败无处可藏，又可以节省审计成本，提高审计效率和质量。

第五节　纪检监察联合办案审计方法

一、纪检监察中的审计

在纪检监察中，必要时廉政审计部门可以参与，以联合查实腐败问题。应该建立纪检监察联合办案审计制度体系，形成联合办案长效机制。

建立纪检监察机关和审计部门查处案件协作配合工作机制，以充分发挥纪检监察机关和审计部门在查处案件中的职能作用，形成优势互补的工作合力和组织协调的长效机制，进一步深化反腐败工作。

建立案件线索移送制度。纪检监察机关在查处案件中，发现有关单位和人员有违反国家规定的财政收支、财务收支行为，属于廉政审计部门管辖范围的，应当将案件线索及时移送廉政审计部门。廉政审计部门在审计监督中，发现有关单位和人员有违反党纪政纪的行为，属于纪检监察机关管辖范围的，应当将案件线索及时移送纪检监察机关。必要时，可以联合检查，各司其职。

建立协作配合制度。纪检监察机关在查处案件中或廉政审计部门在审计监督中，需要互相协助配合的，经协商后，应积极配合，或者采取联合检查的方式，各司其职。

建立案件查处分工负责制度。纪检监察机关和廉政审计部门共同立案查处的案件，案件查清后，对党纪政纪责任的追究，由纪检监察机关负责；对违反国家规定的财政收支、财务收支行为的审计处理、处罚，由廉政审计部门负责。

建立综合研判制度。廉政审计部门依法对审计事项实施审计结束后15个工作日内，将廉政审计报告和廉政审计决定抄送相应纪检监察机关。纪检监察机关建立专门工作机制，对廉政审计报告和廉政审计决定进行综合研判，认真筛选案件线索，梳理汇总廉政审计问题和建议，并对重大案件线索和重要廉政审计问题和建议按照干部管理权限和有关程序办理。

建立联合督查制度。纪检监察机关、廉政审计部门应当加强对廉政审计决定执行、廉政审计问题和建议的整改与落实情况的联合监督检查，确保廉政审计决定执行到位，廉政审计问题整改到位，廉政审计建议落实到位。

建立联席会议制度。纪检监察机关协调廉政审计部门不定期召开联席会议，主要任务是交流工作情况，研究协作配合事项，对重要案件的查处工作进行安排部署和综合协调。

建立责任追究制度。纪检监察机关与廉政审计部门要加强对查办案件协作配合工作的组织领导，积极研究解决协作配合中的重大问题，确保协作配合工作顺利开展。对在执法执纪和审计过程中不认真履行职责，不如实汇报案件事实，隐瞒、遗漏案件线索，压案不查，因重大过失致使案件主要违纪事实失实，为调查对象通风报信、泄露案情，以及隐匿、伪造、涂改、销毁证据、提供假证，包庇、纵容违法违纪对象，对廉政审计决定和廉政审计建议执行不力、落实整改不到位和阻挠工作的单位和有关人员，将依据相关规定，严肃追究相关人员责任。

二、纪检监察联合办案审计中的大数据运用

建立治理腐败信息反馈制度。一方面在审计中发现的腐败问题线索，廉政审计部门要及时向纪检监察机关反映，以便及时查处腐败问题。另一方面纪检监察机关根据检查、调查结果，认为应当给予审计处理、处罚的，可以向廉政审计部门提出建议，廉政审计部门应当依法及时查处。

廉政审计部门根据审计结果，认为应当追究党纪政纪责任的，可以向纪检监察机关提出建议或审计建议(联合办案建议)，纪检监察机关应当依法依纪及时查处，并将结果书面反馈给廉政审计部门。纪检监察机关根据检查、调查结果，认为应当给予审计处理、处罚的，可以向廉政审计部门提出建议或监察建议(联合办案建议)，廉政审计部门应当依法及时查处，并将结果书面反馈给纪检监察机关。办理结果的信息反馈有利于大数据下廉政信息中心的建设，有利于大数据下廉政信息共享。

同时，大数据下纪检监察联合办案审计，在必要时还应采取其他的方

式手段，联合金融机构、公安刑侦、司法机关等，对大案要案采取必要的金融手段、刑侦方法、法律程序等，以查实和惩处腐败问题，曝光腐败案件和腐败行为。

第六节　跨国联合办案审计方法

一、跨国联合办案审计中的大数据运用

跨国联合办案不仅涉及多个国家和地区，而且案件内容涉及领域众多、案件重大、案情复杂，贪污的背后还可能涉及犯罪。因此，跨国联合办案中的廉政审计方法需要采用智能时代的先进科学技术，充分利用大数据和云审计平台开展有针对性的、专门的反腐败审计。

跨国联合办案审计困难重重，即便是大数据下的跨国联合办案审计也十分艰难。大数据下跨国联合办案审计，除了在必要时联合金融机构、公安刑侦、司法机关等，采取必要的金融手段、刑侦方法、法律程序等以外，还应尊重各国不同的文化习俗和遵守各国不同的法律，才能真正做到跨国联合查处腐败问题，曝光跨国腐败案件和腐败行为。

二、跨国联合办案审计中的反腐败合规政策

在跨国公司的反腐败管理中，要求建立和实施完善的反腐败合规政策（anti-bribery compliance program，ABCP）并据以考量其降低商业腐败行为的法律风险。建立和实施完善的 ABCP，可以预防公司商业腐败行为的发生，做到未雨绸缪，降低商业腐败行为的法律风险。比如，涉案跨国公司是否建立并实施有效、完善的 ABCP 是美国《海外反腐败法》（FCPA）和英国《贿赂法》（*Bribery Act*）及执法机构确定处罚结果的重要考量因素之一。

根据《中华人民共和国刑法》和《中华人民共和国反不正当竞争法》（包括现行有效的法律及其修订草案送审稿），跨国公司在华子公司、分支机构（即在华跨国公司）建立并实施有效、完善的 ABCP 也能成为帮助涉案跨国

公司证明其没有实施商业贿赂意图的间接证据。因此，从在华跨国公司自身规范经营和法律规制的角度来看，在华跨国公司制定并实施 ABCP 对于反腐败审计也具有十分重大的现实意义。

为了保证 ABCP 的有效性和可执行性，在华跨国公司需要结合自身的业务特点，公司运营所在地区的文化与商业惯例，以及公司的全球合规制度和文化，量身定制其 ABCP。这些都是跨国联合办案中反腐败审计应该重点关注的内容和因素。

第八章

廉政审计证据

第一节　廉政审计证据的特殊性

廉政审计证据是指廉政审计人员为了得出审计结论和形成审计意见而使用的信息，是形成廉政审计意见结论和撰写廉政审计报告的基础。廉政审计证据所包含的信息，首先要能够如实地反映客观事实，其次要与审计目标相关联并支持审计意见和结论。因此，廉政审计证据具有与普通审计证据一样的相关性和可靠性。廉政审计人员必须认真取得关于腐败问题的审计证据，以充分保证廉政审计质量，降低相应审计风险。

如前所述，廉政审计对象特殊，廉政审计业务特殊，廉政审计方法特殊，因此，廉政审计证据也特殊，主要表现在廉政审计证据的证实性、多样化、多层次等。

一、廉政审计证据的证实性

廉政审计针对腐败问题而获取证据，所要证明的不仅有财经法规的遵守情况，还有党纪国法的遵守情况。通俗地说，一旦证明有违反，所面临的就不仅是财富的处罚，还有可能涉及人身权利的处罚。所以，廉政审计证据一定要具有证实性，绝不可以冤枉一个好人也不可以放过一个坏人。廉政审计证据的关键环节要具体详细，事件的性质不同，相关证据的关键环节也不同。证据的关键环节对所证明的事件起决定性作用，切忌轻描淡写一笔带过，一定要严谨翔实，做到铁证如山以证实或证伪。

二、廉政审计证据的多样化

廉政审计对象有个人也有单位，有各种各样的事项也有各种各样的资源，有形形色色的腐败问题也有垂范后世的清廉典范，因此，廉政审计对象丰富多样。要想对丰富多样的廉政审计对象进行证明，就一定要有丰富多样的廉政审计证据。

三、廉政审计证据的多层次

多样化的廉政审计证据也是多层次的：一是证实的廉政审计证据；二是证伪的廉政审计证据；三是无法证明的廉政审计证据。

以发现腐败问题为导向的审计，注重问题的线索，有时还不可避免地面对诸如举报等线索，廉政审计人员就负有证实、证伪职责，如前所述既不可以冤枉一个好人也不可以放过一个坏人。有时还会面临无法证明的情况，也应获取相应的证据，这就是上述无法证明的廉政审计证据。

第二节　廉政审计证据的质量要求

廉政审计工作的目的就是要通过恰当的方式设计和实施审计程序，获取充分、适当的审计证据，以得出合理的结论，作为形成廉政审计意见的基础。廉政审计证据具有充分性要求和适当性要求。

一、廉政审计证据的充分性要求

廉政审计证据的充分性要求是廉政审计证据的数量要求，即对审计证据数量的衡量。廉政审计人员需要获取的审计证据的数量，一是要受其对腐败问题风险评估的影响，风险评估越高所需证据就越多，反之，风险评估越低所需证据就越少，两者呈正向关系。二是要受审计证据质量的影响，若获取的审计证据质量越高所需证据就越少，反之，若获取的审计证据质量越低所需证据就越多，两者呈反向关系。

(1)货币资金廉政审计证据的充分性。不论是单位组织还是个人，对于货币资金的使用和控制从来都是十分严谨的。货币资金是所有资产管理中控制最严的一项资产。货币资金廉政审计证据应该包括现金收入控制流程审核表、现金支出控制流程审核表、各类资金账户审核表、未达账项审核表、往来账项审核表、个人各类资金账户审核表等。在区块链数字货币信息技术前提下，这类廉政审计证据是比较容易获取的，而且十分精准。廉政审计货币资金审核表见表8-1。

表8-1　廉政审计货币资金审核表(参考格式)

编号：

审计项目		审计内容		审计目的	
被审计人		关联内容		审计依据	
审计人		审查地点		审查时间	
其他					
被审计事项详情					
事项		金额	专业判断	进一步措施	备注
签名或盖章		年　　月　　日			

(2)财产廉政审计证据的充分性。这里的财产是指非货币性资产。财产廉政审计证据主要有财产所有权审核表、财产实物完整性审核表、财产占有的合法性审核表等。这类廉政审计证据在大数据信息技术前提下也是比较精准的。廉政审计财产审核表见表8-2。

(3)廉政审计证据的完整性。它是廉政审计证据的充分性要求。完整性就是廉政审计证据不仅要求数量充足，而且内容也要详细无遗漏，以保证廉政审计证据链的完整无缺，确保廉政审计工作质量和惩恶扬善的精准性。

表8-2　廉政审计财产审核表(参考格式)

编号：

<table>
<tr><td>审计项目</td><td></td><td>审计内容</td><td></td><td>审计目的</td><td></td></tr>
<tr><td>被审计人</td><td></td><td>关联内容</td><td></td><td>审计依据</td><td></td></tr>
<tr><td>审计人</td><td></td><td>审查地点</td><td></td><td>审查时间</td><td></td></tr>
<tr><td colspan="2">其他</td><td colspan="4"></td></tr>
<tr><td colspan="2">被审计事项详情</td><td colspan="4"></td></tr>
<tr><td colspan="2">事项</td><td>原记录或金额</td><td>专业判断</td><td>进一步措施</td><td>备注</td></tr>
<tr><td colspan="2"></td><td></td><td></td><td></td><td></td></tr>
<tr><td colspan="2">签名或盖章</td><td colspan="4">年　　月　　日</td></tr>
</table>

（4）廉政审计证据的证实性。它也是廉政审计证据的充分性要求。在现实生活中，腐败问题在全球范围内都正处于多发期和高频率发生期，只要发现腐败问题线索，可以说是一经检查就是一个腐败事实。但是，现实情形是查出来的确实是腐败问题、却查不出是多大的腐败问题的居多。这就需要有充分的廉政审计证据来证实腐败问题及其大小程度，以保障廉政审计证据的完整无缺，保障廉政审计证据力，确保廉政审计工作质量和惩恶扬善的精准性。当然这要依赖于强大的廉政审计技术和技巧。

二、廉政审计证据的适当性要求

廉政审计证据的适当性要求是廉政审计证据的质量要求，是对审计证据质量的衡量，也就是审计证据在支持审计意见所依据的结论方面具有的相关性和可靠性。廉政审计证据的可靠性受其来源和性质的影响，并取决于获取证据的具体环境。判断审计证据可靠性的一般经验性原则如下。

（1）从被审计人以外的独立来源获取的审计证据比从其他来源获取的审计证据更可靠；

（2）直接获取的审计证据比间接获取或推论得出的审计证据更可靠；

（3）实物证据比其他形式的证据更可靠；

（4）越及时获得的证据越可靠；

（5）以文件记录形式（包括纸质、电子或其他介质）存在的审计证据比口头形式的审计证据更可靠；

（6）从原件获取的审计证据比从复印、传真或通过拍摄、数字化或其他方式转化成电子形式的文件获取的审计证据更可靠；

（7）相关控制有效时生成的审计证据比控制薄弱时生成的审计证据更可靠。

通常情况下，从独立来源获取的相互印证信息的审计证据，可以提高廉政审计人员从供词记录或其他相关书面声明中获取的审计证据的保证水平。

第三节　廉政审计基本程序

廉政审计程序(incorrupt government audit procedure)是指廉政审计人员在审计工作中可能采用的，用以获取充分、适当的廉政审计证据以发表恰当的审计意见的工作程序。廉政审计程序包括廉政审计取证目标计划、廉政审计证据获取、廉政审计证据运用三个阶段。

一、廉政审计取证目标计划阶段

廉政审计取证目标计划阶段的主要工作，包括两个层次上的内容：一是编制年度廉政审计工作计划；二是编制廉政审计项目工作方案。

(一)编制年度廉政审计工作计划

廉政审计部门应当根据法定的审计职责，编制年度廉政审计工作计划。编制年度廉政审计工作计划应当突出廉政审计工作重点，合理安排廉政审计资源以服务大局。在年度廉政审计工作计划中，应该明确一年的工作任务、工作方式、工作质量要求、廉政审计资源安排等。年度廉政审计工作计划应依法报批。

依据国家审计准则及相关规定，廉政审计部门应当适时检查年度审计项目计划执行情况，评估执行效果。同时，廉政审计部门应当按照有关规定，建立和实施廉政审计工作计划执行情况及其结果的信息统计制度。

(二)编制廉政审计项目工作方案

廉政审计部门应按照年度廉政审计工作计划的要求，根据实际情况依法进行廉政审计立项，对廉政审计项目的目标、范围、重点和组织实施等进行初步分析，确定廉政审计组，在分析调查的基础上编制廉政审计项目工作方案。

廉政审计项目工作方案的内容主要包括：审计目标、审计范围、审计内容、审计重点、审计措施、审计信息披露，以及廉政审计工作的组织安排和廉政审计工作的具体要求。廉政审计工作的具体要求，包括项目审计进度安排、审计组内部重要管理事项及职责分工等。

编制廉政审计项目工作方案，可以采取文字、表格或者两者相结合的形式。根据审计实施过程中情况的变化，可以对廉政审计项目工作方案的内容进行调整。调整后应按照相关规定报批，廉政审计组或者廉政审计人员不得随意更改、扩大廉政审计事项。

二、廉政审计证据获取阶段

廉政审计证据获取阶段的工作主要包括：分析廉政审计项目；调查了解廉政审计项目；编制廉政审计项目工作实施方案；获取廉政审计证据；记录廉政审计项目。

（一）分析廉政审计项目

一是廉政审计任务分析。首先，分析判断廉政审计任务是涉及个人的还是涉及单位的，并分别确定各自的审计任务目标。涉及对单位进行廉政审计的，廉政审计部门应当依照法律法规的规定，向被审计单位送达廉政审计通知书。廉政审计通知书的内容主要包括被审计单位名称、审计依据、审计范围、审计起始时间、审计组组长及其他成员名单、被审计单位配合审计工作的要求等。同时，还应当向被审计单位告知审计组的审计纪律要求。采取跟踪审计方式实施审计的，廉政审计通知书应当列明跟踪审计的具体方式和要求。专项审计调查项目的廉政审计通知书应当列明专项审计调查的要求。其次，分析判断业务任务的类型，并根据不同业务任务类型的特征分别确定审计方法。比如，反贪污审计和反洗钱审计的方法是不尽相同的。再比如，对于涉案个人审计和涉案单位审计在第一时间的审计处理方法是截然不同的。还比如，对于离任审计和财经法纪审计在定性和定量的审计方法选择上也是截然不同的。

二是廉政审计线索分析。首先，甄别涉案线索的真伪，并作出迅速处理。对于真实的线索要立即启动廉政审计程序。其次，对于伪线索要依法妥善加以处理，包括说明、归档，并保持对线索的跟踪关注。廉政审计线索分析实质上是一种廉政审计任务分析。

三是廉政审计小组分析。廉政审计部门应当根据廉政审计任务的目标要求成立项目审计组。审计组由审计组组长和其他成员组成。审计组实行审计组组长负责制。审计组组长由廉政审计部门确定，审计组组长可以根据需要在审计组成员中确定主审，主审应当履行其规定职责和审计组组长委托履行的其他职责。成立审计组时，应注意考虑两个方面的问题。

第一，人员素质要求。要根据廉政审计项目的性质和预计工作量，以及项目的复杂程度和完成时限等因素，确定所需的廉政审计人员数量及知识结构。必要时可打破部门界限统一组织审计力量，如有特殊需要还可从外部聘用有关专家。

第二，严格遵守回避制度。为了保证廉政审计工作的客观公正，凡是与被审计单位或被审计事项有利害关系的人员，一律不得进入审计组，以保证廉政审计的独立性。

(二)调查了解廉政审计项目

廉政审计任务若是涉及个人的，如有必要，廉政审计组应当首先采取金融保全和控制措施，比如提请控制涉案人员近期金融支付行为等。然后调查了解廉政审计项目的详细内容，必要时还应提请启动或介入司法、刑侦程序。

廉政审计任务若在涉及个人的同时还涉及单位的，廉政审计组应当调查了解被审计单位及其相关情况，确定职业判断适用的标准，评估被审计单位存在的重要问题及其可能性，确定审计应对措施，评估审计实施方案。

(1)廉政审计人员可以从以下方面调查了解被审计单位及其相关情况：单位性质、组织结构；职责范围或者经营范围、业务活动及其目标；相关法律法规、政策及其执行情况；财政财务管理体制和业务管理体制；适用的业绩指标体系及业绩评价情况；相关内部控制及其执行情况；相关信息系统及其电子数据情况；经济环境、行业状况及其他外部因素；以往接受审计、监管及其整改情况；需要了解的其他情况。

（2）廉政审计人员可以从以下方面调查了解被审计单位相关内部控制及其执行情况：控制环境、风险评估、控制活动、信息与沟通、对控制的监督等。控制环境，即管理模式、组织结构、责权配置、人力资源制度等；风险评估，即被审计单位确定、分析与实现内部控制目标相关的风险，以及采取的应对措施；控制活动，即根据风险评估结果采取的控制措施，包括不相容职务分离控制、授权审批控制、资产保护控制、预算控制、业绩分析和绩效考评控制等；信息与沟通，即收集、处理、传递与内部控制相关的信息，并能有效沟通的情况；对控制的监督，即对各项内部控制设计、职责及其履行情况的监督检查。

（3）廉政审计人员可以从以下两个方面调查了解被审计单位信息系统控制情况：一般控制和应用控制。一般控制，即保障信息系统正常运行的稳定性、有效性、安全性等方面的控制；应用控制，即保障信息系统产生的数据的真实性、完整性、可靠性等方面的控制。

（4）廉政审计人员调查了解被审计单位及其相关情况可以采取的方法，主要包括：书面或者口头询问被审计单位内部和外部相关人员；检查有关文件、报告、内部管理手册、信息系统的技术文档和操作手册；观察有关业务活动及其场所、设施和有关内部控制的执行情况；追踪有关业务的处理过程；分析相关数据。

（5）运用职业判断及其依据。廉政审计人员根据审计目标和被审计单位的实际情况，运用职业判断确定调查了解的范围和程度。廉政审计人员在审计实施中需要持续关注标准的适用性。职业判断所选择的标准应当具有客观性、适用性、相关性、公认性。标准不一致时，廉政审计人员应当采用权威的和公认程度高的标准。

廉政审计人员在调查了解被审计单位及其相关情况的过程中，可以选择作为职业判断的依据和标准如下：法律、法规、规章和其他规范性文件；国家有关方针和政策；会计准则和会计制度；国家和行业的技术标准；预算、计划和合同；被审计单位的管理制度和绩效目标；被审计单位的历史数据和历史业绩；公认的业务惯例或者良好实务；专业机构或者专家的意见；其他标准。

廉政审计人员应当结合适用的标准，调查、分析被审计单位及其相关情况，判断被审计单位可能存在的问题，同时运用职业判断，根据可能存在问题的性质、数额及其发生的具体环境，判断其重要性。廉政审计人员在判断重要性时，可以关注因素如下：是否属于涉嫌犯罪的问题；是否属于法律法规和政策禁止的问题；是否属于故意行为所产生的问题；可能存在问题涉及的数量或者金额；是否涉及政策、体制或者机制的严重缺陷；是否属于信息系统设计缺陷；政府行政首长、相关领导机关及公众的关注程度；需要关注的其他因素。

(6) 确定廉政审计事项和审计应对措施。廉政审计组应当评估被审计单位存在重要问题的可能性，确定廉政审计事项和审计应对措施，主要包括：评估对内部控制的依赖程度，确定是否及如何测试相关内部控制的有效性；评估对信息系统的依赖程度，确定是否以及如何检查相关信息系统的有效性、安全性；确定主要审计步骤和方法；确定审计时间；确定执行的审计人员；其他必要措施。

(三) 编制廉政审计项目工作实施方案

廉政审计组根据年度廉政审计工作计划和廉政审计项目工作方案要求，在分析调查的基础上编制廉政审计项目工作实施方案。

廉政审计项目工作实施方案是廉政审计组实施廉政审计项目工作的具体安排和工作内容，是保证廉政审计工作取得预期效果的重要手段，是廉政审计部门检查、控制廉政审计工作进度的基本依据，同时也是国家审计机关和廉政审计部门检查、控制廉政审计工作质量的基本依据。编制廉政审计项目工作实施方案，可以采取文字、表格或者两者相结合的形式。

廉政审计项目工作实施方案的内容主要包括：编制依据、被审计人的基本情况、审计目标、审计范围、审计内容、审计重点、审计措施、审计信息披露、廉政审计工作的组织安排（如廉政审计组组长、成员、职责分工、预计廉政审计工作起讫日期等），以及廉政审计工作的具体要求。廉政审计工作的具体要求，包括项目审计进度安排、审计组内部重要管理事项及其他要求等。

廉政审计人员实施审计时，应当持续关注已作出的重要性判断和对存在重要问题可能性的评估是否恰当，及时做出修正，并调整审计应对措施。遇有下列情形之一的，廉政审计组应当及时调整廉政审计项目工作实施方案：廉政审计工作项目内容发生变化的；廉政审计目标发生重大变化的；重要审计事项发生变化的；被审计单位及其相关情况发生重大变化的；廉政审计组人员及其分工发生重大变化的；需要调整的其他情形。

（四）获取廉政审计证据

廉政审计人员可以采取检查、观察、询问、函证、重新计算、重新执行、分析程序等方法向有关单位和个人获取审计证据。廉政审计人员依照法定权限和程序获取的审计证据，应当具有充分性和适当性的特征，应当具有真实性和可靠性保障。

1. 检查重大违法行为

重大违法行为是指被审计单位和相关人员违反法律法规、涉及金额比较大，造成国家重大经济损失或者对社会造成重大不良影响的行为。廉政审计人员执行审计业务时，应当保持职业谨慎，充分关注可能存在的重大违法行为，应当评估被审计单位和相关人员实施重大违法行为的动机、性质、后果和违法构成。廉政审计人员调查了解被审计单位及其相关情况时，可以重点了解的可能存在的重大违法行为的事项如下：被审计单位所在行业发生重大违法行为的状况；有关的法律法规及其执行情况；可能形成重大违法行为的动机和原因；监管部门已经发现和了解的与被审计单位有关的重大违法行为的线索或者事实；相关的内部控制及其执行情况；其他情况。

2. 判断可能存在的重大违法行为

廉政审计人员可以通过关注以下情况，判断可能存在的重大违法行为：具体经济活动中存在的异常事项；财务和非财务数据中反映出的异常变化；有关部门提供的线索和群众举报；公众、媒体的反映和报道；其他情况。

3. 应对已发现重大违法行为的措施

发现重大违法行为的线索，廉政审计组或者廉政审计部门可以采取下列应对措施：避免让有关单位和人员事先知晓检查的时间、事项、范围和方式；扩大检查范围，使其能够覆盖重大违法行为可能涉及的领域；获取必要的外部证据；依法采取保全措施；提请有关机关予以协助和配合；向政府和有关部门报告；必要时增派具有相关经验和能力的人员；其他必要的应对措施。

（五）记录廉政审计项目

在审计实施过程中，廉政审计人员应当真实、完整地记录实施审计的过程、得出的结论和与廉政审计项目有关的重要管理事项，以支持廉政审计人员持续编制廉政审计项目工作实施方案和廉政审计报告，证明廉政审计人员遵循相关法律法规和国家审计准则，同时便于对廉政审计人员的工作实施指导、监督和检查。廉政审计记录包括调查了解记录、重要事项记录、廉政审计工作底稿等。

三、廉政审计证据运用阶段

廉政审计证据运用阶段的主要工作包括复核廉政审计过程、形成审计意见、编写廉政审计报告。

（一）复核廉政审计过程形成审计意见

廉政审计组应当复核廉政审计项目工作实施方案、调查了解记录、重要事项记录、廉政审计工作底稿、廉政审计证据材料及其他有关材料，形成廉政审计意见。

廉政审计组在起草廉政审计报告前，廉政审计组组长还应当确认廉政审计工作底稿和廉政审计证据材料已经审核，并从总体上评价廉政审计证据的充分性和适当性。廉政审计组根据不同的审计目标，以审计认定的事实为基础，在防范审计风险的情况下，按照重要性原则，从真实性、合法性、效益性等方面提出廉政审计评价意见。

廉政审计组应当只对所审计的事项发表廉政审计评价意见。对廉政审计过程中未涉及的事项，超越审计职责范围的事项，以及廉政审计证据不充分或者不适当、评价依据或者标准不明确的事项，不得发表廉政审计评价意见。

(二)编写廉政审计报告

编写廉政审计报告，报告廉政审计结果。编写廉政审计报告，必要时，应该征求有关干部监督管理部门的意见。廉政审计报告中涉及的重大经济案件调查等特殊事项，经廉政审计部门主要负责人批准，可以不征求被审计单位或者被审计人的意见。被审计单位、被调查单位、被审计人或者有关责任人对征求意见的审计报告有异议的，廉政审计组应当进一步核实，并根据核实情况对廉政审计报告做出必要的修改。廉政审计组应当将采纳被审计单位、被调查单位、被审计人、有关责任人意见的情况和原因，或者上述单位或人员未在法定时间内提出书面意见的情况等，作出书面说明并存档。

对被审计单位或者被调查单位违反国家规定的财政收支行为、财务收支行为，依法应当由廉政审计部门进行处理处罚的，廉政审计组应当起草廉政审计决定书。对依法应当由其他有关部门纠正、处理处罚或者追究有关责任人责任的事项，廉政审计组应当起草廉政审计移送处理书，并依法及时移送。

廉政审计报告、廉政审计决定书原则上应当由廉政审计部门的业务会议审定；特殊情况下，经廉政审计部门主要负责人授权，可以由廉政审计部门其他负责人审定，并依法签发和送达。

廉政审计部门对于在审计中发现的下列事项，还应该采用专题报告、审计信息等方式向本级审计机关、本级政府、上一级廉政审计部门报告：涉嫌重大违法犯罪的问题；与国家财政收支、财务收支有关的政策及其执行中存在的重大问题；关系国家经济安全的重大问题；关系国家信息安全的重大问题；影响人民群众经济利益的重大问题；其他重大事项。

我国廉政审计部门依法实行公告制度，廉政审计部门的审计结果、调查结果依法向社会公布。在公布时，严格依法遵守保密规定。

第四节　廉政审计电子证据

一、廉政审计电子证据的特征

廉政审计电子证据(electronic evidence)，在一些中文文献中也称为计算机审计证据、电子审计证据。电子证据分为狭义观和广义观两类。狭义观将电子证据视为计算机证据，其内容包含计算机本身及其运行系统中所产生的电子数据，是以电、光、磁等介质为载体，可以表现为电子文档、声音、视频等形式。广义观将电子证据概括为借助于现代信息技术及其设备存储、处理、传输、输出的一切证据，也就是以电子形式存在并为形成证据所使用的一切材料及其派生物。本书所指廉政审计电子证据是伴随审计信息化发展而出现的新型审计证据，它以信息技术为依托，以电子记录形式存在，以信息系统为基础，由人工输入系统或者由系统自动生成的数据或者信息组成，反映被审计单位的业务情况。它包含两方面内容：一是系统和原始数据，即被审计单位各种信息系统、后台数据等；二是审计分析过程和结果，即采集、处理和分析等过程和记录，以及支撑审计结论的分析结果。廉政审计电子证据的特征主要有无形性、脆弱性和无痕性。

1. 无形性

廉政审计电子证据是根据计算机的编码规则进行处理的，是“0”和“1”这样的数据信息需要存储在磁性或光电介质等载体上，其形成和表现必须以某些特定的介质为依托，比如磁性或光电介质等，其内容与载体分离，复制不改变其完整性和真实性，所以廉政审计电子证据具有无形性。廉政审计电子证据是IT技术迅猛发展的产物，其载体是电子计算机，主要以磁盘或光电介质作为存储的载体，这是传统的审计证据所不具备的。注册会计师甚至可以将被审计单位平时用的一些反病毒软件形成的日志、与别的单位进行传输的电子邮件、单位电脑的数据库文件、浏览器的历史记录等，都当成被审计单位的廉政审计电子证据进行分析和整理。

2. 脆弱性

脆弱性是指人为操作易导致灭失或失实。证据的产生存储和分析应用的全过程依托于存储载体，硬件损伤或人为操作失误都会对证据造成不可逆转的损失。由于电子证据通常被存储为磁信息、光信息等，因此它容易被人为篡改或变造。另外，计算机难免出现一些如系统瘫痪等情形，储存于其中的廉政审计电子证据的完整性和真实性易被破坏。特别是现在信息技术高速发展的大数据时代，企事业单位及会计审计领域都离不开计算机。虽然现在对被删除和破坏的信息进行恢复方面取得了很大的成就，但廉政审计电子证据遭到破坏还是会给审计人员的审计带来一定的麻烦。

3. 无痕性

无痕性是指采集、分析、记录过程中易被修改、损坏且不留痕迹，复核审理等人员难以鉴别其真实性和完整性。相比传统审计证据，廉政审计电子证据要通过计算机来获取，它通过磁盘、硬盘、光盘、半导体等高科技材料来实现存储功能，这样既降低了获取和存储审计证据的成本，而且使用起来也方便。不足的是，存储在这些介质上的数据文件很容易被擦除，并且很多外界因素都会对它们造成极大的破坏，比如由于磁场、电源电压等的变化而使得这些廉政审计电子证据丢失；廉政审计电子证据被修改时不留痕迹，审计人员很难发现，隐蔽性极强；此外，廉政审计电子证据容易被人为删改，或是由于被病毒感染、一些不可预测的物理破坏、不可抗力等导致证据被灭失。

二、廉政审计电子证据形成过程的规范化要求

（一）数据采集合法规范

数据采集是廉政审计电子证据产生的源头，所以要保证廉政审计电子

证据规范，必须从源头确保。第一，在制订电子审计方案时，要树立数据分析目标，确定要关注的信息系统和采集的目标数据，确保采集数据内容不超过职权范围、电子审计工作不偏离审计实施方案目标。第二，数据采集应服务于审计项目，以被审计单位信息系统的实际情况及审计目标为出发点，确定采集范围，提取财务数据及反映被审计单位经济业务、管理分析、决策支持等其他电子数据。第三，要规范数据采集程序，数据源确认时，要求被审计单位确认并承诺其提供的数据真实、完整，并明确数据容量、记录数量、信息系统基本功能等情况，形成的数据情况表需要被审计单位确认。第四，在交接过程记录时，双方相关人员应共同验证数据基本情况，确保交接数据内容与采集提取的内容一致，并签字确认。第五，在关键数据保全时，部分关键原始数据需要进行双备份，一份备查，一份供审计人员分析使用。

（二）清洗处理全面真实

一方面，电子审计所采集的数据一般来自多个业务系统，难免出现错误记录、冗余数据等情况；另一方面，被审计单位的信息系统是以满足自身业务需要设计的，与审计的视角存在差异。所以，在审计过程中需要对采集的数据进行清洗，并且按照审计需求处理形成可用数据。在数据清洗处理时应完整记录操作过程，并作为审计取证资料进行确认，条件允许的可与被审计单位人员共同完成，加强复核进行双把关，确保清洗处理后的数据不失真。在按重要性原则筛选数据时，要记录操作前后的数据表，以免数据源不完整、数据分析结果不能反映整体情况。

（三）验证内容确认可靠

根据国家审计准则的要求，审计人员获取的审计证据应具备可靠性，即审计证据真实、可信。电子证据依托被审计单位提供的各类原始数据而产生，要作为审计证据，需核实其真实、可信程度。因此，对电子证据的可靠性验证显得尤为重要。审计人可通过被审计单位其他非关联数据及外部独立的第三方数据，对被审计单位提供的数据进行可靠性验证，查明并验证被审计单位有无虚构、伪造、变造、隐瞒数据的情况，确认审计数据可靠性。

审计取证时可以从下述几个外部及非关联途径获取数据（以下简称外部数据）：一是调取被审计单位的财务资料、传统载体所反映的业务信息；二是获取有业务来往的上下游外部单位所提供的相关数据，比如上游公司对其供货情况，能准确反映企业在上游公司采购的真实发生额数据；三是通过审计抽样来调取部分原始单据、凭证；四是通过函调行政主管部门或其他政府部门掌握的与被审计单位相关的数据，比如，税务局掌握的发票数据可了解企业销售收入情况，上级财政部门对下拨付的某专项资金可印证地方某专项资金收入总额。以外部数据为基准，对被审计单位提供的并经过处理的数据进行验证，编制廉政审计工作底稿描述详细分析过程、数据异同，阐述分析结论，将可靠性验证过程也证据化。

（四）分析过程可重现

廉政审计电子证据往往以中间表形式反映结论，无法连贯地呈现分析过程，这样不利于审计人员之间的互相交流、理解以及合规的审理。这就要求用于电子审计的电脑应按规定安装取得合法授权的操作系统、使用正版数据库等分析软件，相关信息应作为分析过程并记录内容。在操作记录及关键节点结果输出时，必须详细记录分析步骤、操作方法、算法语句等，程序脚本需要规范保存，并适当输出关键分析节点的结果，确保数据分析过程可重现、分析结果不变样。除此之外还要充分利用异源数据，在具备条件的情况下，利用多系统数据分析产生同样或类似的结果作为不同来源的证据，以提升分析结果的证明力。

（五）分析结果可验证

对廉政审计电子证据审计时所发现问题的分析结果应遵循谨慎性原则对分析结果要进行抽查核实，或向被审计单位反馈确认、验证。对抽查核实后发现与真实情况不符的分析结果应认定为问题，对被审计单位反馈有异议的分析结果应审慎认定为问题，同时应就相关结果重现分析过程，追溯出现偏差和异议的源头，及时修正分析方法，确保电子审计质量。

三、廉政审计电子证据的收集程序

（一）初步调查被审计单位的基本情况和环境信息，进行风险评估

初步调查被审计单位的基本情况和环境信息，并对其进行风险评估是全面开展审计工作的第一步。被审计单位的环境信息一般指企业所处经济环境，其包括企业所处的行业环境和网络环境等。

企业基本情况主要包括企业的日常生产经营情况、债权债务情况、与客户之间的关系情况、营运资金的使用情况等。企业信息系统的信息主要包括企业的信息系统环境、用户权限设置、运行状况等。

在信息化技术条件下，通过对被审计单位的基本情况、环境信息及所面临的风险的了解，确定审计的范围、审计工作中所使用的审计软件，以及所用到的取证技术方法等，以保证下一步工作的顺利进行。

（二）收集和整理廉政审计电子证据

收集电子证据是审计工作的核心。审计人员在了解被审计单位计算机信息系统的数据处理情况、内部控制情况及应用程序的执行情况等基本情况的基础上，借助网络信息技术、计算机收集廉政审计电子证据的技术，综合被审计单位的变化情况，采用数据通信测试、网络安全测试、信息安全测试、实质性程序及控制测试等不同的审计方法，根据所出现的问题来收集所需要的廉政审计电子证据，并对电子化数据和信息进行综合分析、职业判断和整理，为形成审计结论和出具审计意见奠定基础。

（三）提出审计结论，并要求被审计单位严格执行

网络技术不仅改变了传统的经济活动中的交易模式，也改变了传统的编制财务报告的方式和财务报告的内容等。因此，在信息化环境下，审计人员出具审计结论并要求被审计单位执行，不再是单一针对有关会计报表发表审计意见，而是关系到整个被审计单位的信息系统和网络系统是否

安全可靠。2000 年我国就开始强制要求各上市公司必须在指定的网站上对财务报告进行披露，且必须在网站上分别注明审计结论是否已经审计。

（四）复核网络结构或者信息系统，促进信息系统有效运行

在信息技术条件下，信息系统审计是一个非常重要而复杂的工作。如果被审计单位要对原有的信息系统进行优化，或者重新更换一套信息系统，那么审计人员必须对信息系统进行复核，并对在信息系统不断完善的过程中产生的审计证据进行重新收集和分析，从而促进信息系统有效运行，保证廉政审计电子证据的真实完整。

（五）维护审计系统运行，保证审计电子证据的安全

在信息技术条件下，网络的安全问题是实施审计过程中一个非常重要的问题。一旦网络信息出现问题，传播速度就非常之快，使得审计人员措手不及，所以即便是从网络上已经取得了廉政审计电子证据，其安全问题仍然是一个不能小视的问题。因此，信息安全维护是审计机构相当重要的一个环节，也是一项十分重要而艰巨的任务。

四、廉政审计电子证据的获取

（一）规范数据采集途径

廉政审计电子证据来源于电子数据及其分析结果，因此，要提高廉政审计电子证据的适当性，就需要保证源头可靠。首先，应根据审计方案，确定合理的电子审计数据采集范围，明确采集过程及采集量。其次，数据采集应服务于审计项目，以审计目标及被审计单位信息系统的实际情况为出发点，确定采集范围，提取财务数据及反映被审计单位经济业务、管理分析、决策支持等其他电子数据。

（二）记录数据整理过程

由于国家审计是以第三方独立视角剖析被审计单位各项相关业务，其

关注点与被审计单位开展日常业务的关注点存在着差异，因此，被审计单位信息系统能够提供的数据与审计数据需求不能完全衔接，需要审计人员进行数据整理。为了避免在数据整理时数据内容发生变更，首先应将获取的原始数据封存固化，再基于复制件展开整理等操作；其次以书面形式明确数据处理过程，保存全部中间数据，保证所有整理成果可追溯、可恢复，确保审计数据整理不影响审计事项分析结果。

（三）审查电子证据“三性”

一般情况下，对廉政审计电子证据的审查应关注其“三性”，即真实性、关联性、合法性。其中，对于关联性和合法性，由于电子证据与一般的证据类型无异，因此《最高人民法院关于民事诉讼证据的若干规定》（以下简称《证据新规》）没有加以规定，而是着重关注其真实性。这是因为电子证据与其他证据相比，具有一定的虚拟性和流动性，在信息本身和存储介质之间，存在一定的时空差，且电子证据本身作为一种新型的证据类型，更加需要新的法律规范加以规制。《证据新规》第九十三条对审查电子数据的真实性提供了考量因素，为审判人员对电子数据的采信认定提供了指引。

总之，审计人员在确定廉政审计电子证据的获取范围时，应该结合审计项目的具体要求，围绕审计目标，合理确定廉政审计电子证据的获取范围。当前廉政审计主要是对经济效益、财务收支等方面的审计，对廉政审计电子证据的收集应该合理服务于被审计单位的经济效益和财务收支等具体审计项目，收集范围应该围绕如何提高被审计单位的经济效益和财务收支的合规性、合法性等审计目标及信息系统的实际情况来确定，要在收集电子财务数据的同时，收集反映被审计单位经济业务、管理分析、决策支持等审计目标的电子数据。除此之外，还应该依照工作环境及实际需要积极主动地开展互联网审计，完成实时收集被审计单位的廉政审计电子证据，或者通过运用被审计单位内部的系统重新进行处理和分析，以实现对审计系统的持续监控。

第五节　廉政审计证据档案

廉政审计证据贯穿廉政审计工作的全过程，是形成廉政审计工作底稿和撰写廉政审计报告的依据，对廉政审计工作和廉政审计人员而言都至关重要。因此，我们必须认真取得廉政审计证据，充分保证廉政审计质量，以降低廉政审计风险。

(1)证据的关键环节要具体详细。证据的关键环节对所证明的事件起决定性作用，具体事件的性质不同，证据的关键环节也不同。

(2)书证的内容和出处要具体详细。书证所记录的内容要具有可核实性，要求具体详细地记录所发现的问题、错误和舞弊情况。对取得的会计记录、会议记录、经办人手中保管的流水账等书证，要注明出处、取证人、取证时间，并要求出证人和出证单位签章。

(3)言证对事实的叙述要清楚完整。通过廉政审计人员的询问，让被调查人对事实发生的时间、地点、情节、有关人员的主客观原因和后果等进行详细叙述，再根据事实构成要件需注意的关键环节和在其他证据中掌握的情况，进一步调查核实，必须做到真实、准确、完整，并要求出证人签章。

(4)编制廉政审计工作底稿归档。廉政审计工作底稿是各种廉政审计证据的载体，是廉政审计人员在廉政审计过程中形成的廉政审计工作记录和获取的资料。廉政审计工作底稿应包括制定的廉政审计计划、实施的廉政审计取证程序、获取的廉政审计证据、得出廉政审计结论的记录等。廉政审计工作底稿应包含以下基本信息：审计项目及审计事项的名称、实施的时间；审计过程、审计结论和依据；廉政审计人员姓名、编制日期；复核人员姓名、复核意见、复核日期；被审计人意见及签章；索引号、所附廉政审计证据数量及清单。

第九章

廉政审计报告

第一节　专业判断

一、专业判断的性质

专业判断是指廉政审计人员为了实现廉政审计目标，依据审计法律法规的规定和有关标准，在审计实践和感性认识的基础上，根据自己的专业知识和经验对客观的廉政审计对象和主观的廉政审计行为作出的合理的专业认定、评价和决策。专业判断是廉政审计人员的能力、意识、经验、道德等主观要素的有机统一和外在表现，既是一种专业胜任能力的体现，又是一种深受独立性和审计环境影响的专业思维活动。关于专业判断的具体阐述如下。

(1)专业判断是一种专业胜任能力。《中华人民共和国国家审计准则》第十四条规定："审计人员执行审计业务，应当具备下列职业要求：(一)遵守法律法规和本准则；(二)恪守审计职业道德；(三)保持应有的审计独立性；(四)具备必需的职业胜任能力；(五)其他职业要求。"可见，良好的专业判断能力是廉政审计人员职业关注、专业修养、技术能力集中体现出来的对审计线索的敏感意识和发现能力，能帮助廉政审计人员迅速引起职业警觉，作出准确的判断，选择恰当的审计方法，敏锐地捕捉相关信息，并直接切入审计重点、难点和疑点，及时发现潜在风险，提高审计工作质量和效率。

（2）专业判断是一种专业思维活动。《中华人民共和国国家审计准则》第十五条规定："审计人员应当恪守严格依法、正直坦诚、客观公正、勤勉尽责、保守秘密的基本审计职业道德。""……客观公正就是审计人员应当保持客观公正的立场和态度，以适当、公允的审计证据支持审计结论，实事求是地作出评价和处理审计发现的问题。"明智公允的专业判断是廉政审计人员对重要审计事项在合理认知预测基础上作出的准确而科学的审计决策，意味着廉政审计人员所决定采取的审计程序和所选择的审计方法，能节约审计成本，规避审计风险，提高审计质量，实现审计目标。反之，专业判断失误，就意味着审计风险剧增，难以保证审计质量和实现审计目标。廉政审计人员的知识、经验乃至性格、习惯、心态等个人因素都会被带到审计专业判断过程中，从而影响审计专业判断的结果。审计人员实施审计时，应当对审计工作中的重要事项及审计人员的专业判断进行记录，并编制廉政审计工作底稿。

（3）专业判断是与廉政审计事项结论密切相关的认定、评价和决策过程。专业判断贯穿于整个审计工作过程。廉政审计人员完成审计项目，需要运用多方面的专业判断，比如，识别重要的审计目标；评价审计风险；选择审计程序；评价审计证据；确定重要性水平；评价分析性程序的结果；评估相关责任主体所做出的陈述或说明；发表审计意见。

在审计计划阶段，廉政审计人员应当保持应有的职业谨慎，不论是审计所涉及的相关企业和行政事业单位，还是审计公权力者个人，都应该合理运用专业判断，对审计风险进行评估，制定并实施相应的廉政审计程序，对重要性水平做出初步判断以确定所需审计证据的数量。

在审计实施阶段，廉政审计人员需要更多地运用专业判断。对相关企业和行政事业单位进行廉政审计时，往往需要执行抽样测试，那么，在诸如审计抽样的样本选择，抽样结果的可信赖程度，廉政审计程序是否能实现廉政审计目标，已获取审计证据的充分性、适当性，以及相关测试的性质、时间、范围等方面，都应该运用专业判断。

在审计终结阶段，廉政审计人员需要实施最后的质量控制，在复核审计工作底稿，发表审计评价意见，定性、处理、处罚等环节，尤其需要运用廉政审计人员的专业判断。审计专业判断的正确与否，直接关系到审计事项结论、审计意见及审计决定的正确与否。

(4)独立性对审计专业判断功能的作用。独立性是廉政审计监督的灵魂，它要求廉政审计部门和廉政审计人员与被审计单位保持组织独立、经济独立和工作独立等形式上的独立，也要求廉政审计部门和廉政审计人员在工作中保持不偏不倚的客观态度，从而实现实质上的独立。《中华人民共和国国家审计准则》第十六条规定："审计人员执行审计业务时，应当保持应有的审计独立性。"实质上的独立，使得审计专业判断不受外部因素的干扰和影响，有利于审计评价保持客观和审慎，审计决策做到公正和合法。

(5)审计环境对审计专业判断功能的作用。审计活动总是在一定环境条件下完成的，审计环境的演进总是对审计专业判断产生深刻的影响，审计环境的演进直接导致了审计专业判断的产生，并使得审计专业判断在审计活动中扮演着更为重要的角色。审计专业判断应该随着审计环境的演进而不断与时俱进。

(6)廉政审计学基本专业判断标准。廉政审计人员在实施审计的过程中，可以选择作为专业判断标准的主要依据通常有：法律、法规、规章和其他规范性文件；国家有关方针和政策；审计准则和职业规范；会计准则和会计制度；国家和行业的技术标准；预算、计划和合同；被审计单位的管理制度、绩效目标、历史业绩；公认的良好业绩和业务惯例；专业机构或者专家的意见；岗位职责；其他标准，如公德标准、伦理标准、习俗标准；等等。

二、企业单位廉政审计关键点判断

廉政审计人员在实施企业单位廉政审计的过程中，应该重点关注的关键点包括：相关法规、政策和规划的执行情况，法人治理结构，投资管理，资金管理，资产管理，工程项目管理，利润税收管理，公务支出公款消费和兼职返聘管理，损失问责及整改情况，工会工作等。

在相关法规、政策和规划的执行情况审计中，重点关注企业单位执行国家及省市政策措施是否正确到位，比如扶贫结对和消除薄弱村的任务是否落实到位等。

在法人治理结构审计中，重点关注法人治理结构是否完善。可能存在的主要问题有：监事会设立及履行职责不到位；监事会成员没有职工代表，或虽有职工代表却没有通过公司职代会选举，也没有在工商登记机关备案；没有召开监事会、未履行监事会职责；外部独立董事管理办法执行不到位；董事会人数未达到法定人数要求；没有建立董事会议事规则、监事会议事规则等。

在投资管理审计中，重点关注投资决策及转让程序是否符合规定、为子公司提供担保是否符合规定，以及是否违规持有下级单位股份等。可能存在的主要问题有：投资事项已经党委会审议，却未经董事会决议而直接执行党委会决议出资；子公司未经集团董事会同意，擅自投资决策，在集团董事会同意后继续隐瞒先行投资的问题；转让资产未经评估和公开挂牌；转让资产虽然经过评估，但评估报告只用一种评估方法；国有企业为非国有企业提供担保业务；为非全资子公司(其他股东为民企或个人)提供全额担保；为高负债、高风险、低盈利、现金流差的单位提供担保；为无实质性业务关系的企事业单位提供担保等。

在资金管理审计中，重点关注资金存放是否合规、银行账户开立是否过多、不兼容岗位或职务是否分离、是否设立小金库、是否存在个人违规借款等。可能存在的主要问题有：单位资金未进行竞争性存放；购买理财产品未经“三重一大”决策；银行账户开立过多；部分银行账户长期不使用、余额很小；开立银行账户未经审批；会计一人保管网银U盾和密码；会计或出纳实际一人履行会计和出纳两人职责，并且没有进行实际复核；收入不入账；虚列支出套现；私设“小金库”；将单位收入存入个人账户；下属企业存在股东个人(高管)违规向企业借款；个人备用金长期不还等。

在资产管理审计中，重点关注房产车辆管理是否规范。可能存在的主要问题有：房产、车辆管理不规范；房产闲置；房产出租未公开招标；账实不符；权属不符；已参加过房改的人按公租房价格租房；房产和车辆未入账；资产未定期盘点等。

在工程项目管理审计中，重点关注招投标是否规范。可能存在的主要问题有：未按规定招标；招标过程不合理、存在舞弊行为，如违规串标行为、将项目违规承包给个人等。

在利润税收管理审计中，重点关注是否存在少计提资产减值准备、潜亏挂账、少缴纳税金等情况。可能存在的主要问题有：应收债权未足额计提资产减值准备；存货未计提资产减值准备；已经发货实现销售的商品继续挂账而未计提资产减值准备；对外投资未计提资产减值准备；商誉未定期进行资产减值测试未计提资产减值准备；土地资产未计提折旧；亏损挂账而未及时转期间费用；将工资列为福利费、少缴福利费的个人所得税；签订合同、增加净资产，少缴印花税；从投资有限合伙公司分配来的税前投资收益未缴企业所得税等。

在公务支出公款消费和兼职返聘管理审计中，重点关注企业是否有违反中央八项规定及其实施细则精神的行为、是否有违规出国(境)行为、是否有违规兼职和返聘等问题。可能存在的主要问题有：违规列支烟、超标的酒、购物卡、土特产，以及其他超标的礼品；招待费无招待清单，仅有发票，现金支付，发连号，不能说明真实合理去向；工资总额外发放福利，包括通信补贴、用车补贴、过节费等；办公室面积超标或者同城有多处办公场所；花巨资办团拜会；超标准组织职工旅游；超标准乘坐交通工具，包括飞机公务舱，动车高铁商务座、一等座等；公务费用下沉至下属单位或协会；公务用车未定点修理，修理费用无明细、未一车一卡加油，用车无记录；下沉出国(境)费用；超标准报销出国(境)费用；擅自变更出国(境)线路；未经审批或备案在企业持有股份；违规兼职；违规退休返聘等。

在损失问责及整改情况审计中，重点关注企业是否存在资产损失未追责、未及时整改等情况。可能存在的主要问题有：对造成投资和债权损失的相关人员未追究责任；对审计报告事项未及时整改或虚假整改；对集团内部审计报告整改不到位；对单位内部巡察报告整改不到位等。

在工会工作审计中，重点关注工会是否违规列支。可能存在的主要问题有：列支家属疗休养费；违规发放购物卡、书卡等充值卡；每年发放慰问品支出比例超规定、发放次数超规定，竞技类活动获奖人数过多，活动费标准过高；发放现金过节费、春游费等。

三、行政事业单位廉政审计关键点判断

廉政审计人员在实施行政事业单位廉政审计的过程中，应该重点关注的关键点包括：预算管理，收支管理，“三公”经费管理，资产管理，公款竞争性存放管理，资金绩效管理，政府采购和购买服务管理，会议培训费管理，津贴补贴福利管理，机构编制管理，内部控制，下属单位监管等。

在预算管理审计中，重点关注预算编制是否完整完全、是否存在无预算列支和超预算列支经费的情况、预算执行是否规范等。可能存在的主要问题有：预算编制不完整，收支及结余款未纳入预决算管理；利息收入未纳入预算管理；无预算安排支出；超预算安排支出；未按照年初预算安排支出；预算执行率低等。

在收支管理审计中，重点关注是否存在收支未纳入法定账簿核算管理、未将上级相关部门下拨的资金确认收入、未及时收缴房屋租金、支出报销审批不规范、列支非本单位费用、向其他单位转嫁费用、未按规定使用资金等情况。可能存在的主要问题有：采取收入不入账、挂往来账；未将所有收入纳入预算；以虚列支出等方式将资金转移到账外；将上级相关部门下拨的资金挂往来款，或转移到下属单位；未建立健全支出报销审批制度；对相关支出报销审批不严；将下属单位费用在本级核算；将预算单位支出在本单位核算；向下属单位转嫁费用；向其他单位转嫁费用；项目资金未按规定使用等。

在“三公”经费管理审计中，重点关注公务接待管理是否规范，公车使用管理是否规范，因公出国管理是否规范，是否存在列支烟、酒、土特产等情况。可能存在的主要问题有：公务接待超标；报销时未按规定附接待对象名单、接待对象清单、接待公函等；借用、占用下属单位或其他单位车辆；保留的公车使用管理不严，未建立用车、加油、维修管理台账；加油卡年底突击充值；无预算、超预算列支因公出国费用；虚列、转嫁因公出国费用；未经审批持因私公费出国等；违规在公务接待中列支香烟、酒，以及其他礼品等；向下属单位转嫁香烟、酒，以及其他礼品等支出等。

在资产管理审计中，重点关注是否存在资产管理不规范、出租不规范、新增软件资产等未入财务账、资产处置管理不到位等情况。可能存在的主要问题有：固定资产管理不到位，账实不符；房屋等资产长期闲置；未经公开招标直接对外发包；出租收入没有及时收取和上缴财政；新增固定资产未及时入账；固定资产未纳入台账；未进行固定资产定期盘点；信息系统建设后未及时纳入固定资产管理；固定资产报废未履行报批手续；固定资产报废处置未及时进行账务处理等。

在公款竞争性存放管理审计中，重点关注执行公款竞争性存放政策是否到位。可能存在的主要问题有：符合条件公款未实行竞争性存放；竞争性存放组织实施不及时；竞争性存放招标不规范，比如对投标人资格的确定不统一、缺乏标准、实际操作的评标办法与对外公告的不完全一致、招投标资料未归档管理；新开账户自行选择开户银行或将专户资金转出到未实施竞争性存放的开户银行等。

在资金绩效管理审计中，重点关注预算绩效目标编制是否规范、项目绩效评价、转移支付资金绩效管理评价等。可能存在的主要问题有：绩效目标设定不明确；绩效目标缺少量化指标；绩效目标过于笼统；项目经费执行率低，经费当年结余多；经费历年沉淀量大；转移支付资金分配缺乏日常监督和绩效考核；转移支付资金结转结余未使用等。

在政府采购和购买服务管理审计中，重点关注政府采购政策执行是否到位、政府购买服务是否按规定程序执行、政府购买服务内容或方式是否规范、政府购买服务购买主体对合同及验收管理是否到位、政府购买服务承接主体是否存在违规承接或转分包情况、政府购买服务项目绩效评价工作是否到位等。可能存在的主要问题有：政府采购未进行招投标；政府采购中存在投标单位陪标嫌疑；拆分项目规避政府采购；未严格执行先有预算再购买服务的规定；合同约定服务期限或实际服务日期早于采购流程日期；政府购买服务项目内容与指导目录不符；单一来源采购方式依据不充分；有利害关系者参与论证；采取单一来源采购方式的项目未按要求公示；不签订正式合同或合同约定付款方式不合理；未对政府购买服务项目进行严格验收；部分公益一类事业单位违规承接政府购买服务项目；政府购买服务项目存在转分包情况；未全面开展购买服务项目绩效自评；绩效目标未完成等。

在会议培训费管理审计中，重点关注会议费支出管理是否规范、培训费支出管理是否规范等。可能存在的主要问题有：会议费结余在宾馆饭店挂账用于其他消费等；转嫁会议费，向参会单位收取额外费用；在会议费中列支与会议无关费用、会议费中列支礼品支出；会议费中列支考察旅游、纪念品等费用；无预算召开会议，会议费超预算、超标准；在会议费中虚列支出；培训费结余在宾馆饭店挂账用于其他消费等；转嫁培训费，向其他单位收取额外费用；在培训费中列支与培训无关礼品支出、津补贴等其他费用；在培训费中列支考察旅游、纪念品等费用；无预算举办培训班，培训费超预算、超标准；在培训费中虚列支出等。

在津贴补贴福利管理审计中，重点关注单位福利费计提是否规范、是否违规兼职取酬、是否违规发放劳务费和奖励等。可能存在的主要问题有：未按规定标准和时间要求计提福利费；未按规定发放津补贴等福利；违规列支油卡、电话卡和超市卡，自立名目发放津补贴等；未经批准在协会兼职并领取报酬；在营利性机构兼任职务并领取报酬；以劳务费等名义发放补贴福利；以各种奖励名目违规发放津补贴等福利等。

在机构编制管理审计中，重点关注机构编制管理是否规范。可能存在的主要问题有：长期借用下属事业单位编制内人员；未经主管部门批准设立事业单位；单位重要岗位由编外人员担任；事企融合，人员混岗、经费混用现象突出等。

在内部控制审计中，重点关注内控制度是否规范。可能存在的主要问题有：内控制度不健全；制度执行不到位；不相容岗位未分离等。

在下属单位监管审计中，重点关注是否存在向下属单位转移收支、对下属企业监管不严等情况。可能存在的主要问题有：在下属单位列支机关人员费用、津补贴、“三公”经费、会议培训费等支出等；未建立健全对下属单位的考核、管理、审计等制度；下属单位管理混乱，财务核算、资产管理不规范；下属单位在经营中存在较多违规问题，对外投资、合作存在资产流失等风险隐患。

四、公权力者个人廉政审计关键点判断

廉政审计人员在实施公权力者个人廉政审计的过程中，应该重点关注的关键点包括：任职上岗管理，岗位职责及其履行管理，薪金报酬管理，账户管理，财产管理，消费活动管理，休闲活动管理，人格特征及其行为规律管理，涉嫌腐败线索甄别管理等。

在任职上岗管理审计中，重点关注该公权力者上岗程序是否符合规定。可能存在的主要问题有：上岗任职资格不符合要求；试用期考核流于形式；工作积极性受利益分配等因素的影响等。

在岗位职责及其履行管理审计中，重点关注该公权力者是否能够胜任其岗位职责。可能存在的主要问题有：不认真履行岗位职责损失工作责任；不积极履行岗位职责损失工作效率；不正确履行岗位职责损失工作效果；不履行岗位职责导致工作损失等。

在薪金报酬管理审计中，重点关注该公权力者薪金报酬收入是否符合规定。可能存在的主要问题有：不符合薪酬范畴的收入；虚报冒领的加班费等各种名目的非正常方式的收入；各种非现金形式的收入；以及各种非收入形式的收入和非劳务性报酬等。

在账户管理审计中，重点关注该公权力者的薪酬等各种资金账户是否符合规定和规律。可能存在的主要问题有：不正常的收入；不正常的支出；不正常的异动；以及薪酬等资金账户长期只收入不支出或者长期不动等非正常情况等。

在财产管理审计中，重点关注该公权力者的财产是否符合规定、财产产权是否清晰合法。可能存在的主要问题有：产权不清晰的财产；可能转移了产权的财产；亲属的不正常财产；不正常交易中的财产；不正常交易获得的财产等。

在消费活动管理审计中，重点关注该公权力者的消费支出是否与其收入水平相匹配。可能存在的主要问题有：超出收入水平的消费活动；其他异常的消费活动；正常的消费活动中的非必要重复行为等。

在休闲活动管理审计中，重点关注该公权力者的休闲活动行为是否合

法，且与其收入水平相匹配。可能存在的主要问题有：超出收入水平的休闲活动；其他异常的休闲活动行为等。

在人格特征及其行为规律管理审计中，重点关注该公权力者是否与其岗位职责相匹配。可能存在的主要问题有：需要分析的对抗心理行为规律；需要分析的心理困境冲突行为规律；需要分析的认知误区行为规律；需要分析的记忆经验行为规律；需要分析的利弊置换行为规律；需要分析的需要属性行为规律；需要分析的超我人格行为规律等。

在涉嫌腐败线索甄别管理审计中，重点关注该线索是否具有价值。可能存在的主要问题有：线索背景不清晰；线索性质不清晰；线索内容不清晰；线索价值不清晰等。

第二节　廉政审计报告书

廉政审计报告书是廉政审计人员对公权力者履行岗位职责的情况实施审计以后，就其审计工作结果向委托人、授权人、法定报告对象提交的书面文件，是廉政审计工作和结果的信息载体。

一、廉政审计报告书报告目标

廉政审计是以发现腐败问题为导向的审计，所以廉政审计的目标就是实现腐败治理信息透明化。具体而言，廉政审计报告书包括三个层次的含义。

一是报告公权力者就其履行岗位职责的事实信息。廉政审计报告书要对公权力者就其履行岗位职责的陈述表达意见，具有解脱责任和明确责任的双重目标，对公权力者认真履行其岗位职责的事实应该给予解脱责任，对公权力者履行其岗位职责中存在的腐败事实应该明确责任并追究责任。

二是报告已经查清的腐败事实信息。这是廉政审计报告书与财务报表审计就管理当局关于财务报表信息的陈述表达意见的审计报告不同之处，存在腐败事实的廉政审计报告书就不再仅仅是对公权力者就其履行岗位职责的陈述表达意见了，而是要直接完整准确地报告腐败事实，而且要有对腐败问题的处理意见以便于追究相关责任人的责任。所以，简短的审计意见和审计报告并不能满足信息使用者的需要。

三是报告防范类似腐败问题再次发生的措施信息。追究和惩治腐败行为只是手段而已，预防腐败问题的发生才是根本目的。廉政审计报告书不仅要直接完整准确地报告腐败事实，而且要报告防范类似腐败问题再次发生的措施和建议。

目前，我国乃至世界都既没有关于廉政审计报告书的执业准则规定和规范，也没有形成廉政审计实务中的职业规范和格式。因此，研究设计廉政审计报告书范式还只是一种根据实际需要所做的创新性尝试，在实现腐败治理信息透明化的目标中，充分发挥廉政审计的作用。

首先，廉政审计报告书是廉政审计人员评价和明确相关责任的依据。

廉政审计报告书是廉政审计人员评价被审计人履行岗位职责和承担经济、法律等相关责任情况，发表审计意见，提出审计建议的载体；廉政审计报告书是相关部门和人员向被审计人做出责任认定决定的依据；廉政审计报告书是具有鉴证作用的文件，鉴证作用包括解脱责任和明确责任。

其次，廉政审计报告书是评价廉政审计工作质量和廉政审计人员履行岗位职责的重要依据。

廉政审计报告书信息翔实、完整地记载着廉政审计过程和内容，包括制定的廉政审计计划、实施的廉政审计各项工作、获取的廉政审计证据、得出的廉政审计结论及其记录等。这一方面是报告被审计人履行岗位职责的相关信息，另一方面也是报告廉政审计自身履行岗位职责的信息，用以评价廉政审计工作质量和考核廉政审计人员。

最后，廉政审计报告书是为国家经济决策服务的信息来源。

如前所述，廉政审计报告书是具有鉴证作用的文件，这种鉴证作用包括解脱责任和明确责任，既考量人，也考量事，目的就是使得每一个人都认真履行岗位职责，服务于国家治理体系和治理能力现代化建设、服务于社会经济建设。

二、廉政审计报告书的基本要素

(一)廉政审计报告书的一般要素

廉政审计报告书一般要素是指所有审计报告都应该包括的内容，或者说是廉政审计报告书上的基本信息，就像一张购物发票上的日期、事项及金额、签章等基本信息。

廉政审计报告书的一般要素包括：报告标题；报告编号(审计报告应当有规范的编号)；报告对象；责任区分；审计的目的和范围；被审计人，即被审计单位或个人；被审计项目，即被审计的具体事项；报告内容，主要包括审计标准、审计依据、审计情况、审计评价、说明事项等；审计人(审计单位、审计小组、审计负责人)；报告日期，即审计截止日。在廉政审计报告书的一般要素中，要强调说明的是责任区分、审计的目的和范围等要素。

关于责任区分。责任区分就是在廉政审计报告书中应当对如何区分审计责任与非审计责任作出说明。廉政审计学研究还只是首创性研究，不像财务报表审计那样有完善的法律规范和职业规范，所以目前在法规或准则中还没有对廉政审计责任的明确规定，因此必须在廉政审计报告书中对审计责任与非审计责任作出相应界定。如同财务报表审计一样，廉政审计中审计人员只能提供合理保证，如果不明确审计责任，报告使用人可能会认为审计人员提供的是绝对保证，所以在报告中对审计责任予以说明，可以提醒报告使用人合理使用报告。同时，非审计责任包含了被审计单位的管理责任、被审计者个人责任，以及其他有关廉政审计环境因素的责任等。区分审计责任与非审计责任，也是对廉政审计人员的一种保护。

关于审计的目标与范围。审计的范围一般通过明确被审计主体、被审计的事项及审计涵盖的期间予以限定。在廉政审计报告书中对审计的目标与范围的表述十分重要，廉政审计人员应该考虑在廉政审计报告书中说明是否存在任何审计范围上的限制、限制的程度如何，这是发表公正审计意见、作出审计结论的基础。如前所述，因为目前廉政审计学研究还只是一种首创性研究，理论界和实务界都还没有就廉政审计报告规范达成共识，所以，廉政审计报告书的规范还只是一种探索。研究认为，在廉政审计报告书中说明审计的目标与范围，可以便于报告使用人、阅读者理解审计事项和适当解释审计结论，避免对报告使用人产生误导。所以廉政审计人员需要在廉政审计报告书中对廉政审计的目标与范围作出说明。

(二)廉政审计报告书的特殊要素

廉政审计报告书的特殊要素就是廉政审计报告书所具有的区别于其他诸如财务报表审计报告的要素。廉政审计报告书的特殊要素主要有以下几个方面。

一是廉政审计程序与方法。在廉政审计中，不仅要采用通常的诸如财务报表审计程序与方法，如执行了解程序、检查书面资料、查询及函证、询问相关人员、内部控制测试等；一般还有其自身独特的程序与方法，如获取嫌疑人陈述；获取证人证词；获取嫌疑人金融证据资料；获取大数据信息技术下与腐败行为相关的隐私资料；多职能部门协同办案的特殊程序与方法等。廉政审计人员应该在廉政审计报告书中进行披露腐败信息透明度所必要的表述和阐述。这种表述和阐述必须是依法披露并且是符合遵守保密规定和要求的，既要增加廉政审计报告书信息的妥当性和腐败信息透明度，又要确保能够避免产生不良影响和后果。

二是廉政审计发现的事实。在人们常见的财务报表审计报告中，无须列举审计发现的事实，通常情况下对不符合公认会计原则的事项一般要求被审计单位调整。当被审计单位拒绝调整或者无法沟通时，审计人员就会视问题的性质而考虑其对审计意见的影响。在廉政审计中，廉政审计人员的结论必须建立在充分的证据基础上，对所取得的主要证据应当加以列示，并且在廉政审计报告书中直接陈述其审计结论。

三是廉政审计结论与建议。廉政审计结果的概括就是审计结论，目的是说明腐败问题存在与否、腐败行为者及其非法所得金额等。为了充分发挥廉政审计学的建设性作用，有效预防腐败特别是类似腐败问题的再次发生，廉政审计人员在廉政审计报告书中撰写建议是十分必要且不可缺少的。

三、廉政审计报告书的基本内容

廉政审计小组在实施了廉政审计或者廉政专项审计调查以后，应当向派出审计小组的廉政审计部门提交相关审计报告。廉政审计部门在审定了审计小组的审计报告以后，应当出具廉政审计部门的报告，即廉政审计报告书。

在廉政审计或者廉政专项审计调查中发现的依法需要移送其他有关主管机关或者单位纠正、处理处罚或者追究有关人员责任的事项，廉政审计部门应当出具审计移送处理书。若是与纪检监察等部门联合办案中的廉政审计，应当在审计结束时向办案负责部门适时提交廉政审计报告书。

廉政审计报告书应该阐述的基本内容主要包括：审计依据及相关责任说明；实施审计的基本情况；被审计人基本情况；廉政审计结论；建议与措施；其他相关事宜等，简要阐述如下。

第一，审计依据及相关责任说明。审计依据，即实施审计所依据的法律法规规定；相关责任说明，应该分别说明审计人员责任、被审计人责任，以及其他有特殊需要说明的责任等。

第二，实施审计的基本情况。实施审计的基本情况，一般包括审计目标、审计范围、审计内容、审计方式、实施的起止时间。

第三，被审计人基本情况。被审计人系单位的，应该报告被审计单位的经济性质、管理体制、财政财务隶属关系，以及财政财务收支状况等；被审计人系个人的，应该报告被审计人个人的职务、岗位性质、相应岗位职责，以及其他相关事项，如家庭和主要社会关系等。

第四，廉政审计结论。廉政审计人员应当运用职业判断(专业判断)，根据不同的廉政审计目标，以相关认定的事实为基础，充分考虑审计风险和重要性要求，以充分、适当的廉政审计证据为依据对被审计事项的真实性、合法性和效益性发表审计评价意见。真实性主要评价被审计人相关活动信息与实际情况相符合的程度；合法性主要评价被审计人相关活动遵守法律法规和规章的情况；效益性主要评价被审计人相关活动的经济效益、社会效益和环境效益。

廉政审计人员只对所审计的事项发表审计评价意见，对审计中未涉及、审计证据不充分或不适当、评价依据或标准不明确及超越审计职责范围的事项不发表审计评价意见。

第五，建议与措施。对于审计中发现的被审计人违反国家规定的财政收支行为、财务收支行为、违法违规腐败行为等，根据相关责任说明的阐述，说明相关责任人应承担的责任，并依法做出处理处罚决定或处理建议。尤其要在廉政审计报告中提出相关预防措施和建议，惩恶警世，立规救市。

第六，其他相关事宜。其他需要说明的事项或情况。

需要说明的是若遇有特殊情况，廉政审计部门可以不向被审计单位出具廉政专项审计调查报告书，对于在廉政审计或者廉政专项审计调查中发现的被审计单位违反国家规定的财政收支、财务收支行为，依法应当由廉政审计部门在法定职权范围内做出处理处罚决定的，廉政审计部门应当出具廉政审计决定书。

四、撰写廉政审计报告书的基本要求

撰写廉政审计报告书的基本要求，可以从两个方面来加以阐述，一个是专业化要求，另一个是信息化要求。

（一）专业化要求

一是内容表达要求。廉政审计报告书内容表达要求做到事实清楚，证据确凿，结论正确，观点明确。

首先，廉政审计报告书中所涉及的事项，应当事实清楚，证据确凿，未经证实的任何资料不得写入廉政审计报告书。廉政审计报告书中所揭示的核心内容，应当真实客观，内容完整，既要全面完整表达，又要分清主次、突出重点，不遗漏也不重复。

其次，廉政审计报告书中所做出的审计评价，应当客观公正，实事求是，既要充分肯定成绩，又要指出存在的不足和问题。对存在的不足要立足于独立的立场而中肯地表达意见，对存在的问题的定性要有充分的事实依据和法律依据。未经证实的事项不做判断性评价。

最后，廉政审计报告书中所提出的违反国家法规的行为，严格对照审计标准和依法做出恰如其分的评价和处理。定性要有充分的事实依据和法律依据，评价要准确中肯，处罚要有法律依据（即要依法处罚），处理要正确且合法合规。对违反国家法规的行为的定性、评价、处罚、处理，应当做到谨慎恰当，宽严有度，有法可依。

二是语言表达要求。为了充分发挥廉政审计报告书的作用，廉政审计报告书语言表达要求做到准确、清晰、简洁、明快。

准确表达要求廉政审计报告书语言精确规范，以避免廉政审计报告书使用者产生歧义。清晰表达要求廉政审计报告书语言是非分明，以避免廉政审计报告书使用者产生疑义。简洁表达要求廉政审计报告书语言简单明白，以避免廉政审计报告书使用者产生联想。明快表达要求廉政审计报告书语言方式恰当，中规中矩，符合专业要求，以避免廉政审计报告书使用者产生误解。在廉政审计报告书中，对于应当肯定或否定的内容，绝不可以用模棱两可的词语来表达，一定要用确切恰当的文字来说明，以做到准确、清晰、简洁、明快阐述。

三是形式表达要求。廉政审计报告书形式表达要求做到要素齐全，结构合理，逻辑严谨，格式规范。廉政审计报告书的格式应当严格按照廉政审计部门的相关规定撰写，标题、编号、被审计人、被审计项目、报告内容、审计人、签发日期等应当符合规范要求，廉政审计报告书的具体内容必须主次清晰、逻辑连贯、结构完整。

（二）信息化要求

一是廉政审计信息动态化。充分发挥信息化时代的技术优势，实现廉政审计资料的信息化，以便于对廉政审计监督事项进行实时动态跟踪监督和管理。

二是廉政审计信息透明化。充分发挥信息化时代的大数据分析和管理优势，实现廉政审计信息透明化，以便于对廉政审计监督事项进行实时联动、协调、跟踪监督和管理。

五、廉政审计报告书规范

由于廉政审计学是以发现腐败问题为导向的特种审计，廉政审计报告书要求直接陈述审计情况和结论，而且涉及一系列的舞弊证据，通常情况下篇幅较长，所以就不能像在财务报表审计中那样采用标准格式的审计报告。廉政审计报告书的格式应按照一定的逻辑顺序来安排报告内容，根据廉政审计信息披露的需要按照重要性和符合人们阅读的习惯进行资料编排，可以考虑先简单阐述审计结果，再引述充分的证据来进一步证实审计结论。就廉政审计报告书正文的撰写规范而言，可以依次阐述背景资料；报告摘要；审计目标与范围；审计结论；腐败事实阐述；审计具体建议与措施等内容。

（一）背景资料

在廉政审计报告书的背景资料部分，应该阐述审计的动机、性质，以及前因后果等。诸如，实施该项廉政审计的原因，是源于例行的廉政审计，还是因为腐败线索或断言；该项廉政审计对象与企事业单位的关系，是属于企事业单位整体（比如企业财务造假、财务欺诈、管理层舞弊、公款贿赂等），还是属于某一部门、某一层次雇员行为；等等。

（二）报告摘要

为了给报告使用者以直接的报告信息和直观的印象，廉政审计报告书正文中首先应当列示审计摘要，以简洁的方式陈述包括被审计人、被审计事项、审计结论、审计意见、审计建议等审计报告具体内容。审计建议要点通常包括如何完善内部控制、是否应当起诉腐败者等。

（三）审计目标与范围

在廉政审计报告中必须明确记载委托人与廉政审计人员事先约定的审计目标，通常的目标是腐败风险评估、查出腐败者与腐败事实（如受贿金额）、提出审计建议。由于受到审计技术、审计资源等限制，廉政审计不可能是万能的，所以，在廉政审计报告书中需要列明审计范围，诸如，检查了书面资料、相关企业雇员提供了证词、获取了嫌疑人证言等。

（四）审计结论

通过归纳和整理所搜集的廉政审计证据，廉政审计人员应当发表审计意见：是否存在腐败行为；如果存在，应该列明腐败的类型、腐败者及其腐败的具体事实（如受贿金额）等。审计结论必须简明扼要、观点正确，还必须列明廉政审计人员判断舞弊存在与否的依据。

（五）腐败事实阐述

在廉政审计报告书中必须分项列出涉及腐败的人员、腐败的手段与方法、腐败的具体事实（如受贿金额），以及廉政审计人员通过执行不同审计程序所获得的证据等。例如，针对某项公司财务人员受贿腐败案项目，廉政审计报告书中应当列明：①同期金融资料审查的结果，比如发现贿赂双方嫌疑人存在的同期金融账户收支清单上的异常账项；②证人证词，比如行贿嫌疑人提供证词证实其贿赂了嫌疑人；③受贿嫌疑人陈述，比如受贿嫌疑人在廉政审计人员出示了相关证据后承认自己受贿。再例如，针对该财务人员挪用公司现金的财务舞弊案项目，廉政审计报告书中应当列明：①书面资料审查的结果，比如发现嫌疑人涂改原始凭证、伪造报销单据或者收款不入账；②证人证词，比如另一位雇员提供证词证实其帮助嫌疑人进行凭证涂改；③舞弊嫌疑人陈述，比如嫌疑人在廉政审计人员出示相关证据后承认自己挪用了公司现金。

（六）审计具体建议与措施

廉政审计人员的建议可以分为两种，一种是完善内部控制；另一种是起诉腐败者。内部控制的完善有利于预防同类腐败行为，因为揭露和惩治腐败并不是廉政审计的最终目的，廉政审计应当是腐败防治体系的一部分，如何在未来避免相同或类似腐败行为的发生比揭露和惩治腐败更具有实际意义。通过廉政审计，廉政审计人员不仅可能揭露所存在的腐败行为，也可能会发现腐败是如何形成的，从而能够发现相关内部控制系统的重要缺陷，而廉政审计人员有责任将这些缺陷告知企事业单位管理层及最高决策机构。另外，在现实中，企业发现其雇员存在腐败行为时，若是高级管理层的腐败问题，往往会允许其辞职，而通常只有腐败发生概率较低的低层雇员出现腐败问题时才会被起诉。企业这样做的目的有些是出于诉讼成本的考虑，有些则是出于担心诉讼高级管理层雇员会影响企业形象的考虑。但是，这样做既有失公正和平等，又有可能带来负面影响，比如其他人可能会认为腐败获益会远远高于其风险，因而会诱使其他人腐败。事实上，高级职员的腐败（如白领犯罪）所造成的损失通常远高于蓝领工人腐败带来的损失。因此，研究提倡廉政审计人员建议相关企事业单位起诉腐败者。

总之，廉政审计以发现舞弊行为为目的，与财务报表审计不能完全割裂。在腐败审计中，重要的是关注和识别腐败风险因素，这就需要廉政审计人员从不同的腐败风险因素出发，了解腐败行为的各种信号，熟悉腐败行为的主要手段。了解被审计单位及其环境、分析程序和对管理层逾越内部控制的行为进行专门测试是廉政审计中非常有效的程序，询问程序和实地调查程序也是非常重要的。由于腐败的隐蔽性和复杂性，廉政审计人员应该在整个审计过程中保持职业怀疑态度。

研究提出廉政审计报告书的基本格式和规范，描述如下。

关于××的廉政审计报告（参考格式）

一、背景资料

二、报告摘要

三、审计结论

四、审计目标与范围

五、审计详细事项与方法

六、相关建议

附录

签　章

日期：　　　年　　　月　　　日

第三节　廉政审计报告书案例

本节的论述分为三个部分，一是引言；二是廉政审计报告(案例示范)；三是案例启示。为了撰写廉政审计学报告书案例的完整性，本节的论述写了引言段和案例启示段。引言段对案例公司作简介；案例启示段对同类审计事项进行总结。为了案例示范的清晰性，本案例撰写更加重视廉政审计报告书的结构和表达，对于所涉及的案例公司及其事项，不奢求其详尽而仅以(财务报表审计报告)已经公开披露的信息为限进行整理和报告。为了强调案例研究的示范作用，本案例撰写在尊重事实的基础上遵循社会效应原则，隐去公司真实名称及相关人员的真实姓名。附本节论述提纲如下。

引言

廉政审计报告(案例示范)

一、背景资料

二、报告摘要

三、审计结论

四、审计目标与范围

五、审计详细事项与方法

六、相关建议

附录

案例启示

引言：案例公司简介

(一) 公司概况

环宇石油天然气股份有限公司(以下简称环宇公司)是一家规模巨大的油气生产和销售企业，也是世界上石油天然气行业的大型公司之一，主要从事原油、天然气勘探开发和开采；石油炼制、石油化工及其他化工产品的生产、储运及贸易；石油、天然气管道运输及贸易；相关工程技术研究与服务等。环宇公司是我国由中央直接管理的国有特大型央企，国家占股比例为86.3%，20世纪90年代末发起成立了控股公司——环宇石油天然气股份有限公司，旗下拥有二级全资和控股子公司70余家，以及非营利组织单位、社会团体等多家。环宇公司实行国内外贸易、产销一体化的运作模式，曾超越艾克森美孚成为全球最大市值的上市公司。环宇公司发行的美国存托股份于21世纪初，分别在纽约证券交易所有限公司及香港联合交易所有限公司挂牌上市(纽约证券交易所ADS代码×××，香港联合交易所股票代码×××)。

环宇公司曾经被能源行业最权威的期刊之一《石油情报周刊》评价为全球范围内第六大石油企业，也曾经多年在《财富》公布的世界500强企业中位列前十，至今仍然是世界品牌500强企业之一。

(二)公司经营目标

环宇公司的经营目标是建设世界一流国际能源公司，计划分两步实施。

第一步是到2030年，迈上世界一流国际能源公司建设新台阶。经营效益稳步提升，业务结构更加优化，技术创新成效明显，公司治理规范高效，安全环保业绩优良，发展成果共建共享，公司品牌全球知名，经营业绩、国际竞争力达到国际大公司先进水平，规模实力保持世界一流水平。

第二步是到2060年，建成世界一流国际能源公司。规模实力保持领先，全球配置资源能力持续增强，公司治理体系和管控能力实现现代化、国际化，员工素质和收入进一步提升，国际竞争力和影响力显著增强，经营业绩进入国际大公司前列，核心技术达到国际领先水平，成为全球受尊敬的企业。

(三)公司发展战略

面对当今信息时代经济社会发展新趋势、新机遇、新矛盾和新挑战，必须在保持战略定力的同时，与时俱进，对发展战略进行丰富和完善。必须在赋予资源、市场、国际化三大战略新内涵，实现新转变的基础上，把创新摆在发展全局的核心位置，让创新成为推动公司发展的第一动力，充分发挥科技创新的引领作用，推进全方位创新，培育发展新动力，扩大发展新空间，获取发展新优势。

市场战略。一是由保持供应向市场营销转变，增强竞争和服务意识，提高营销能力。二是从传统区域销售向高端高效市场销售转变，优化营销网络布局，扩大高效市场份额。三是由传统销售模式向“互联网+”销售模式转变，创新营销模式。四是从以国内市场为主向以全球市场为主转变，着力开拓国际市场，着眼全球配置资源。

资源战略。一是从注重规模向更加注重质量转变，加强风险勘探和优选评价，增加规模效益储量，加强技术进步和管理创新，提高老油田采收率、有效动用低品位储量。二是由以常规油气资源为主向常非并举和多种能源资源转变。三是由主要通过贸易和并购获取境外资源向自主勘探、并购、置换和贸易等多种方式获取转变。

创新战略。一是由投资驱动向以创新驱动为主转变，打造先发优势，转换发展动力。二是由科技创新向理念、制度、管理、文化、商业模式、信息化和科技等全面创新转变，厚植公司在资源、技术和市场的新优势。三是由跟踪模仿向原始创新、集成创新和引进、消化、吸收、再创新转变，集中力量打造一批具有国际竞争力的核心技术。四是由以科研人员为主向全员创新转变，形成领军人才和全员共同参与的创新格局，让创新在全公司蔚然成风。

国际化战略。一是由单纯业务“走出去”向理念、管理、技术、标准和人才国际化转变，完善国际化体制机制和制度流程，提高国际化经营管理水平。二是由单项业务、部分领域的国际化向各项业务和全公司的国际化转变，统筹国内外、上下游发展，提高全球商务运作和资本运营能力。三是由规模扩张向全面提高质量效益转变，有进有退、有买有卖，优化结构和布局。

（四）公司发展方向

优先发展勘探开发业务。勘探开发业务是公司的生存之本、发展之基和效益之源，是公司核心竞争力和国际化的基石，必须优先发展。要树立全球化经营理念，统筹国内外勘探开发业务发展，在更大范围内和更高层面上对资源、技术、人才、资本等要素优化配置，持续降低发现成本和开发成本，努力实现油气储量产量规模和经济效益同步增长。

有效发展炼化与销售业务。炼化与销售业务是承上启下和增值创效的重要环节，是实现收入增长和提升品牌价值的主渠道，特别是在低油价下，必须有效发展，打造持续盈利的下游。按照保自产、控炼能、扩销售、增出口、优储运的思路，立足两种资源、两个市场，抓好产炼运销储贸一体化协调发展，实现原油全业务链价值最大化。

加快发展天然气与管道业务。天然气与管道业务是战略性、成长性业务，可在低油价下打造成新的增长极，实现以气补油，必须加快发展。坚持以市场为导向，以销售为重点，以效益为中心，按照保自产、调进口、强销售、拓终端、优储运的思路，统筹协调天然气业务链生产、贸易、储运、销售、调峰等各个环节，实现天然气业务链价值最大化。

协调发展国际贸易业务。国际贸易是实现国际化战略的有效途径，是衔接两种资源、两个市场的重要载体，为保障油气资源有效供应和扩大产品出口提供服务，要立足整体、优化结构、进出口并重，加强高端市场运作，增强分享全球资源和市场的能力，打造国际贸易升级版。

关于环宇公司的廉政审计报告

一、背景资料

国家审计部门进驻环宇公司的过程。2010 年至 2020 年，国家审计部门对环宇公司进行了三次审计活动，并对社会发布三份审计公告。按照 2012 年度公布的审计公告，国家审计部门对环宇公司 2010 年的财务状况开展了详细审计，此次审计活动的具体对象为该企业多家关联公司，审计对象的资产总规模在公司所有资产中占比超过 50%，同时针对审计活动中涉及的关键问题进行了溯源审计。2014 年第 15 号公告，国家审计部门对环宇公司2012年度财务收支进行了审计，重点审计了环宇公司总部及其所属分公司等20余家所属企业，并对有关事项进行了延伸审计，环宇公司财务报表总体上比较真实。但是，审计中发现环宇公司高管层多人涉嫌严重违法违纪。2017年公布的审计公告，按照《中华人民共和国审计法》的有关内容，国家审计部门在2016年针对环宇公司上一年度的财务收入、支出状况开展了详细审计，其中审计工作主要围绕该公司总部和其所控制的下属分公司进行，同时对审计过程中发现的涉嫌腐败问题开展了深度调查和信息收集。

二、报告摘要

（一）基本事项

针对环宇公司高管层涉嫌严重违法违纪事项，开展廉政审计。

（二）基本结论

环宇公司副总经理兼旗下一油田（有限责任公司）总经理王某、环宇公司副总经理李某、环宇公司副总裁兼旗下一油田（分公司）总经理冉某、环宇公司总地质师兼勘探开发研究院院长王某某等多人严重违法违纪。

（三）审计建议

（1）扩大国家审计监督覆盖面，完善审计监督体系。

（2）加强对企业内部审计的指导，充分利用内部审计监督资源。

（3）创新审计整改方式，加强跟踪廉政审计监督。

（4）建立企业内部审计与其纪检等监督部门协同监督机制。

（5）明确廉政审计对企业内部控制的监督重点。

（6）协同监督工作加大打击违规行为力度。

三、审计结论

通过廉政审计取证，环宇公司副总经理兼旗下一油田（有限责任公司)总经理王某、环宇公司副总经理李某、环宇公司副总裁兼旗下一油田(分公司)总经理冉某、环宇公司总地质师兼勘探开发研究院院长王某某等多人严重违法违纪。

(此处可列被审计事项及金额。本案例隐去。)

在环宇公司2010年、2012年的财务报告审计中，发现其高管层涉嫌严重违法违纪事项，因此，2015年2月28日至4月30日，中央派出的巡视工作小组对环宇公司进行了专项巡视。2015年6月15日，中央巡视工作小组向环宇公司党组和所属企事业单位领导干部反馈了巡视意见。9月14日，中央纪委监察部网站公布了环宇公司党组关于巡视整改情况的通报，公布巡视整改情况。

环宇公司原高管蒋某、廖某、王某等多人因涉嫌违纪违法被组织调查；根据组织调查结果对腐败案件所涉及的相关人员进行了严肃处理，分别给予党政纪处分、诫勉谈话、移交地方纪委等处理。

蒋某，曾任环宇公司总经理、党组书记，环宇公司董事长。2013年9月3日，蒋某涉嫌严重违纪，被免去其领导职务。

王某，环宇公司前副总经理、党组成员，环宇公司旗下一油田(有限责任公司)总经理，因涉嫌严重违纪，接受中纪委调查。

李某，2006年7月起任环宇公司旗下一分公司(石油实业有限公司)董事长兼香港分公司总经理，2007年11月起被聘为公司副总裁兼香港分公司副董事长、总经理，因涉嫌严重违纪，接受组织调查。

冉某，2002年4月任环宇公司勘探与生产分公司副总经理，2005年2月任环宇公司旗下一分公司(油田分公司)负责人，2006年10月任该油田分公司主要负责人，2008年2月任该油田分公司总经理，因涉嫌严重违纪，接受组织调查。

王某某，1999年9月起任环宇公司旗下一分公司(油田分公司)副总经理，2003年1月任该油田分公司总经理，2008年5月起被聘为环宇公司总地质师，因涉嫌严重违纪，接受组织调查。

陶某，曾经相继出任环宇公司旗下一分公司(石油实业有限公司)经理、总经理，因涉嫌严重违纪，接受组织调查。

同时，环宇公司党组印发《通报》，对公司腐败案件所涉及的相关人员蒋某、廖某、王某等人严重违纪违法案件，及其所造成的影响、相关责任追究情况等予以通报。

四、审计目标与范围

国家审计部门对环宇公司 2010 年、2012 年、2015 年财务收支进行了审计，重点审计了环宇公司总部及所属分公司等 20 余家所属企业，并对有关事项进行了延伸审计。

同时，针对审计中发现的环宇公司高管层多人涉嫌严重违法违纪事项，开展廉政审计。

（此处略去被审计对象和被审计事项。）

五、审计详细事项与方法

（一）总体情况统计分析

通过对国家审计部门公布的有关环宇公司 2010 年、2012 年、2015 年三次的审计公告进行归类统计分析，得到环宇公司关于财务收支、政策执行、廉洁从业、内部管理、发展潜力等五个方面的基本结果，阐述如下。

问题发生频次分析。这三年中，内部管理存在的问题最为突出，三次报告共披露了 39 项该类问题；其次是政策执行（16 项）、财务收支（12 项）和发展潜力（13 起）存在的问题；最后是廉洁从业存在的问题（7 起）。将三年当作一个整体来看，应该重点加强对环宇公司内部管理的审计。从三年的变动趋势来看，环宇公司内部管理方面的问题由 2010 年的 6 次到 2012 年的 19 次再到 2015 年的 14 次，呈现先增后减的趋势，说明国家审计对环宇公司内部管理方面的审计比较侧重，取得了一定的监督效果。而从其他四个方面来看，2012—2015 年呈现递增的趋势，说明国家审计在这些方面的监督作用没有取得理想的效果。这可能是由于监督的重心向内部管理方面倾斜，而对其他方面的审计监督力度相对不够。

涉及金额的分析。从环宇公司三年中涉及的金额来看，执政决策出现的问题最为重大，三年共涉及金额 652. 5191 亿元；其次是内部管理涉及金额 431. 3706 亿元；最后是财务收支涉及金额 225. 49524 亿元。详见表 9-1。

需要值得注意的是，若单独就每一年来看，环宇公司有关于财务收支、政策执行、廉洁从业、内部管理、发展潜力五个方面存在问题的严重程度又有所不同。2010 年的数据显示：首先，环宇公司财务收支和内部管理存在的问题相对比较严重，涉及金额占当年总金额的比例分别为 48. 72%和 37. 09%；其次是发展潜力存在的问题，涉及金额占比 14. 19%；再次，当年没有单独披露环宇公司政策执行和廉洁从业的相关信息，公告所披露的环宇公司执政决策方面问题的信息数据跨年度，涉及金额可能在当年不体现，而在相近年份体现，因此 2012 年涉及金额会偏大。2012 年的数据显示：环宇公司五类问题中最为严重的问题出现在内部管理方面，涉及金额 266. 284 亿元，占当年总金额的 77. 21%；其次是政策执行。2015 年的数据显示：环宇公司政策执行存在的问题涉及金额排在第一位，占比为 63. 09%；位居第二的是财务收支存在的问题，涉及金额占比为 18. 46%；内部管理存在的问题下降为第三位，涉及金额占比为 13. 78%。

虽然不同年份环宇公司在财务收支、政策执行、廉洁从业、内部管理、发展潜力五个方面存在问题的实际金额比重有所变化，但是总体来看，存在问题比重较大的在政策执行、内部管理两方面，其次为财务收支、发展潜力两方面，最少的为廉洁从业方面。这与行业整体情况基本一致。

国家审计部门在对环宇公司的三次审计中，从财务收支、政策执行、廉洁从业、内部管理、发展潜力五个方面揭示了环宇公司共计 88 项问题，涉及总金额超过 1377 亿元。上述问题基本上都和国家资金外流、政策执行不到位、影响民生利益等不利于实现国家治理目标的要素存在着紧密关系。在此，仅对环宇公司这五个方面的每个问题按照关键词做出划分，而且比较了近几次的审计结果公告，归纳了同类问题有无多次出现。以下将进一步详细阐述。

（二）审计发现的问题

1. 财务收支方面存在的问题

国家审计部门为了实现确保公共资金安全、揭露打击腐败的监督目的，审查企业单位的财务收支既是审计的出发点，也是对企业单位的内部管理、发展空间、政策执行、廉洁从业等各个方面的主要映射，这就说明对被审计对象的财务收支情况所开展的审计活动，已经逐渐演变为对被审计对象的内部管理、发展空间、政策执行、廉洁从业等进行全方位的监督职责。

环宇公司财务收支方面存在的主要问题有十余种之多，涉及收入、费用等损益项目的计量，资产、负债等项目的计量，合并报表和职工薪酬等项目的处理等。三次审计报告涉及金额共计 225.49524 亿元，其中合并报表项目多计、少计的问题最为突出，涉及金额达 32.97 亿元；涉及子分公司累计数达 104 次，其中出现多计、少计收入费用的涉及子公司 50 家，合并报表处理不规范的涉及子公司 30 家，这可能会威胁国有资产的安全和国家政策的有效执行。涉及员工薪酬项目核算的问题，主要体现为挤占派出至集体企业人员工资、超标准计提补充医疗保险金、违规将补充医疗保险转入个人账户、违规为职工承担住房贷款利息，这就充分表明国家审计揭示了环宇公司存在违法法纪的行为。财务收支方面详情统计分析表，见表 9-2。

需要指出的是，环宇公司上述很多问题在三次审计报告中重复出现，这就说明国家审计在揭示了问题之后所采取的整改措施不力，或者后续跟踪审计监督不力，在环宇公司没有得到有效实施，导致问题重复出现。需要改进国家审计的方式，有效地实施廉政审计方式和方法，特别是权力源头控制廉政审计方法。

2. 政策执行方面存在的问题

国家审计部门披露了环宇公司在能源领域政策执行过程中存在的问题，并督促其加以整改。国家审计部门三次审计共揭示了环宇公司政策执行方面存在的 17 项问题，主要体现在违规向不符合政策的企业提供天然气、未经核准建设投资开工验收等。涉及公司频次 45 次，涉及金额高达 652.5191 亿元。其中涉及金额最高的一项社会资本是 602.14 亿元。另外，环宇公司还在未列入投资计划、未向国资委报备的情况下，引入社会资本设立合资公司。这说明环宇公司在国家政策执行方面存在执行不严格的问题。

需要指出的是，在这个问题中，虽然也存在有些问题类型重复出现的情况，但是，相对于上述财务收支方面存在的重复出现问题的类型和次数都较少，说明国家审计在政策执行方面监督作用成效相对较为显著。执政决策方面详情统计分析表，见表 9-3。

3. 内部管理方面存在的问题

环宇公司销售环节存在的问题主要有：违规销售成品油、天然气；因产销管理脱节，形成滞期费；未按国家定价销售天然气等。

环宇公司信息系统存在的问题主要有：系统不符合职责分离要求；数据交互不完善、未全面监控、系统闲置；软件开发存在可以人为干预的漏洞等。

环宇公司未严格执行、违反内部规定方面存在的问题主要有：同意所属企业出资收购；对外捐赠问题；对外实施合作项目、未按规定解除代建协议（涉及 1 个项目、9 座加油站）；违规委托代建加油站、将工程交由无资质企业实施、对外销售渣油 1.98 万吨；未按规定实施，并在无法达到预期目标的情况下继续追加投资（产气量持续下降）；基金会违规向非扶贫项目投资；基金会存在对外出借账户等。

环宇公司未按规定进行招投标存在的问题主要有：应招标未招标问题；部分工程建设和物资采购未按规定公开招标问题；部分管道、炼化、勘探和生产等项目违规采取邀标方式发包问题等。

环宇公司未经评估和审批方面存在的问题主要有：未经评估和审批转让专利技术使用权；未经评估和审批签订合作购房协议；未经评估和审批处置资产；未经评估和审批收购正在筹建的加油站；未经评估和审批收购加油站；未对中介机构费用进行单独论证评估而产生中介劳务费等。

环宇公司未严格遵循合同约定方面存在的问题主要有：未按合同约定验货；验货发现质量问题后未追究供货商责任；其所收购加油站的出让方未按合同约定行事；未按合同约定向合作方收取未到位出资利息；因履行合同过程中产生纠纷而造成损失等。

环宇公司监管不到位方面存在的问题主要有：项目延期、未完工投产；套用较高标准的土方工程定额；专用票据去向不明；违规融资；两个个体工商户在短期内违规以现金进行加油卡充值；虚列咨询费支出；超采购范围采购汽油。

环宇公司内部管理方面存在的其他问题，如将粉煤灰、凝析油等无偿交由职工持股的集体企业或多种经营企业回收销售；所属公司未按规定清退职工持股企业的个人股份；购买社会资本股份时以避免经济纠纷为由支付补偿款等。

环宇公司内部管理效果能够反映制度质量，国家审计部门通过审查环宇公司内部管理的情况，有助于其健全内部制度，有利于国家供给侧结构性改革政策的有效推广实施。从表 9-4(见附录)可以看出，国家审计部门三次审计共发现了环宇公司在内部控制方面存在约 8 种问题，涉及 78 频次的子分公司，其中，招投标问题尤为突出：为了与行业整体情况相似、为了符合产业总体状况，不合规或违规招投标，涉及金额达 357.76 亿元。而且，这种招投标环节的问题极容易相伴而生行贿行为，是出现违法违纪行为的敏感领域。

另外，环宇公司未经批准的购销、出资、建设的情况和问题也较为严重，在审计报告中未用金额直接衡量的违规行为主要有：违规销售油品 176.25 万吨，违规销售天然气 541.62 万立方米，违规用地 11.71 公顷，33 个用户信息系统职权不符合规定等，造成了国家财产的重大流失，严重威胁国有资产的安全，也不利于国家政策的实施和执行。值得关注的是，三次审计披露的信息表明，环宇公司内部管理方面存在的问题，全部都重复出现，说明国家审计部门对环宇公司在这方面的监督效果最为薄弱，应该切实加强对这些方面的审计监督力度。内部管理方面详情统计分析表，见附录：表 9-4。

4. 发展潜力方面存在的问题

从表9-5可知(见附录)，三次审计中，环宇公司年度财务收支审计结果显示，发展潜力方面存在的问题共涉及金额61.749659亿元，涉及子分公司频次156次。其中，2015年为5项发展潜力方面的问题，累计子分公司频次6次；2012年为3项发展潜力方面的问题，累计子分公司频次6次；2010年为3项发展潜力方面的问题，累计子分公司频次12次。

审计所揭示的有关环宇公司发展潜力存在的问题，主要与环宇公司对国有资产安全性及相关政策实施的有效性有关。其中，资金未及时发挥效益方面的问题最为突出，涉及金额21.59亿元；未按规定向国家发展和改革委员会报告、超批复额度，单项涉及金额21.35亿元；涉及子分公司频次最高的问题是超过发展改革委最高限价销售成品油的项目，高达130家。环宇公司超高标准销售成品油，居民利益受到侵害，从侧面反映了国家审计既要保障公共资源的合理利用，也要维护人民的利益。与前述内部管理问题相似，环宇公司发展潜力方面存在的问题全部重复出现，亟待加大对这方面的整改力度和跟踪监督力度。发展潜力详情统计分析表，见附录：表9-5。

5. 廉洁从业方面存在的问题

国家审计报告披露的环宇公司廉洁从业方面存在的问题，主要集中在违规购置礼品、公务车，办公楼人均面积超标等，涉及金额3.500157亿元，涉及子分公司20家，并且问题均重复出现。揭示环宇公司廉洁从业方面存在的问题，意味着国家审计全覆盖功能已经上升到治理腐败的关键位置，在治腐倡廉这种环境下，国家审计将体现更多“反腐”作用，这实际上就是廉政审计。廉洁从业方面详情统计分析表，见附录：表9-6。

国家审计部门出具的审计公告，揭示了环宇公司存在诸多的问题，这些问题主要体现在政策执行不到位、国有资产安全受到损害、违纪违规等方面，说明对环宇公司的三次审计取得了丰富的成果。通过从财务收支、政策执行、内部管理、发展潜力和廉洁从业等方面进行具体详细的统计分析，为后期对环宇公司抵御监督的风险加以预防监督提供了更多的线索，为进一步治理环宇公司的涉嫌腐败行为奠定了坚实的基础。

(三)环宇公司高管层涉嫌严重违法违纪问题

环宇公司高管层涉嫌严重违法违纪事项阐述。(此处可列被审计事项、涉及当事人、涉及金额等。本案例隐去。)

六、相关建议

1. 扩大国家审计监督覆盖面，完善审计监督体系

在新的时代背景下，审计监督功能已经不能满足目前国有企业改革建设的要求，国家审计部门应当在以公共资金、国有资产、国有资源作为监督重点的前提下，扩大审查覆盖范围，进一步体现审计反腐倡廉功能和作用。首先，进一步扩大国家审计监督范畴。对于国企、国有资本实现审查监督的全面覆盖，不应只是发现国企领导层的舞弊问题，还应增强对干部人员的经济职责审查、任期审查和其他专项审查等，注重全方位预判审查高风险行业和高风险环节，重视如营运资金缺乏等不正常财务信息的全面审查，充分发挥审计监督功能。其次，正确定位，整合使用各种审计资源，国家审计机关与地方审计部门统筹各种力量，吸纳社会各界的充分参与，促使其为审计监督工作服务，避免稀缺的审计资源闲置浪费或低效负效运行。

2. 加强对企业内部审计的指导，充分利用内部审计监督资源

加强对企业内部审计的指导，是为了增强督促企业政策执行，企业实施政策不到位往往是因为其本身的内部审计监督机制不完善。由于信息不对称，外部监督难以实现对企业政策执行状况的全面覆盖，而企业内部审计是企业治理的主要构成部分，最了解自身的具体实施状况，内部审计监督到位，能够避免企业可能造成的风险，而且可以优化其控制流程，提升国家审计等外部监督工作效率。这就要求在国家审计和内部审计之间构建一个长效性的交流制度，包含二者之间进行审计方式、技术的全面交流。除此之外，内部审计在向公司提供咨询服务之时，应重视企业内部制度机制的健全，保证公司相关措施满足国家政策的要求，而且可以获得坚定的贯

彻落实。

国家审计还应促进企业内部审计转型发展。经过相关分析，当前国家审计部门能够利用下面几种方式来促进央企内部审计的转型发展。首先，增强审计宣传，改变审计思想。审计机关应该协同行业协会利用各种会议及渠道来推广企业内部审计转型升级，充分发挥企业内部审计对增强企业管理，提高企业价值，健全企业内部控制制度，保证企业政策满足国家要求的关键性作用。其次，加强相关理论分析，组织研究中国特色内部审计转型升级道路。审计部门已经支持参与了行业协会组织的大量关于理论分析和经验沟通的会议，并形成了会议成果，企业内部审计机关需要汲取这些会议成果，逐步对其审查内容和方法加以改革，以符合国家建设的要求。

3. 创新审计整改方式，加强跟踪廉政审计监督

国家审计整改事项屡屡重复出现，不仅浪费有限的审计资源，而且无法规避风险和优化企业内部管理。所以，应当创新审计整改方式，加强跟踪廉政审计监督。首先，优化审计整改协调制度。审计整改是审计成果转化使用的重要反映，被审计单位将出具结果与整改状况当作绩效考评的指标；确定对应的责任，增强整改监督工作力度，而且将整改监督工作记录到被审计对象干部廉政档案与监督数据库，作为干部推选、使用和考核的主要标准；与此同时，审计部门应逐步增强和被审计对象的信息沟通，及时督促已出现问题的整改，提升整改措施有效性，公开整改状况信息，定期在企业相关范围内将结果进行公开，有助于充分体现审计的监督功能。其次，构建审计问责制度，增强对多次发生但整改效果不良问题的惩罚力度。审计监督工作的重点并非惩罚，而是从根源上规避风险，从而提高企业管理能力。所以，应该坚持审计必严、责任必究、问题必改的观念，构建完善的问责制度，把问责和企业领导干部任职相关联，增强对整改实施状况的督促，在规定的时间内进行追踪检查，迅速发现应完成而未完成问题的影响因素，加以督促改进，进而形成有效的后续跟踪廉政审计监督机制。

4. 建立企业内部审计与其纪检等监督部门协同监督机制

对于企业内部监督部门而言，能否及时取得准确有效的信息和线索是

极为关键的工作环节，直接关系企业内部监督工作的效率和监督成果的质量。企业内部不同的监督部门获取信息的具体目的、来源和方式不尽相同，但其监督最终目标是一致的。为了实现企业内部监督目标，应当建立企业内部审计与其纪检等监督部门协同监督机制。

第一，企业内部协同监督架构的基本思路。制定并实施企业监督职能部门联席会制度，由企业的纪检领导负责召集与会成员，在企业内部定期召开联席会，实现企业各个不同职能部门之间可以便捷地交流和分享各类有价值的信息、纪检和内部审计部门可以通报共同关注的事项、对需要协同合力完成的事项协商达成统一的监督意见、协调处理监督工作中遇到的具体问题及对相关责任人员的处理意见、共同探讨整改方案、研究党建工作措施与廉政工作建议，充分发挥企业内部监督资源合力和效用。具体而言，企业内部审计部门通过财务收支审计、经济责任审计、专项审计等项目的实施能够获取丰富的企业经营管理的信息，其中有关于企业内控管理漏洞和违纪案件线索等信息，可以与企业纪检监督部门共享，为纪检工作提供可信赖的依据。而企业纪检部门通过群众信访、基层调研等方式获得的众多违纪违规方面的有效信息，同样也能为企业内部审计部门在审计中选取工作重点时提供重要参考。因此，企业内部监督部门所获取的各类信息是相互支撑的，为了强化企业内部监督职能部门的协调程度，科学地利用企业内部有限的监督资源，及时准确地共享监督信息，企业纪检部门与内部审计部门应当充分实现工作上协调配合，加强部门之间的信息沟通与成果交流，并由专门人员保管和分析相关数据信息，有助于确定监督工作的重点，共同促进企业内部监督职能部门充分发挥作用，提升企业内部监督工作的总体效应。

第二，协同监督系统的总体设计。企业内部监督协同机制的目标就是降低不同部门职能和监督工作之间相互重叠，避免监督资源的浪费。本协同监督系统较为科学地合并企业内部监督工作中的重叠内容，充分利用企业监督资源，在企业内部监督职能部门联席会制度下开展工作，负责进一步完成企业内部监督工作，追踪相关监督成果的落实情况；并按照具体职能，向下详细设立规划协同工作组、信息协同工作组及评鉴协同工作组等，科学分配企业内部的各类监督相关工作任务；必要时，根据实际情况对特殊事项建立临时协同工作组，完成企业特殊事项监督工作任务。在企业内部监督体系运作过程中，积极促进企业内部审计部门与纪检监督部门形成合力，能使两个部门更好地发挥其职权和作用，最大限度地降低企业内部监督成本。

第三，协同监督的运作机制。协同监督的运作机制包括规划协同工作组工作机制、信息协同工作组工作机制、评鉴协同工作组工作机制、临时协同工作组工作机制。一是规划协同工作组工作机制。针对企业内部监督部门的工作内容存在重叠部分，设立规划协同工作组，就本企业的内部监督任务作出统筹规划，制定企业内部监督部门的年度工作计划，确定监督工作的重点项目，通过协商、交流、分析目前工作及工作中存在的难题以制定协同工作方案，并将协同工作计划和方案以书面形式上报内部监督部门联席会进行审批，提高相关决策的科学性、全面性和计划方案的质量。二是信息协同工作组工作机制。目前，企业内部各部门之间的信息透明度和流通度极低，监督部门取得的工作相关数据多已做加密处理，数据无法及时、准确、便捷地在企业内部监督部门之间共享，以至于工作职能重复、增加了企业内部监督成本，也很容易造成监督结果出现偏差。信息协同工作组负责维系企业内部监督部门之间的证据、数据、监督成果的共享与存储，在本组工作机制中加入专业技术人才负责相关数据库的开发与维护，及时有效提供各类信息，提升企业内部监督工作的效率和工作成果的价值。三是评鉴协同工作组工作机制。企业在执行内部监督工作的过程中，往往会遇见无法定性的事项、存在多方争议的措施方案、难以判定的整改措施落实效果、模糊不清的相关党纪法规界定等众多较为棘手的情况。评鉴协同工作组，专门负责对事项进行统一评价，对监督过程中存在争议的问题作出精准的判定，以及对存在缺陷的相关制度进行规范和完善，拟定相关处理方案，并将协同工作成果报告企业内部监督职能部门联席会。四是临时协同工作组工作机制。在需要应对较为特殊或者重大的事项时，企业内部监督职能部门联席会可以从其他三个固定协同工作组及企业其他部门中抽调人员形成临时协同工作组，集中力量攻克监督工作的难点重点，并将协同工作成果报告企业内部监督职能部门联席会。

5. 明确廉政审计对企业内部控制的监督重点

一是将财务管理作为审查重点。首先，审查企业财务机构设立的合规性，如财务部门是否单独设立，下属单位财务人员配置是否分立，确保财务独立且同一个财务人员只管理一个单位的账务。其次，审查财务业务的合规性，如票据的真实性，支出项目的真实性和必要性等。再次，审查重点岗位轮岗制度的健全性、是否建立轮岗制度、是否有效执行。最后，审查企业高管层监督的健全性，如领导及其决策的监督机制是否完善，对大额支出、重大签约等事项的决策科学性是否有科学的监督。

二是将投资决策与预算作为审查重点。主要对企业高管做出的重大投资决策的科学性和合理性进行审查，对企业的投资合理性进行审查、是否对重大事项的各环节职能分别进行授权，对企业参与海外投资和海外并购的情况进行审查。

三是将物资采购与保管作为审查重点。首先，查看物资采购和保管部门负责人和工作人员是否建立了轮岗制度，避免岗位固化形成利益链。其次，对采购程序进行审查，重点检查企业的请购程序、正常额度内采购授权、超额采购物资授权等。最后，审查供应商的选择是否合规，查看采购部门是否对供应商情况进行比对，最佳供应商选择是否合理等。

四是将招投标作为审查重点。对招投标环节的审查重点考察企业的招投标信息公开工作，了解投标企业能否获取由招标负责人根据需求制定的招标计划，确保招标的每一环节都可以公开、公正，确保投标企业可以透明地参加投标，按规定进行审核。

五是将人力资源和薪酬管理作为审查重点。应该重点审查公司职工在聘用、任命和解雇等各个环节上程序是否合法，是否能够避免舞弊的产生。

6. 协同监督工作加大打击违规行为力度

增强企业内外部不同监督职能部门之间的交流，有效整合各监督职能部门的人力资源，各监督职能部门协同工作，共享审查对象信息，信访举报等有关信息和廉政审计部门出具相关结果信息，以及应当移交的案件线索信息，做到在廉政审计工作中纪检监察机关能够提供工作指导和信息支持，在纪检监察工作中廉政审计部门能够提供审计技术、线索支持协助。

附录

表 9-1 财务收支、政府执行、内部管理、发展潜力、廉洁从业方面详情统计分析总表

年份	2015			2012			2010		
问题类型	涉及子分公司累计数量/家	涉及金额/亿元	涉及金额占比/%	涉及子分公司累计数量/家	涉及金额/亿元	涉及金额占比/%	涉及子分公司累计数量/家	涉及金额/亿元	涉及金额占比/%
财务收支	37	174.7105	18.46	56	26.24	7.61%	5	24.54474	37.09
政策执行	12	607.994	63.09	9	44.5251	12.91	24	—	—
内部管理	30	132.841	13.78	32	266.284	77.21	16	32.2456	48.72
发展潜力	8	44.8419	4.65	136	7.51848	2.18	12	9.38923	14.19
廉洁从业	8	3.34884	0.02	12	0.303273	0.09	—	—	—
合计	95	963.73624	—	245	344.8709	—	57	66.17957	—

注：1. 数据资料来源于国家审计部门对环宇公司2010年、2012年、2015年财务收支情况审计结果公告。

2. 涉及子分公司累计数量(家)中的环宇公司默认频次数为0次。

表 9-2 财务收支方面详情统计分析表

问题类型	被审计年份	具体问题	涉及金额/亿元	涉及子分公司累计数量/家	是否重复出现
多计、少计收入、费用、资产、负债等科目	2015	因委托生产原油未入账等少计资产、负债	0.81	10	是
	2012	单位存在当期天然气销售收入计入次年、盘盈成品油未冲减管理费用等问题	12.46	40	
	2010	未按规定核算投资收益和管理费用等问题	19.7	环宇公司	
未按规定纳入合并报表范围，少计资产、负债等	2015	涉及资产、负债、利润等	146.39	15	是
	2012	涉及资产、负债、所有者权益等	10.62	15	
员工薪酬相关科目违规	2015	挤占派出至集体企业人员工资	9	2	否
		超标准计提补充医疗保险金	6.01	2	
		违规将补充医疗保险转入个人账户	6.62	1	
		违规为职工承担住房贷款利息等	0.40	1	
		多计资产减值损失等	3.26	4	
违规使用资金	2012	未按规定使用国拨资金	3.52	1	是
	2010	违规出借资金	4.57	2	
其他	2010	未及时缴纳代扣的矿区使用费，少支付土地租金和征收土地补偿款	0.40	3	否
	2015	多计、少计资产减值损失等	5.48	7	
合计			225.63	104	—

注：数据资料来源于国家审计部门对环宇公司 2010 年、2012 年、2015 年财务收支情况审计结果公告。

表 9-3　政策执行方面详情统计分析表

问题类型	被审计年份	具体问题	涉及金额/亿元	涉及子分公司累计数量/家	是否重复出现
违规提供天然气	2015	向不符合天然气利用政策的项目供应天然气	2.63 亿立方米	环宇公司	是
	2012	违规供应天然气	—	1	
证照不齐	2012	所属公司 2006 年以来收购及租入的加油站、新增用地等	63 座加油站、1.34 万亩	4	是
	2010	用地未取得土地使用权证，加油加气站经营证照不齐全	5558 万平方米、56 座	24	
未经核准投资、建设	2012	所属公司投资的热电厂扩建项目、“双 6 地下储气库”项目	44.53	3	否
未经报备超额投资	2015	未按规定向国资委报告，企业进行非主业股权投资	10.57	环宇公司	是
		在经报备的情况下，实施 1 个油气项目的合作开发、引入社会资本设立合资公司	602.14	环宇公司	
	2012	所属公司超资质开发房地产项目	—	1	
未经环保部门批准开工、验收	2010	未经环保部门批准即开工、投产	1370 座加油站、5 座油库、1 个炼油工程	环宇公司	否
其他	2015	未按规定完成低效无效资产清理处置	资产占比 12.01%	环宇公司	—
		违规以传签方式审批延长部分资产折旧年限	—	环宇公司	
		所属公司下属企业职工家属区“三供一业”3 项业务尚未完成分离移交	3 项业务	2	
		违反有关成品油销售政策	7.63	9	
合计			663.09	45	—

注：数据资料来源于国家审计部门对环宇公司 2010 年、2012 年、2015 年财务收支情况审计结果公告。

表 9-4　内部管理方面详情统计分析表

问题类型	被审计年份	涉及金额/亿元	涉及子分公司累计数量/家	是否重复出现
销售环节问题	2012	0. 140854	5	是
	2010	0. 21	4	
集团信息系统问题	2010—2015	—	3	是
未严格执行、违反内部规定	2015	24. 18	8	是
	2012	—	1	
	2010	2. 57	3	
未按规定进行招投标问题	2015	7. 22	1	是
	2012	260. 35	9	
	2010	90. 19	11	
未经评估和审批	2015	5. 56	4	是
	2010	9. 04	5	
未严格遵循合同约定	2015	0. 22	1	是
	2012	0. 62	5	
	2010	0. 09	1	
监管不到位	2015	3. 67	环宇公司	是
	2012	2. 83	6	
	2010	0. 84	1	
其他	2012	0. 643264	1	—
	2015	0. 696744	环宇公司	
合计		423. 71	78	—

注：数据资料来源于国家审计部门对环宇公司 2010 年、2012 年、2015 年财务收支情况审计结果公告。

表 9-5 发展潜力详情统计分析表

问题类型	被审计年份	具体问题	涉及金额/亿元	涉及子分公司累计数量/家	是否重复出现
项目未经国家发展改革委员会核准	2015	项目超出概算，超批复额度	21.35	1	
	2012	超过最高限价销售成品油	0.36	130	是
	2010	项目变更投资或开工建设	5 个投资项目	5	
前期论证不充分、资料审核不严格	2015	导致多付加工费等问题	3.64	5	是
	2012	贷前审核不严等问题	5.7	1	
	2010	前期论证不充分等	9.39	7	
资金未及时发挥效益	2015	工程延期等	20.21	2	是
	2012	配套管道建设进度慢等无法投用；11 个油罐受限制	1.38	3	
其他	2012	所属公司所投资企业持续亏损的情况下，按原值受让	0.078483	2	—
合计			61.749659	156	—

注：1. 数据资料来源于国家审计部门对环宇公司 2010 年、2012 年、2015 年财务收支情况审计结果公告。

2. 外币折算汇率的数据来源是外汇管理局（2015 年 12 月 31 日），100 澳元 = 472.76 人民币，即 4.44 亿澳元 = 20.99 亿元人民币。（2015 年项目超出概算 4.44 亿澳元）

表 9-6　廉洁从业方面详情统计分析表

问题类型	被审计年份	具体问题	涉及金额/亿元	涉及子分公司累计数量/家	是否重复出现
违规购置礼品、公务车，办公楼人均面积超标等	2015	所属公司超工资总额向其中层管理人员发放奖金	0.01333	1	是
		集团在会议费中列支高档酒水、个人消费等	0.003168	1	
		所属公司用公款组织员工旅游	0.000386	1	
		违规发放奖金	3.18	5	
	2012	所属公司有农用地由职工持股的多种经营企业无偿使用，用于种植水稻、养鱼等	2 万亩农用地	8	
		所属公司将所获利润以奖金、集体福利等名义发放给职工或相关人员	0.303273	2	
		所属公司以租赁方式超标准配置公务用车	23 辆公务用车	2	
合计			3.500157	20	—

注：数据资料来源于国家审计部门对环宇公司 2010 年、2012 年、2015 年财务收支情况审计结果公告。

签章

日期：　　年　　月　　日

案例启示

论述至此，需要说明的是本案例研究虽然只是根据环宇公司 2010、2012、2015 年财务收支情况审计结果公告整理的廉政审计报告，即根据环宇公司年度财务报表审计报告（三次审计报告）整理而成的有关腐败问题的廉政审计报告，说明企业年度财务报表审计中也有腐败问题的审计内容。也就是说，国家审计全覆盖应该包含企业腐败问题和廉政建设问题，而这种监督职能就是廉政审计学。通过本案例研究，得出两点重要启示。

1. 加强廉政审计部门对企业健全内部控制制度的指导性监督

通过案例分析发现，企业许多已经审计发现的问题，在健全的内部控制制度有效执行的前提下是可以及时发现并得到纠正的，甚至是完全可以避免的。遗憾的是，这些问题还是发生了，并导致了严重的后果。反思之余，研究认为，应当加强廉政审计部门对企业健全内部控制制度的指导性监督，在监督下指导，在指导中监督，对企业内部控制制度的建设加以科学指导，对企业内部控制制度的运行和执行加以严厉监督，以避免那些本来可以控制的问题发生，全力维护国家财产安全和保护公权力人员、领导干部正确履行其岗位职责。

2. 充分重视廉政后续跟踪审计

通过案例分析发现，企业许多已经审计发现并提出整改的问题重复出现，说明廉政审计避免类似问题再次发生的目标没有实现。研究认为，应当充分重视廉政后续跟踪审计，加强廉政后续跟踪审计工作力度，提出科学的廉政审计整改措施和正确的廉政审计处理意见以后，做到令行禁止，树立廉政审计部门和廉政审计工作的权威性，对不认真履行职责的被监督者和不认真履行后续跟踪监督职责的监督者，一律执行严厉的问责追责制度和纪律法律措施。

第四节　廉政后续跟踪审计

一、建立廉政后续跟踪审计制度

廉政后续跟踪审计应该包括两方面的内容，一是跟踪检查廉政审计整改情况；二是跟踪关注廉政审计涉案情况。

我国廉政审计部门依法实行公告制度，廉政审计部门的审计结果，审计调查结果依法向社会公布。廉政审计部门公布审计结果和审计调查结果，应当由专门机构统一办理，履行规定的保密审查和审核手续，报经廉政审计部门主要负责人批准。廉政审计部门内设机构、派出机构和个人，未经授权不得向社会公布审计结果和审计调查结果。廉政审计部门统一组织不同级次廉政审计部门参加的审计项目，其审计结果和审计调查结果原则上由负责该项目组织工作的廉政审计部门统一对外公布。廉政审计部门公布审计结果和审计调查结果按照国家有关规定需要报批的，未经批准不得公布。

二、跟踪检查廉政审计整改情况

跟踪检查廉政审计整改情况。我国廉政审计部门应当建立廉政审计整改检查机制，督促被审计单位和其他有关单位根据审计结果进行整改。廉政审计人员在审计实施过程中，应当及时督促被审计单位整改审计发现的问题。廉政审计部门在出具审计报告、做出审计决定后，应当在规定的时间内检查或者了解被审计单位和其他有关单位的整改情况。

在审计整改检查中，廉政审计部门应该检查或者了解的事项主要包括：执行廉政审计部门做出的处理处罚决定情况；对廉政审计部门要求自行纠正事项采取措施的情况；根据廉政审计部门的审计建议采取措施的情况；对廉政审计部门移送处理事项采取措施的情况。

廉政审计部门检查或者了解被审计单位和其他有关单位的整改情况可以采取的方式主要包括：实地检查或者了解；取得并审阅相关书面材料；其他方式。

廉政审计部门指定的部门负责检查或者了解被审计单位和其他有关单位整改情况，并提交检查报告。检查报告的内容主要包括：检查工作开展情况，包括检查时间、范围、对象和方式等；被审计单位和其他有关单位的整改情况；没有整改或者没有完全整改事项的原因和建议。

廉政审计部门对被审计单位和其他有关单位没有整改或者没有完全整改的事项，依法采取必要措施。

三、跟踪关注廉政审计涉案情况

廉政审计人员在实施廉政后续跟踪审计的过程中，对廉政审计的涉案情况应该予以跟踪关注，应该重点关注的关键点包括：涉案、非涉案财物管理是否规范，涉案物品处置是否规范，涉案款管理是否规范，诉讼费、执行款内部控制管理是否完善，诉讼费退费是否及时，执行款清理处置是否及时，特别业务费管理是否规范，接受外单位协助办案经费是否合理等。

在涉案、非涉案财物管理规范审计中，应该重点关注的可能存在的主要问题有：未对涉案财物集中管理；没有做到管办分离；案卷不能完整反映扣押物品的实际流向。

在涉案物品处置规范审计中，应该重点关注的可能存在的主要问题有：公安机关、检察院未按规定将涉案物品随案移送法院；电子产品、车辆处置不及时，导致资产严重缩水。

在涉案款管理规范审计中，应该重点关注的可能存在的主要问题有：涉案款未逐案设立明细账，涉案款账实不符或账账不符；涉案款处置不及时，未及时退还当事人或上缴财政。

在诉讼费、执行款内部控制管理审计中，应该重点关注的可能存在的主要问题有：诉讼费、执行款退款内部控制不够完善；财务控制环节存在缺陷；票据使用登记核销手续不全。

在诉讼费退费审计中，应该重点关注的可能存在的主要问题有：诉讼费应退未退；将应退还胜诉原告的预交诉讼费直接记为应向败诉被告催缴的诉讼费，侵害当事人权益。

在执行款清理处置审计中，应该重点关注的可能存在的主要问题有：对于已结案执行案件款项，未及时结转执行费用、退还当事人或上缴国库。

在特别业务费管理规范审计中，应该重点关注的可能存在的主要问题有：将应属于一般行政开支的费用在特别业务费中开支；在特别业务费中违规发放福利。

在接受外单位协助办案经费审计中，应该重点关注的可能存在的主要问题有：单位或个人接受外单位协助办案经费、奖励经费，如与办案相关的税务、银行、保险、烟草专卖等部门及其他企业提供的经费或物品。

廉政审计部门和廉政审计人员在廉政后续跟踪审计中，尤其是在跟踪关注廉政审计涉案情况时，要依法有序进行，以实现监督者监督和监督者自我监督。

基本结论

在信息时代背景下，世界经济、人类科技、社会物质文明都飞速发展的同时，经济节奏和资源效率之间的矛盾日益突出，而且形成了社会物质文明与人类精神文明之间的冲突、较量。在这些矛盾、冲突和较量中，最引人注目的是人们对反腐败的坚定和期待。基于提高国家治理能力这一时代要求的背景，为了推进国家治理体系和治理能力的现代化而建立的一种反腐、防腐、治腐的监督制度安排，本研究选择研究廉政审计学问题。本研究致力于从制度上加固我国的审计监督工作，致力于从制度创新的视角研究加固我国的审计防腐反腐制度，包括审计理论创新、审计体制创新、审计内容创新、审计技术方法创新、审计管理创新、审计机制创新等。本研究拟解决的主要问题，一是探寻廉政审计学理论的逻辑起点构建廉政审计学理论体系；二是从人性、专业性、现实性视角设定廉政审计学目标并建立有效实现这一目标的廉政审计学方法体系；三是秉承预防胜于追查的理念探寻廉政审计监督运行机制，以期为廉政审计人员提供依据和规范。现将本研究中的主要研究内容和研究结论整理如下。

(1)廉政审计学所处的时代背景和所面临环境的分析阐述。当今中国处于蓬勃发展的时代，不仅社会环境安定，而且经济持续高速发展。改革开放，不仅让人们享受世界经济发展的成果，而且使得一部分人获得了施展才华、创造财富的机会。改革开放，不仅改变了我们的生活，而且使一批有欲望而缺乏信仰的人在获得了财富的同时也显露出贪婪的人性。也许，这些人崇尚的就是“人性本贪婪”吧。研究认为，贪婪的人性在权力失去平衡和约束时就会产生腐败，反腐败绝非阶段性的特殊工作，而是人类进步和社会发展进程中的工作常态，廉政审计学是以发现腐败问题为导向的审计监督活动，即对公权力及其执行（或权力行为）进行再鉴定的科学。

（2）廉政审计学的理论基础的分析阐述。廉政审计学是以发现腐败问题为导向的一种特殊审计制度安排，本研究从人性的视角深入分析了廉政审计制度安排的逻辑问题。本研究认为，人性本善还是本恶是没有差异的，善恶之别不在心而在行，也就是说人的本性没有善恶的差别即心性无善恶之别，善恶的差别在于人的行为，人的行为的善恶取决于人的内心认识和想法，人的内心认识和想法取决于个人的后天教化。在后天教化中，教育、法律、道德、宗教、风俗、人心（良心）等都是向善而弃恶的。所以人心是向善的，人性是向善的，“人性向善假设”无疑是一种客观存在的事实，这种命题是赖以构建廉政审计学理论结构的逻辑起点和前提。本研究提出，廉政审计学的基本假设是“人性向善假设”，认为“人性向善假设”是廉政审计学的理论基础。

（3）廉政审计学理论框架的分析阐述。在廉政审计学理论框架中，“人性向善假设”是构建廉政审计学理论的逻辑起点，在此基础上构建以治理腐败为核心的廉政审计学目标，并依次构建廉政审计学的内容、反法体系、报告体系。本研究认为，惩治腐败是人性善行，廉政审计学监督是依律而行的人性善行。

（4）廉政审计学目标框架的分析阐述。廉政审计学目标就是要构建“不敢腐、不能腐、不想腐”的反腐倡廉治理制度运行机制，以鉴证公权力者及其执行行为的真实性、合法性和效益性，实现人类生活环境的廉洁清明、和谐安逸。本研究认为，廉政审计学预防胜于检查惩处的监督功能特征是人性善行。

（5）廉政审计学监督功能的分析阐述。制度安排的目的不在于规范人的心性，而在于规范人的行为，制度的预防性约束监督作用是建立一种制度安排的核心目标。廉政审计学具有预防腐败行为的监督功能。本研究认为，廉政审计学预防性监督是保护领导干部避免腐败的人性善行。

（6）廉政审计学方法的分析阐述。廉政审计学同时具有检查惩治腐败行为的监督功能，因此，应建立完善的廉政审计学方法体系。本研究认为，廉政审计学检查惩治性监督是保护人民群众利益的人性善行。

（7）廉政审计学报告的分析阐述。本研究认为，廉政审计学监督信息依法披露是警示人性善行，而且廉政审计学自律性监督是“人性向善假设”的完整性诠释。

（8）有待进一步研究的问题。

对于廉政审计学理论研究而言，本研究只是做了一些尝试性的思考，特别是本研究所提出的廉政审计预警运行机制问题，有待进一步深入探讨，不想腐败、不发生腐败才是最理想的监督效果和廉政审计学的使命。

对于廉政审计人员职业规范的问题，应进行更加深入细致的探讨和研究。

参考文献

[1] 中华人民共和国监察法[Z]. 2018.

[2] 中华人民共和国审计法[Z]. 1994.

[3] 王明高. 科学制度反腐论[M]. 北京：党建读物出版社，2009.

[4]王明高，等. 中国新世纪惩治腐败对策研究[M]. 长沙：湖南人民出版社，2002.

[5] 李永忠. 论制度反腐[M]. 北京：中央编译出版社，2016.

[6] 郑广宇. 职务犯罪证据解构[M]. 北京：中国检察出版社，2015.

[7] 何旭光，郑凯. 职务犯罪侦查流程与规范[M]. 北京：中国检察出版社，2015.

[8] 吴克利. 调查“谈话”方略与技巧——纪检监察办案实务[M]. 北京：中国法制出版社，2016.

[9] 任建明，等. 中国新时期反腐败历程[M]. 北京：党建读物出版社，2014.

[10] 李金华. 中国审计史(第1-3卷)[M]. 北京：中国时代经济出版社，2004.

[11] 魏祥健. 云计算下的云审计研究[M]. 成都：西南交通大学出版社，2015.

[12] 国家预防腐败局办公室. 工程建设领域典型案例剖析与预防腐败指引[M]. 北京：中国方正出版社，2011.

[13] 编写组. 微腐败警示录——违纪违规100个典型案例剖析[Z]. 北京：中国方正出版社，2015.

[14] 编写组. 基层“微腐败”——典型案例剖析[Z]. 北京：中国方正出版社，2016.

[15] 中央纪委办公厅. 加大预防腐败力度，深入开展党风廉政建设和反腐败斗争[Z]. 北京：中国方正出版社，2005.

[16] 中央纪委办公厅. 惩防并举，注重预防，深入推进党风廉政建设和反腐败斗争[Z]. 北京：中国方正出版社，2004.

[17] 欧阳康，等.国家治理的“道”与“术”[C].北京：中国社会科学出版社，2015.
[18] 郭强华.廉政审计[M].北京：中国方正出版社，2007.
[19] 郭强华.“廉政审计”：审计风暴后的期待[J].湖北民族学院学报(哲学社会科学版)，2005(3)：145-148.
[20] 郭强华.论廉政审计[J].当代财经，2005(3)：124-128.
[21] 郭强华.基于“特种审计制度”的“廉政审计”研究[J].审计与经济研究，2005(3)：9-12.
[22] 郭强华.廉政审计：从预警审计到查实审计[J].审计与理财，2005(1).
[23] 郭强华，谢正菊.基于“惩防体系”的“廉政审计”研究[J].淮阴师范学院学报(哲学社会科学版)，2011(5)：571-575.
[24] 郭强华，涂江红.试论反腐败审计[J].人大复印资料《财务与会计导刊》，2004(8).
[25] 张泽华.廉政审计的完善机制浅析[J].生产力研究，2009(10)：171-173.
[26] 任建明.廉政审计更需要制度建设[J].决策咨询，2004(8)：48-49.
[27] 李四能.廉政审计：建立与完善反腐倡廉惩防体系的制度支柱[J].经济问题，2013(5)：104-108.
[28] 李萍，林雨，李振标.关于高校开展“廉政审计”的研究[J].集美大学学报(哲学社会科学版)，2009(3)：110-115.
[29] 杨柳，陈永康，刘晓芳.高校建设工程项目跟踪审计中关键环节的识别与控制[J].中国管理信息化，2010(24)：24-26.
[30] 何珍珍.国有企业干部廉政审计体检制度研究[D].宁波：宁波大学，2012.
[31] ABED, GEORGE T., HAMID R. D. Corruption, structural reforms, and economic performance in the transition economies [J]. IFM Working Paper, WP/00/132, 2000, July.
[32] ADES, ALBERTO, RAFAEL D T. Rent, competition, and corruption [J]. American Economic Review, 1999, 89(4): 982-993.
[33] HRLICH, ISAAC, FRANCISL L. Bureaucratic corruption and endogenous economic growth [J]. Journal of Political Economy, 1999, 107: 270-293.
[34] GORDON W. Corruption and market reform in China [J]. IDS Bulletion, 1996, V.27, 2: No.40-47.
[35] ADES, IBERTO, RAFASEL D. T. The new economics of corruption: A survey and some new results [J]. Political Studies, 1997, 45: 496515.
[36] BARDHAN, PRANAB. Corruption and development: A review of issues[J]. Journal of

Economic Literature, 1997, Vol. XXXV (September) : 1320-1346.

[37] MAURO, PAOLO. The effects of corruption on srowth, investment, and government expenditure: A cross-country analysis [M]. Elliott, 1997.

[38] World Bank. Controlling corruption: Toward an integrated strategy, 1999, http: //www. worldbank, org.

[39] AICPA. Consideration of fraud in a financial statement audit statement on auditing standards (SAS), 2002.

[40] ABDUL M, FERINAND A C, JUDY S L. T: An analysis of Hong Kong auditors' perception of the importance of selected Red Flag factors in risk assessment[J]. Journal of Business Ethics Dordrecht, 2001(32): 263-274.

[41] BELL T B. CARCELLO J V. A decision aid for accessing the likelihood of fraudulent financial reporting [J]. Auditing: A Journal of Practice and Theory, 2000: 169-184.

[42] BUDER S, WARD B, ZIMBELMAN M. The expectation gap: Auditors and investors perceptions of auditors'fraud detection responsibilities. Working Paper, Brigham Young University, 2000.

后记

防腐有道，治腐有术。以依道修身养性、人性向善为前提，以依术规范人生、约束行为为目标，廉政审计学中的道与术的关系问题、权力反腐与制度反腐的关系问题，以及如何监督监督者的问题，让久坐电脑前而视线模糊了的我陷入深深的思索。

我深知治理腐败任重而道远。

凤凰网2020年1月8日报道：日前，NASA宣告，首个可能适合居住的地球大小的行星TOI 700 d被发现，其表面可能存在液态水，并且距离很近，仅100光年。这条消息，足以让人类向往着从地球以外的宇宙空间寻求新的能源和新的持续发展增长源，以解决地球资源稀缺的根本性问题。人们甚至想象着、憧憬着，在不久的将来，就可以直接将地球人移居于行星TOI 700 d之上，以缓解地球气候变暖、环境污染、资源匮乏、人口密集的压力。这是一种原本无可厚非也无须指责的“人性的贪婪”，更是一种人们对于未来无限美好的向往。

坦率地说，就科学技术的发展而言，我坚信人们的这种无限的憧憬和美好的向往一定能够得以实现。同时，我也相信人们的这种无限的憧憬和美好的向往，最终要真正得以实现，又绝不是人们所想象的那么简单、那么容易的事。先不说行星TOI 700 d表面上可能存在的水是否为液态水，这液态水是否适合人类生存，行星TOI 700 d是否有适合人类居住的大气层等其他必备条件，行星 TOI 700 d 是否有其他物种和生命等适合人类居住的生态条件，等等，单就这“距离很近、仅 100 光年”的路程，有几个地球人能够到达？

同样的道理，治理腐败也绝非一朝一夕之事，但我坚信反腐败一定能够成功。廉政审计学治理腐败的目标和功能，最终要真正得以实现，也绝非简单容易的事。从科学技术的视角来看，在今天信息时代大数据背景下，世界无隐秘，人类无隐私，现代技术可以将人类一切言行披露在阳光下，这足以遏止人们的腐败动机和腐败行为。所以，从理论上讲，腐败行为已经是真正无处藏匿、无所遁形。可是，现实告诉我们，腐败问题不仅普遍存在，而且十分严重，这说明腐败问题是当今社会的世界性问题，治理腐败任重而道远。

我也深知廉政审计学的使命任重而道远。

在当今高度文明的社会里，科技发展日新月异。即便现代技术可以将人类一切言行披露在阳光下，可以让腐败行为无处藏匿、无所遁形，但是，如果公权力者或公职人员不腐败同时也不作为，遵行一种“无过即功”的职业规则安享其位，那岂不有碍经济发展和社会进步吗？因此，廉政审计学的使命任重而道远。

本书尝试性地构建了廉政审计学理论方法体系，以完善治理腐败的审计制度机制和实现国家审计全覆盖使命，并为廉政审计工作者提供理论方法支持。可是，学术的海洋浩瀚无边，我自知所做的研究还很肤浅，还有许多需要继续深入钻研思考的地方。我已年近花甲还能坚持探索，其间无知无助时的彷徨苦闷、思有突破时的奋笔疾书、掩卷交稿时的内心窃喜，都已经无法言喻。这份坚持除了得益于组织、师长、同事、家人的关心和鼓励，还源于自己对这项研究的无限热爱。我深知治理腐败任重而道远，也深知廉政审计学的使命任重而道远。做研究的这份使命感，将激励我努力前行。

出版《廉政审计学》，感恩有您！

在这里，我要深表感谢。感谢给予本研究课题的湖南省廉政建设协同创新中心、湖南省廉政建设研究基地，让我获得了做这项研究的机会和平台！特别感谢王明高教授给予我无限鼓励和无私帮助，并于百忙中为本书作序，让我获得了勇往直前的信心和动力！感谢在研究中所运用到的文献信息资料的原作者，让我获得了站在巨人的肩膀上往前走的视野！感谢中南大学出版社编辑老师们，感谢你们的辛勤劳动！感谢我的家人敖疃不厌其烦地反复校对，无限的包容和支持，让我获得了无价的亲情和充实的人生！感谢所有关心和支持我的人，感恩有您！

敖天平

2022 年 10 月 20 日于长沙